本书是湖北省社会科学基金项目（项目批准号：2014079）研究成果

日本企业第三配置机制研究

曾 丹◎著

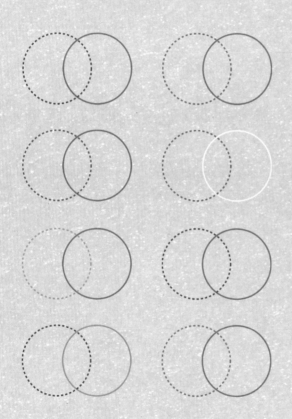

中国社会科学出版社

图书在版编目（CIP）数据

日本企业第三配置机制研究/曾丹著. —北京：中国社会科学
出版社，2015.8
ISBN 978 - 7 - 5161 - 6807 - 3

Ⅰ.①日…　Ⅱ.①曾…　Ⅲ.①企业管理—资源配置—研究—
日本　Ⅳ.①F279.313.3

中国版本图书馆 CIP 数据核字（2015）第 193890 号

出 版 人	赵剑英
选题策划	卢小生
责任编辑	戴玉龙
责任校对	周晓东
责任印制	王　超

出　　版	中国社会科学出版社
社　　址	北京鼓楼西大街甲 158 号
邮　　编	100720
网　　址	http：//www. csspw. cn
发 行 部	010 - 84083685
门 市 部	010 - 84029450
经　　销	新华书店及其他书店
印　　刷	北京市大兴区新魏印刷厂
装　　订	廊坊市广阳区广增装订厂
版　　次	2015 年 8 月第 1 版
印　　次	2015 年 8 月第 1 次印刷
开　　本	710×1000　1/16
印　　张	12.5
插　　页	2
字　　数	212 千字
定　　价	48.00 元

目　　录

第一章　导论

第一节　问题的提出

　　资源配置及其效率一直是现代经济学研究的主题。古典学派、新古典学派、货币主义学派以及新古典综合学派等众多学派的经济学家强调了市场机制在资源配置中的作用和功能。他们认为，在竞争性的市场环境下，市场均衡所形成的市场价格能够自发地调节各种生产要素，并使资源的配置达到帕累托最优状态。凯恩斯学派和后凯恩斯学派则从市场的不完全性出发，强调了政府在经济资源调节和配置中的作用。然而，现有的经济学理论研究表明，无论是市场调节还是政府调节均存在一定的局限性。在市场调节过程中，垄断、信息不对称、公共产品、外部性等都会导致资源配置和调节中的"市场失灵"；在政府配置和调节中，调节主体的有限理性、信息不对称和政府偏好等原因也会导致资源配置的"政府失灵"。正因为如此，亚当·斯密、马克斯·韦伯、康芒斯以及新制度学派的代表人物诺斯等在承认市场和政府机制在资源配置中的基础性作用的同时，也分析和强调了习俗、伦理道德和思想意识等第三种机制在社会经济资源配置中的功能和作用。在此基础上，近几年来，以严清华为代表的国内部分学者明确提出了资源配置的第三配置机制，并对该机制发挥作用的途径、特点、效益和规律等问题进行了系统的阐述和研究，初步形成了第三配置经济学的理论分析体系和框架。

　　第三配置经济学理论的提出为资源配置的经济学分析提供了新的视野。但第三配置经济学的研究尚处于起步阶段。现有研究对第三配置经济学的理论源泉，第三配置的动力机制、特点、功能及第三配置机制在人类社会不同发展阶段的作用等进行了较为系统性的分析。但不可否认的是，现有研究尚处于理论框架体系的构建和宏观经济领域第三配置功能发挥等宏观层面，尚缺乏较为系统和完整的有关市场经济主体经济资源配置的第三配置机制的微观层面的研究。那么，作为市场交易主体的家庭和企业的消费、生产活动及其行为决策是否受到第三配置机制的影响？如果这种影响存在，第三配置机制又是通过何种途径、采用何种方式对家庭和企业的消费、生产决策产生影响？第三配置机制的存在是否会提高家庭消费的福利水平和企业的生产效率？显然，对这些问题的回答不仅有利于我们从微观层面更深层次地了解和把握第三配置在市场经济主体资源配置中的作用和功能，而且有利于进一步丰富和发展现有的第三配置经济学的理论体系，为其提供坚实的微观基础。正因为如此，本书选取作为市场经济微观主体之一的企业第三配置机制作为研究对象，探求第三配置机制在企业生产决策中的资源配置机制和功能。

企业的资源配置机制也一直是现代微观经济学和企业理论关注的核心问题之一。以马歇尔为代表的新古典经济学家在完全竞争市场的假定下，从技术的角度看待企业，认为在企业的投入产出比（技术）既定的前提下，企业只是一个将各种投入转化为产出的生产函数。企业是能够自动实现利润最大化的行为主体。企业的资源配置完全能够通过竞争均衡得到的市场价格来自动调节。针对新古典经济学企业理论将企业作为一个"黑匣子"来分析的"黑板经济学"的局限性，奈特（Knight，1921）从不确定性的角度，论证了企业家权威存在的合理性，分析了企业家在不确定性环境下承担风险的作用和功能。科斯（Coase，1973）基于交易成本和契约理论，分析了企业的产生和边界。科斯认为，在不存在交易成本的情况下，产权的最初设定不会对资源的配置产生影响，市场经济主体会通过讨价还价的方式使得资源配置达到帕累托最优。但由于以价格机制协调的交易存在成本，才会使人们寻找市场交易的替代物以便降低交易费用。通过建立企业，一种生产要素无须与那些同在企业内部与之合作的生产要素签订一系列的合约。企业的出现使得一系列短期的市场契约被一个具有长期承诺的契约（企业）所替代，即企业取代了市场，从而节约了交易成本。因此，科斯认为，企业是生产要素的一组契约，其中每一种要素都以自我利益为驱动力量。

自科斯提出企业是一种契约的思想后，众多的学者从不同的角度丰富和发展了科斯的企业契约理论。如以威廉姆森（Williamson，1964，1971，

1975）为代表。克莱茵（Klein，1980，1988）、克莱茵、克劳福德和阿尔钦等（Klein，Crawford and Alchain，1978）通过对交易中资产专用性问题的分析，从交易成本经济学的角度分析了企业产生的原因，在不完备契约的"事后治理与对应"方面发展了科斯的企业契约理论；詹森和麦克林（Jensen and Meckling，1976，1979）、法玛（Fama，1980）、法玛和詹森（1983）以及詹森等（Jensen et al.，1983，1986）通过对企业各利益相关主体的委托—代理关系以及由此产生的各种代理成本的分析，在"契约的事前激励配置"方面拓展了科斯的企业契约理论。阿尔钦和德姆塞茨（Alchain and Demsetz，1972）从"团队"的角度，探讨了企业的本质问题。他们认为，古典理论中的企业的本质应是包含多种投入要素的一种契约组织。格鲁斯曼和哈特（Grossman and Hart，1986）、哈特和穆勒（Hart and Moore，1987）在探讨企业纵向一体化和水平一体化的过程中，从不完备契约理论的角度发展了企业的契约理论。

在企业契约理论发展的过程中，包括科斯在内的众多经济学家都强调了契约的不完备性。他们认为，由于个人的有限理性，外在环境的复杂性、信息的不对称性和不完全性，企业契约是不完备的。因此，构成企业契约集合的各契约中包含着各种正式和非正式的契约。正式的契约包括公司章程、公司内部的各种规章制度、员工雇佣合同、供销合同等，而非正式的契约则包括公司的企业文化、员工道德规范、价值观、经营思想、公司愿景、社会责任等。这些非正式契约的关系当事人在契约中抱有一种心照不宣的共同期待，使非正式契约成为有效利用有限理性及节约契约交易成本的一种强有力手段。

现有的企业契约理论强调了非正式契约在企业组织资源配置中克服市场不确定性、信息不完全、个体有限理性及节约交易成本等方面的作用和功能。但现有研究结果大多是建立在纯粹数理模型推导的基础之上。现有企业理论对现实中企业的行为决策是否具有较强的解释能力？现实中，企业组织结构的构建、生产活动中资金、劳动和技术等资源配置行为决策是否受非正式契约的约束？企业文化、员工道德规范、价值观、经营思想、公司愿景、社会责任等非正式契约是否对企业的经营绩效产生影响？要回答这些问题，有必要在现有理论的基础上，以一国或某一时期不同国家企业资源配置的历史经验作为对象，全面系统地考察其资源配置中非正式契约（第三配置机制）的运行机制和所发挥的功能。只有这样，才能够对现有企业理论的现实解释力做出基本的判断。这也是本书选择日本企业第三配置机制作为研究对象和目标的背景之一。

自明治维新开始，日本在移植英国、美国等发达国家市场经济制度的过程中，通过构建股份制企业，初步建立了现代企业制度。但是，日本并没有完全照搬西方发达国家的现代股份制企业制度，而是在借鉴有限责任和股东持股这一股份制企业形式的基础上，结合日本当时落后的生产方式，建立了以家族控股为主、各财阀组织内企业相互持股的家族资本主义企业制度。当时的财阀组织是以家族血缘关系为中心结成的一种特殊形式的"家族康采恩"。这种家族企业虽然也明显带有股份企业的一般特征，但是，在财阀企业里，家族主义居于至高无上的地位，企业的资金筹集、员工雇用以及内部的其他经营活动均由家族会议或某一家族成员所掌握，维持着一种森严的宗法式的家族统治。与此同时，在企业的经营哲学、经营管理以及员工与企业的关系等方面，受日本儒家资本主义经济伦理中的"和魂洋才"、"经济与道德合一"、"公益与私利合一"、"利与义合一"等思想的影响，中国传统文化中的儒学、佛学以及日本神道等传统哲学的思想得到了广泛的应用，如儒家哲学中的"忠"、"孝"、"诚"、"和"、"信"等。第二次世界大战以后，财阀体制虽然被迫解散，但为了防止日本企业被外资控股，日本随后建立了以系列化的大企业集团为主体、集团内部法人企业相互持股的股份制企业制度。在系列企业集团内外部的资源配置和经营管理上，战前财阀组织中的经营理念和文化不仅得到了继承，而且在许多方面得到了拓展。又如，在企业外部资源配置方面所形成的系列企业之间长期稳定的交易机制，资金资源配置中的主银行制，在企业内部资源配置方面所形成的终身雇佣、年功序列、内部晋升、企业内工会等。这种独特的带有明显第三资源配置机制特征的现代企业制度的形成和发展，不仅为战后日本经济的腾飞和快速发展奠定了重要的微观基础，而且对推动日本经济的增长发挥了重要的作用。

20 世纪 90 年代以后，随着经济全球化、金融自由化以及现代信息技术发展所带来的经济信息化的发展，加上长期以来所形成的"制度疲劳"，在经历了 80 年代的日元升值和 90 年代的泡沫经济破灭后，战后所形成的日本企业制度的弊端也暴露无遗。法人相互持股制度所导致的市场监督的失灵、主银行制下的资金资源配置效率的低下、风险积累、终身雇佣、年功序列和内部晋升制度下的激励机制的缺失等一系列弊端日益受到日本国内外广泛的质疑。面对来自欧美等发达国家和新兴市场化国家的企业竞争，为维持日本企业和产品在国际市场的竞争力，近十年来，日本企业也在谋求变革，以适应经济全球化发展的需要。自20世纪90年代后期开始，法人相互持股的比例已开始下降，企业的资金筹集也开始摆脱主银行制下主导银行的牵制，开始出现多元化筹资的趋势；在企业内部，终身雇佣、年功序列和内部晋升等制度也被打破，在员工的聘用、晋升和奖惩方面，能力主义和业绩至上的原则逐步得到体现。然而，随着市场调节机制的引入和传统企业文化的退出，日本企业却又暴露出新的问题。2009年年底和2010年年初，日本丰田汽车和铃木汽车公司隐瞒汽车隐患而出现的大范围的"汽车召回"丑闻使得日本企业的声誉在全球范围内受到了质疑。而丰田汽车召回事件的原因之一就是过度追求业绩而忽视质量。这也引起了日本国内外的广泛反思：抛弃传统的企业文化和企业道德伦理，过度追求市场业绩和相信市场调节的力量是否就能提升日本企业的竞争力？

自明治维新以来的日本企业资源配置及其经营管理制度变革的历史表明，在日本企业的资源配置机制中，企业的经营理念、经济伦理和员工的道德思想等第三配置机制发挥了重要的作用。在不同的历史时期，第三配置在企业资源配置中发挥作用的方式和有效性也不一样。因此，以日本企业为对象来分析企业资源配置中的第三配置机制不仅具有典型意义，对于我们把握和了解日本企业的资源配置机制以及这一机制的未来发展趋势等都具有重要的意义。

第二节 相关文献述评

一 资源配置中第三配置机制的国内外相关研究

第三配置是一种相对于市场资源配置机制和政府资源配置机制而言的第三种资源配置机制，是社会经济资源配置中除市场和政府之外的由习俗、伦理道德和思想意识等第三种配置力量发挥作用的机制。自人类社会开始关注社会经济资源的分配和合理利用以来，国内外学者就对第三配置的存在、动力机制、资源配置的特点和有效性等众多的问题进行了研究。

早在古希腊时期，思想家亚里士多德就已注意到道德调节的重要补充作用，认为经济交换过程中的败德行为主要出自人的行为本性。到中世纪，欧洲社会普遍认为节俭和苦行生活是一种美德，富人注定有义务从事慈善事业。中世纪的神学还确立了人们的行为标准以调节社会经济活动。"看不见的手"的发现者、英国近代著名经济学家亚当·斯密并不忽视伦理道德的作用，他曾著有《道德情操论》一书，认为"经济人"并不是一个不受任何约束的极端利己主义者，"经济人"也具有同情心，也在很大程度上受道德力量的支配。注重伦理道德在资本主义经济发展中积极作用的马克斯·韦伯在其代表作《新教伦理与资本主义精神》中指出，资本主义精神来源于新教伦理所创造的道德力量，新教伦理唤起的积累、投资、赚钱的资本主义精神，推动了资本主义的经济发展和资产阶级财富的日益增长。制度学派的主要代表者也都十分重视习俗、伦理道德和意识形态在社会经济生活中的作用，如康芒斯在《制度经济学》中对习俗进行过大量探讨和论述；凡勃伦在《有闲阶级论》中提出制度本身是由"大多数人所普遍接受的固定的思想习俗"构成的；新制度学派的主要代表诺斯更是将意识形态作为与国家、产权并列的三大社会经济变量之一，认为现代生活中的大部分行为空间是由伦理道德、习惯等非正式制度来约束的；马克思主义经典作家马克思和恩格斯（1974）指出，人们自觉不自觉地在交换活动中受伦理与道德约束。①

在中国的传统文化中，儒家和墨家学者早就关注到了第三配置在社会经济生活中的作用和功能。儒学倡导"仁、义、礼、智、信"，提出"修身、齐家、治国、平天下"等一套经世济民的治理方略，极为重视伦理道德的重要作用；墨家强调"兼相爱，交相利"，注重精神生活和物质利益上的兼顾、均衡与和谐；道家崇尚"无为而治"，要求人们"道法自然"即顺应自然，养成自觉遵循客观规律的行为方式与良好习惯；即使是一味强调以法治国的法家，也劝统治者要做"有术之君"，"行必然之道"，提高人们执法维法的自觉性。

新中国成立后，我国历代领导人和许多思想家、学者都对第三配置机制在资源配置中的重要性和功能进行了阐述。他们认为，物质鼓励和精神鼓励都是社会主义的重要原则，在贯彻物质利益原则时，要正确处理国家、集体和个人三者利益关系。在改革开放初期，邓小平（1993）提出

---

① 《马克思恩格斯全集》第20卷，人民出版社1974年版，第102页。

"两手抓"治国方略，强调在抓物质文明的同时，还要抓精神文明。

近年来，以严清华为代表的国内部分学者在总结国内外第三配置研究的基础上，提出了第三配置经济学的理论，初步勾勒了第三配置经济学的轮廓。严清华、刘穷志（2001）通过构建一个信息不对称下的代理人道德自律模型，分析了第三配置的路径依赖特征。严清华（2005，2006）在对第三配置机制的内涵、特征、运行机制和功能进行详细分析和探讨的基础上，对马克思主义的第三配置思想进行了系统的阐述。陈端计等（2002，2003）结合中国社会经济发展中资源配置的现实对第三配置机制失效及其制度修正问题进行了探讨。李建德和罗来武（2004）基于对道德问题的经济学分析，对第三配置经济学的构建进行了尝试。

二 企业第三配置机制的相关研究

前述表明，对企业资源配置机制的研究是现代企业理论发展的核心问题和动力之一。新古典经济学家认为，企业的资源配置是通过市场机制的调节来完成的。在假定股东的投资决策与其偏好无关的前提下，企业的生产决策被定义为在既定的投入产出比下追求一定成本约束下的利润最大化或一定利润约束下的成本最小化的行为过程。在这一过程中，企业的资源配置能够通过市场价格机制的调节得到满足。因此，新古典学派的企业理论从根本上是一种生产理论。在这一理论体系中，第三配置机制既不存在发挥作用的余地，也无存在的必要。

建立在市场完全竞争和企业家完全理性基础之上的新古典经济学的企业理论并不能够很好地解释现实中企业的资源配置机制和行为决策。正如科斯（1973）所指出的，如果市场机制能够有效地配置所有的企业资源，那么，现实中为什么还会存在企业？为什么还需要大量的企业家？企业家的功能是什么？因此，企业和企业家的存在势必有其内在的功能和作用，企业的资源配置也势必会表现出与市场配置机制不同的形式和特征。

事实上，在科斯之前，已有经济学家对新古典经济学的企业理论进行了发展。奈特（Knight，1921）在对不确定性环境下经济行为主体决策行为分析的过程中就考察了企业家的作用和功能。奈特明确指出，企业家的权威来自不确定性环境下企业家对风险的承担。自科斯（1973）从交易成本和契约理论的角度对企业存在的原因和边界进行分析之后，包括科斯在内的众多的经济学家从不同的角度对企业资源配置的机制进行了分析和探讨。这包括阿尔钦和德姆塞茨（1972）的企业团队生产理论，威廉姆森（Williamson，1964，1971，1975）、克莱茵（1980，1988）、克莱茵、克劳福德和阿尔钦（1978）的企业纵向一体化理论，詹森和麦克林（1976，1979）、法玛（1980）、法玛和詹森（1983）以及詹森（1983，1986）的企业委托—代理理论，张五常（1983）的企业契约理论，格鲁斯曼和哈特（1986）、哈特和穆勒（1987）的企业不完备契约理论以及青木昌彦（Aoki，1989）的协调博弈理论等。

尽管不同的企业理论在探讨企业资源配置的机制和功能时选取的视角不同，但所有的理论都建立在科斯的"企业是一组契约的集合体"这一论断的基础之上，而且都强调了契约的不完备性。在契约不完备的情况下，单纯依赖市场机制或政府规制下的正式契约并不能保证企业内部和外部契约的有效签订和执行，还必须依靠大量的有别于市场调节或政府规制的非正式契约，来弥补契约不完备导致的正式契约的失灵。而这种非正式契约正是维系企业资源配置中内外部关系的各种第三配置力量，如企业信誉、经营哲学、企业文化和道德规范等。

三 日本企业第三配置机制的相关研究

事实上，到目前为止，并没有真正意义地从第三配置经济学的角度来考察日本企业第三配置机制的相关研究。但自明治维新开始，在许多日本学者有关日本近代资本主义发展的经济伦理中就已包含了大量的强调道德、诚信等第三配置作用的思想。如明治维新时期日本重商主义代表人物石田梅岩提出的商人在从事商业活动和追求利润时应讲求"商人之道"的观点；日本著名学者佐久间象山提出的"和魂洋才"的口号和主张；日本资本主义之父涩泽荣一在其"论语与算盘"说中提出的"经济与道德合一"、"公益与私利合一"、"利与义合一"以及"士魂商才"等观点。这些产生并形成于日本明治维新前后时期的经济伦理思想不仅奠定了日本儒家资本主义的经济伦理基础，而且对明治维新时期日本近代资本主义的发展、产业工业化的起飞以及第二次世界大战后日本经济的高速发展等均产生了持久的重要影响。而在企业经营与管理领域，这些强调将西方商品和市场经济制度与日本固有的传统文化相结合的经济伦理思想，对于具有日本特色的日本家族式企业制度的建立、以人为本的日本企业经营理念的形成以及以"忠、孝、诚、信"为中心的日本企业文化的发展等均产生了直接的影响。正因为如此，自明治维新以来，特别是战后日本经济取得快速发展之后，包括日本学者在内的全球各国学者，对道德、伦理、文化等在日本企业经营与管理、成长与发展中的功能、作用、表现形式等与第三配置有关的领域进行了广泛深入的研究。由于这方面的文献太多，在此不一一列举。

四 对现有研究的评析

资源配置的第三配置概念的提出以及相关经济学分析体系的构建，为我们分析市场经济环境下经济主体资源配置的行为决策提供了新的视角。但是，如前所述，这一理论的发展尚处于起步阶段，众多的问题有待做进一步的探讨。在尝试构建第三配置经济学分析体系的过程中，如何奠定第三配置经济学的微观基础显得尤为重要。因此，要使这一理论具有坚实的微观基础，则必须从第三配置经济学的基本原理出发，对家庭和企业这两个最为基本的市场经济主体资源配置中第三配置机制进行深入系统的分析。

另外，现代企业理论的发展使得经济学家能够深入到企业内部对企业的资源配置机制进行更为客观全面的考察。但是，现有的研究成果并没有上升到资源配置这一更为宏观的层面，不同的学者还只是站在不同的角度对企业内外部资源的配置作微观层面的分析和考察，大多数现有研究也都基于理论模型的刻画。尽管如此，我们认为，现有企业理论的研究成果，特别是有关企业不完备契约理论的发展，为我们从第三配置机制的角度来探讨企业资源配置的第三配置机制提供了丰富的理论源泉。

尽管到目前为止，学术界尚未从第三配置机制的角度来对日本企业资源配置进行全面系统的分析和考察。但大量的有关日本儒家资本主义经济伦理观、日本企业制度、经营哲学和理念、企业文化等方面的研究成果，日本企业独特的资源配置机制，使日本企业在资源配置机制上具有典型意义。这也意味着，现有的日本企业资源配置的相关研究成果将为从第三配置角度来探寻日本企业资源配置机制的研究提供丰富的经验证据来源。

第三节 研究目标、研究内容和主要观点

一 研究目标

本书的研究目标是结合现有第三配置经济学理论和企业理论，从理论上探求企业资源第三配置的动力机制、途径、表现形式、特征和经济功能，尝试构建企业第三配置的经济学分析体系和框架。在此基础上，以日

本企业的资源配置为对象，从历史和现实的角度，分析日本企业资金资源、董事会治理、人力资源及其他资源配置中第三配置机制的表现形式、发挥的功能和作用。

二　研究内容和主要观点

为实现上述目标，本书从以下七个部分展开了分析和研究：

第二章是第三配置理论及其思想渊源的简要概述。本章首先在现有第三配置理论研究文献的基础上，对第三配置的内涵、特征、力量来源与作用领域、资源配置功能进行了阐述。其次，我们对古典、新古典、制度经济学理论以及马克思主义经典理论中与第三配置的作用和功能有关的经济伦理思想进行了系统的整理，探求了第三配置理论的思想渊源。本章的概述表明：

（1）第三配置是指除市场和国家以外的由习俗、伦理道德和思想观念等组成的力量对资源进行的配置，是除市场调节和政府调节之外的配置力量之和，包括社会精神、社会制度和社会组织三个方面的力量；

（2）第三配置具有自发性、非强制性、非正规性、适用对象的广泛性、从众趋势和适时转换、路径依赖、资源配置成本的经济性和配置效率的不确定性、封闭性八个方面的特征；

（3）第三配置的力量主要来源于人类的生产、消费和管理活动中微观主体——个人（家庭）、企业、中介组织以及政府；

（4）第三配置的领域主要在非理性领域；

（5）尽管古典和非古典的西方经济学家特别强调价格这一市场调节机制在资源配置中的作用和功能，但他们也认为道德、惯例、习俗、利他、追求效用最大化等在市场经济的资源配置中同样是不可或缺的；

（6）当代制度主义和其他学派的经济学家更是强调了宗教伦理、道德和制度对资本主义经济发展的作用和功能；

（7）马克思主义经典作家在考察商品、货币、资本以及劳动、生产、交换和分配等社会经济和资本主义发展问题时，从来都是将伦理、道德和意识形态与这些问题的考察相结合，从而构建了丰富的马克思主义第三配置思想。

第三章是企业资源配置的经济学分析。遵循现代企业理论的发展脉络，首先，我们对古典与新古典经济学的企业理论、企业家的企业理论和新制度经济学企业理论中有关企业资源配置的理论进行了系统的梳理和分析。其次，在此基础上，我们针对企业资源配置中存在的信息不对称和契约不完备等市场失灵现象，探讨了声誉机制和非正式契约（包括关系型契约和隐性契约）等第三配置机制在企业资源配置中的功能和作用，说明了企业资源配置中第三配置存在的客观必然性。最后，我们从经济学的角度对企业资金资源、人力资本资源和其他资源配置中第三配置机制存在的形式进行了概述性的分析和探讨。本章的分析为后续企业资源第三配置机制的具体分析奠定了理论基础和基本的分析框架。本章的分析表明：

（1）尽管在古典和新古典经济学的企业理论中，部分经济学家强调了企业家在企业资源配置中的创新、协调和权威功能，但是在新古典经济学理论中，企业被抽象为在给定的技术（投入产出比）条件下，根据边际替代原则对生产要素进行最优组合，从而实现最大的利润或最低的生产成本组织，市场机制在企业资源配置中发挥着主导作用。针对新古典经济学理论的这种局限性，以科斯为代表的新制度学派基于对市场调节中存在的各种交易成本的分析，提出企业和市场是可以相互替代的资源配置机制。

（2）无论是市场手段还是政府监管机制，在解决企业资源配置交易中因信息不对称导致的逆向选择和道德风险问题方面，均存在着一定的局限性。声誉机制作为一种独立于市场和政府调节之外的第三配置机制，能够有效地制约信息不对称下的逆向选择和道德风险问题；由于契约的不完备性，现实中解决契约不完备的途径是在各种正式的契约之外，建立一系列非正式的契约关系。企业内部长期以来形成的企业文化、企业伦理、经营思想和理念以及企业愿景等非正式契约以关系型契约和隐性契约的形式存在于企业的各种资源配置交易之中。这类非正式的契约在企业资源配置中以第三配置机制的形式发挥着弥补正式契约不完备的功能。

第四章是日本企业资金资源配置中的第三配置机制分析。资金资源配置机制是企业最为重要的资源配置机制之一。由于信息不对称、契约不完备、市场经济主体的有限理性等市场失灵现象的存在，依赖金融市场竞争机制下的企业资金资源配置中存在着诸多的非效率投融资行为。企业的资金资源配置中同样需要也客观存在着一系列克服市场失灵现象的第三配置机制。战后日本企业在原财阀基础上建立起来的系列或企业集团下的主银行制具有典型的资金配置中第三配置机制的特征。因此，本章从企业内、外部资金资源配置两个方面，对企业资金资源配置中的第三配置机制进行了理论分析。在外部资金资源的第三配置机制方面,文中重点分析了建立在资金借贷双方长期合作关系基础之上的关系型融资在克服信息不对称方面的功能;在企业内部资金配置中的第三配置机制方面,文中探讨了内部资本市场的资金资源配置功能和作用。在理论分析的基础上,本章进一步从第三配置的角度,对战后日本主银行制下的关系型融资机制的有效性进行了分析,考察了关系型融资在日本企业资金资源配置中的功能和作用。本章分析的结果表明:

(1) 作为克服企业融资中内生存在的信息不对称下市场失灵的现象,关系型融资的功能主要体现在:一是为资金借贷双方提供了信息沟通的机制,使出资者获得信息优势和信息租金,从而有效地克服了企业融资中的逆向选择问题。二是实现了资金借贷成本的跨期分摊,促进了借贷条件的跨期优化。三是增强了出资者对借款人经营行为的控制,有利于避免借款人事后机会主义行为的发生。四是提升了借款企业的声誉,使其获得声誉租金等四个方面。但是,其同时也有可能导致预算软约束和"锁定"两个方面的问题。

(2) 内部资本市场的资金资源配置功能主要体现在信息优势、事后监督优势、投资项目的"胜利者选拔"、缓解企业融资约束和克服投资不足等几个方面,但同时也有可能导致过度投资、代理人寻租、部门间的交叉补贴、"平均主义倾向"和部门经理激励的削弱等一系列非效率行为。

(3) 日本主银行制下的关系型融资机制在战后日本企业资金资源配置中发挥了大规模、低成本筹集资金,信息生产、监督和经营保险四个方面的功能。

第五章是日本董事会治理中的第三配置机制分析。现代股份制企业的内部治理机制和外部治理机制构成了其内外部资源配置的核心机制。在内部治理中,以董事会为中心的决策机制和激励机制是最为基础的资源配置机制。因此,本书第五章对日本董事会治理中的第三配置机制进行了分析和探讨。本章首先对董事会治理的功能及其有效性进行了分析,指出了基于《公司法》和《公司章程》等正式契约约束下的董事会治理在资源配置中的局限性。进一步地,我们从理论上分析了作为非正式契约安排的连锁董事制度在企业董事会治理和资源配置中的功能和作用。在理论分析的基础上,本章着重考察和分析了日本企业董事会治理中以社长会制度为代表的第三配置机制的运行机制、功能和作用。研究结果表明:

（1）在企业资源配置中，董事会发挥着监督、战略和资源依赖三个方面的功能。但是，在董事会实际的运行过程中，企业董事会难以同时履行上述三个方面的职能，而只能是根据企业发展的不同阶段以及所处的经济环境，重点突出某一个方面的职能。

（2）董事会资源配置的有效性受董事会规模、结构和会议频率等因素的影响。

（3）作为缓解企业资源约束和克服环境不确定性的社会资本配置机制——连锁董事制度通过环境概览、吸收、协调与控制、战略决策模仿、提升公司治理效率等机制，发挥着资源依赖、财务控制、企业互惠、管理控制、阶层凝聚和董事个人事业推进等方面的功能。

（4）作为日本企业董事会资源配置的第三配置机制，社长会制度发挥着协调企业集团或主要成员企业的重大经营战略、重要人事调整及对外方针、情报信息交流、调节集团成员企业间利害冲突等方面的功能。

第六章是日本企业激励机制中的第三配置机制分析。本章首先从理论上分析了现代股份制企业中以薪酬激励为主的激励机制在人力资本资源配置方面的基本功能和局限性（市场失灵）。其次，对激励机制中的声誉激励、内部职务晋升激励和控制权激励等隐性契约激励下的第三配置机制的功能和作用机制进行了经济学的分析和探讨；在此基础上，我们重点探讨了战后以来日本企业长期形成的终身雇佣制、年功序列制、内部晋升等具有显著第三配置机制特征的激励机制在日本企业人力资本资源配置中的功能、作用和局限性进行分析。本章分析的结论显示：

（1）尽管从理论上看，设计一个满足股东和经理人激励相容的薪酬合约是可行的，但现有理论和实证等文献研究的结果表明，无论是短期薪酬激励合约还是长期薪酬激励合约均存在一定的局限性。

（2）建立在非正式的隐性契约基础之上的声誉机制、内部职务晋升机制和控制权机制均能从不同的侧面为经理人提供长期的激励。

（3）以长期雇佣制、年功序列制、内部晋升和企业内工会为主要内容的日本企业的终身雇佣制度发挥着为员工提供长期稳定的激励、促进企业和员工人力资本投资等一系列功能，但同时也存在着削弱企业竞争力、保护企业低效运行等局限性。

第七章是日本企业外部治理机制中的第三配置机制分析。本章首先从理论上对构成企业外部治理机制的控制权市场、产品市场、经理人市场和法律体系、政府监管等机制在企业资源配置中的功能及其局限性进行了分析，然后，对外部治理中的第三配置机制——行业协会在企业资源配置中的功能和作用机制进行了探讨。在此基础上，我们重点分析了战后在日本企业中广泛存在的各种行业协会在日本企业内外部资源配置中功能、作用以及发挥作用的表现形式。研究表明：

（1）企业控制权市场、产品市场和经理人市场等外部要素市场，以及法律体系、政府监管等外部治理机制，能够通过不同的途径对企业内部经理人产生压力，从而促进企业资源的有效配置和治理效率的提高，但也存在着一定的局限性。

（2）作为外部治理中第三配置机制代表的行业协会在企业的配置中发挥着信息的收集与提供、协调行动、规制创新、行业自律、管理与服务等一系列的功能。

（3）日本企业的行业协会在企业资源配置中发挥着收集信息、协调行为、管理咨询和服务、为政府提供政策与施政建议等功能。

第八章是日本企业第三配置的思想渊源研究。明治维新前后，为实现明治维新提出的"富国强兵"、"殖产兴业"、"贸易立国"以及"文明开化"等近代资本主义发展战略，一批受过日本神道教、中国儒学和道学、欧美发达国家文化熏陶的日本思想家提出一系列大力发展资本主义工商业的经济思想、政策和措施，也充分强调了日本资本主义工商业的发展应建立在"忠、孝、义、诚、信"等道德伦理的基础之上，从而奠定了日本儒家资本主义经济伦理的基础，为日本企业第三配置机制的形成提供了思想渊源。因此，在本章，我们首先分析了明治维新前后日本重商主义经济思想中包含的第三配置思想。其次，对明治维新时期日本最具代表性的经济伦理思想"和魂洋才"和"论语与算盘"说中包含的企业第三配置思想进行了系统的梳理和分析。最后，我们对日本企业资金资源、董事会治理、人力资源配置中的主银行制、社长会制、终身雇佣制、年功序列制和企业内工会等第三配置机制中所包含的日本经济伦理思想进行了分析。我们的研究表明：

（1）尽管日本明治维新前后的重商主义思想家都强调以工商业和贸易发展来立国的重要性，并且提出了通过发展贸易、政府加强管理来促进工商业发展的政策建议，但包括石田梅岩、福泽渝吉等在内的著名重商主义代表人物不但承认商业利润的合理性，尊重商人的社会地位，还提出了工商业者在追求商业利润时应遵循应有的职业道德的观点。

（2）流行于明治维新时期的"和魂洋才"观既强调了日本借鉴和学习西方先进科学技术和文明制度的重要性，也强调应坚持东方的道德观念，即"东洋道德，西洋艺术"；而涩泽荣一的"论语与算盘"说不仅强调了日本发展资本主义工商业的重要性，更强调了工商企业在经营过程中应坚持"经济与道德合一"、"公益与私利合一"、"利与义合一"以及"士魂商才"的观点。

（3）战后日本企业中广泛存在的主银行制、社长会制、终身雇佣制、年功序列制和企业内工会等第三配置机制是日本儒家资本主义经济伦理观在企业经营中的具体体现，充分反映了日本经济伦理中的"忠、孝、义、诚、信"等道德伦理。

第四节　学术创新和后续研究展望

一　学术创新

本书的学术创新主要表现为：

第一，在理论上拓展了第三配置经济学的内涵和外延，丰富和发展了第三配置经济学理论，为第三配置经济学理论体系的构建提供了微观基础，为资源配置的经济学分析提供了新的视野。现有有关第三配置经济学的理论研究成果，对第三配置经济学的理论源泉、第三配置的动力机制、特点、功能及人类社会不同发展阶段第三配置机制的作用等问题，进行了较为系统的分析。但不可否认的是，现有研究尚处于理论框架体系的构建和宏观经济领域第三配置功能发挥等宏观层面，尚缺乏较为系统和完整的对有关市场经济主体经济资源配置的第三配置机制的微观层面的研究。本书以日本企业资源的第三配置机制为研究对象，基于微观主体的视角，从理论上深入系统地分析和考察第三配置机制在企业资金资源配置、董事会治理、激励机制、外部治理等资源配置中的表现形式、特点、功能和作用，构建了企业第三配置机制的理论分析框架，并得到了一系列具有学术参考价值的观点和结论，为第三配置经济学的构建提供了微观基础。

第二，丰富了日本企业经营管理理论和企业文化的研究成果，拓宽了其研究视野。本书以日本企业资金资源配置和公司治理内外部治理机制中存在的第三配置机制为对象，具体考察第三配置机制在日本企业资源配置中的功能和作用，其研究成果既丰富了日本企业管理理论和企业文化领域的研究成果，拓宽了这一领域的研究视野，也为日本儒家资本主义经济伦理思想的研究提供了新的视角。

第三，进一步丰富了现代企业理论的成果，推动该理论的发展。自科斯开创有关企业理论分析的新制度经济学分析框架以来，现代企业理论的研究获得了快速的发展，并产生了一系列具有代表性的理论。但从第三配置机制的角度探讨企业的资源配置机制问题的理论研究则相对较少。本书从第三配置的角度对企业资源配置的正式和非正式制度安排进行了系统的研究。显然，基于这一视角的研究成果拓宽了现代企业理论研究的视野，丰富了其研究内涵。

第四，进一步深化了现代公司治理理论的研究成果。本书从资源配置和第三配置机制的角度对一般性企业和日本企业公司内部治理中的董事会治理、激励机制，外部治理机制的资源配置功能和作用机制进行了系统的分析，从而深化了现有的公司治理理论的研究成果。

二　后续研究展望

在本书的研究中，虽然我们对日本企业资源配置中的第三配置机制的表现形式、作用机制和功能进行了分析和考察，但从学术研究的角度来看，包括一般性的企业资金资源、董事会治理、激励机制和外部治理机制在内的主要研究成果都是建立在纯理论分析和逻辑推理的基础之上，缺乏基于经济学理论模型和计量技术的数理分析和实证检验。因此，如何通过构建合适的数理模型来刻画企业不同的第三配置机制发挥作用的机理，并通过设计合适的变量指标度量企业第三配置的相关因素，从而实证检验相关的理论分析结论是本课题后续研究需要解决的问题之一。

本书的研究表明，企业第三配置机制作用和功能的发挥是受特定的环境和条件制约的。当条件和环境发生变化时，第三配置机制的功能和作用可能也会相应地发生变化。这一点在20世纪90年代以后日本企业的资源配置中表现得特别明显。因此，作为后续研究课题之一，我们将通过对第三配置机制发挥作用环境变化的分析，来持续考察日本企业第三配置机制在21世纪日本经济长期低迷过程中的作用和功能的动态变化。

第二章 第三配置理论及其
思想源泉

长期以来，经济学家一直强调市场机制和政府干预在社会经济资源配置中的作用和功能。但与此同时，大多数经济学家都承认，无论是市场调节还是政府干预都存在着一定的局限性。垄断、信息不对称、外部性和公共产品使得资源配置的市场调节机制存在着"市场失灵"的缺陷；作为市场调节机制补充的政府干预也因个体的有限理性、机会主义行为以及信息不对称等人类所面临的主客观因素的影响而存在干预过度或不足等"政府失灵"现象。正因如此，马克思主义经典作家马克思和恩格斯，西方经济学的代表亚当·斯密、凯恩斯等许多经济学家都明确指出，在人类社会发展的过程中，除市场调节和政府干预之外，思想观念、意识形态、宗教、伦理道德等因素在社会经济资源配置中也同时在发挥着重要的作用和功能。近几年来，在总结前人研究成果的基础上，以严清华为代表的部分国内学者明确提出了资源配置的第三配置概念，并就第三配置的内涵、特征、运行机制、功能以及其理论思想渊源等进行了系统的阐述和研究，并提出了构建第三配置经济学理论体系的设想。

第一节 第三配置理论及其发展

自第三配置理论提出之后，国内外相关学者就第三配置的内涵、特征、存在的必然性、运行机制、功能及思想源泉等进行了系统的阐述，构建了第三配置经济学的理论基础。

一 第三配置的内涵与特征

严清华（2006）指出，第三配置是指除市场和国家以外的由习俗、伦理道德和思想观念等组成的力量对资源进行的配置，是除市场调节和政府调节之外的配置力量之和①。它大体包括以下三个方面：（1）社会精神力量。它是来源于社会意识、精神世界的力量，如世界观、价值体系、道德观念、宗教信仰、思想意识等，它是支撑人们行动的精神动力源泉。（2）社会制度力量。包括成文的社会正式制度，如乡规民约、社团规章、协会章程等，以及不成文的社会非正式制度，如习俗、惯例、社会规范、行为模式等，它是规范人们行为的潜意识规则。（3）社会组织力量。包括非政府、非营利性的社会团体、民间组织、行业协会、慈善机构等，它是以组织形式存在的第三配置力量。

第三配置既与市场配置机制和政府配置机制之间存在着内在的联系，也体现出明显的特殊性。就配置对象和目标而言，三者的配置对象都是社会经济资源，其目标都是通过对市场主体经济活动的调节来达到社会经济资源配置的最优化。但是，在调节主体、手段、方式及作用机制、功能等方面，三者之间却存在着明显的差别。市场配置机制调节资源的主体是市场，并通过价格这一手段来促使资源流向使用效率最高的领域，其强调的是一定资源约束下的经济主体行为的最优化决策；政府配置机制调节资源的主体是政府，其主要通过经济政策、法律法规等手段来促进全社会资源配置的最优化。市场配置机制的特征是经济主体行为是自发的，是一种价格引导下的经济主体的理性行为选择。政府配置的特点是具有明显的强制性。第三配置是介于市场配置和政府配置之间，它通过行为主体在利益机制下的自觉行动来实现。其调节的主体是各种社会精神、社会制度力量以及非政府组织。从功能上看，第三配置的功能是补充性的。就作用边界与原则而言，市场配置在经济领域追求自由交换、效用最大化和趋利避害的原则，若市场泛化而进入政治与道德领域，虽然存在公共选择理论的指导，但腐败与道德沦丧不可避免；政府的经济政策、法律制度在公共经济和政治领域追求社会公平、公正、服从他律性，但若漫无边际地行使其权利则会导致资源配置扭曲、强暴争执和践踏伦理道德行为的发生。第三配置机制奉行自尊、自觉、自律和教化约束原则，但无限扩大作用领域又会导致"以情代法"等现象的出现。从功能定位来看，市场对资源配置起着基础性的作用，政府作为市场的补充，在宏观上对资源进行有效配置，第三配置对社会经济起着稳定器的作用。三者相互补充，共同构成社会资

---

① 严清华等：《马克思主义第三配置思想研究》，经济科学出版社 2006 年版，第 2 页。

源配置的完整体系。从功能关系来看，经济关系是社会道德和政治制度的基础，社会道德和政治制度又是推动经济关系变革的力量，三者相互制衡，相互约束。

邓江峰（2007）指出，第三配置力量按其形成路径可划分为两类：（1）人们在长期的接触交往中通过相互模仿、选择而稳定下来的代代传承的理念，如风俗、文化、传统等。受长期以来形成的风俗、文化和传统的影响，个体往往难以从理性的角度来考虑是否应该或如何遵守它，只是在潜意识中觉得应该遵循现有的风俗、文化和传统。在此情况下，个体往往仅凭直觉的价值判断，而不是市场配置机制下的成本收益或效用最大化原则。而这种情形下的个体行为决策有可能导致资源配置的扭曲。例如，自古以来，中国有重农轻商之传统，商人被认为是"五蠹"之一，"无商不奸"的理念影响了中国社会千百年，即使有很多很好的盈利机会和较高的期望收益，老百姓还是更愿意去读书，而不屑于经商。对于许多人来说，根本就没有权衡经商和读书之间的成本和收益。在他们看来，读书是自然而然的，而经商是迫不得已的。这其实是价值取向（中国文化传统）导致了人力资源配置的扭曲。在封建传统观念下，穷秀才比起富足的商人来或许更容易被民众所接受，尽管这无益于他们的经济状况的改善。在"学而优则仕"的传统观念影响下，大多数读书人的目标是做官，这又导致了中国官僚体系庞大而科学技术不发达的现象。（2）这类第三配置并不是长期演化而来的，而是适应于短期的特定环境而产生的，它从产生到消亡的时间可能很短，却大量存在于经济活动中，起着重要的作用，如惯例（社团规章、协会章程）等。这种配置方式是在特定环境下交易主体之间经过博弈而形成的一个短期的或小范围的均衡。均衡中每一个个体都从自己的行为选择中得到最大利益或效用，且没有进一步改善现实的愿望。但随着时间的推移和环境的变化，原有的均衡被打破，新的均衡又会出现。这类第三配置的另一个特点是适用范围较小、对象特定，作用的环境稍有变化便不能移植。举例来说，当融资渠道不畅时，个人或组织难以通过银行等正规渠道借到钱，高利贷的方式就会被认可，借钱归还高额利息也就不被认为是不正常的现象，并且融入人们的预期中，一直持续到能使该种状况改变的因素出现为止。如果融资变得较容易，高利贷现象就会难以让人接受。

根据严清华（2006）和邓江峰（2007）的观点，第三配置具有以下几个方面的特征：

（一）自发性

这种特征与市场配置机制具有相似性，但与政府的强制调节不同。人们对于长期以来形成的习俗、文化和传统的遵守和履行往往并非出于功利原则下的行为选择，而是一种潜意识下的非理性的行为选择，带有较强的自发性。

（二）非正规性

第三配置力量中很大一部分是在长期的实践中形成的，是渗透在人们的生产和消费行为中不成文的规定，如同市场配置一样，它像一只无形的手指挥着人们的行为，配置社会资源，具有非正规性的特征。

（三）非强制性

第三配置的作用不是靠强制执行，维持其存在和发挥其作用的力量来自集体内部的相互学习效仿、集体成员的从众心理和自觉意识、虽来自外部但属于软性的舆论压力。所有这些，都是非强制性的。

（四）适用对象的广泛性

第三配置的作用渗透到社会生活的各个领域，调节人们大部分的行为，其作用范围要比政府配置和市场配置广泛得多。

（五）"从众"趋势和适时转换的特点

人们在认识他们所处的环境时，通常会基于既存的习俗、伦理道德和思想观念，被一定思维模式下的"世界观"所引导，从而呈现出从众趋势，使决策过程简洁明快。在一般情况下，第三配置与个人在观察世界时所持有的习俗、伦理道德和思想观念交织在一起，当人们的经验与其思想不符时，人们就会改变其思想意识，并试图去适应更适合其经验的新的理性。有悖于理性的持续变化或影响人们幸福的根本性变化会迫使人们改变其习俗、伦理道德和思想观念，从而使第三配置发生转变①。

（六）路径依赖性

社会习俗、道德伦理、思想观念是在与社会活动相伴的一个长期历史过程中形成的。在不断重复的生产和交易活动中，那些能够降低交易成本、提高交易效率的习俗、道德伦理、思想观念逐渐被市场主体所承认并接纳，作为他们固定的、标准的文化心理模式在代际间传承而绵延不绝，

---

① 严清华等：《马克思主义第三配置思想研究》，经济科学出版社 2006 年版，第 3—4 页。

并以此为标尺来调节彼此间的经济关系。一旦这些社会习俗、道德伦理、思想观念在市场交易过程中的积极作用被充分认识到，它们会在人们的头脑中得到自动强化，通过这种正向反馈机制的作用，进入良性发展的轨道，从而形成第三配置的路径依赖特征。

（七）资源配置成本的经济性与配置效果的不确定性

第三配置的实施是在自愿、非强制的基础上进行的，因此，其实施不需要耗费搜寻、谈判、订约、履约、监督等大量的交易成本，具有明显的低成本的特征。但正因为缺乏强制机制，其对资源配置的效果也就难以保证，完全取决于经济主体对习俗、道德伦理、思想观念的认同程度和在行动上的一致性。

（八）封闭性

第三配置中的习俗、道德伦理和思想观念等往往只在某一特定的地理区域和人群中发挥作用，比如亲缘关系、地缘关系、私人交往圈、民间组织网络等。这种特定的社会网络关系导致第三配置的作用范围和调整领域只能局限在一个相对封闭的区域之内。

二　第三配置的力量来源和作用领域

（一）力量来源

如同市场配置和政府配置的力量来源于市场和政府一样，第三配置的力量主要来源于人类的生产、消费和管理活动中的微观主体——个人（家庭）和企业、中介组织以及政府。

市场配置机制的功能和作用的发挥建立在经济主体的理性假设基础之上。在经典的经济学理论体系中，理性经济人假设是最为基本和核心的前提条件。理性经济人假设对市场经济主体的偏好给予了一系列公理性的假设，如完全理性、效用的非饱和性、行为决策中遵循贝叶斯法则、同质预期等。显然，现实中个体的行为决策无法满足理性经济人假设的条件，更为普遍的情形是，个体在行为决策中往往会出现有限理性、非完全遵循贝叶斯法则、预期不一致等认知偏差下的异质偏差。如行为经济学理论认为，个体的行为除了受到利益的驱使，也受到自己的"灵活偏好"及个性心理特征、价值观、信念等多种心理因素的影响。在进行资源配置的行为决策时，个体会受到决策参考点的影响，并体现出典型性启示偏差、过度自信、心理账户、锚定、短视最大化和保守主义等心理特征。利用这些心理特征能够较好地解释理性假设下经典理论无法解释的现实中个体的诸多行为决策，如炫耀性消费、攀比效应、利他主义、社会意识等。同时，作为家庭成员的个体，其消费和投资等行为决策除受家庭外部环境的影响外，还会受到来自家庭内部长期形成的习俗、伦理道德和思想意识的影响。比如，受中国传统文化中勤俭、节约等思想的影响，大多数东方国家的家庭都倾向于重储蓄、轻消费，希望将财富传承给子孙后代。但从全社会资源配置的角度来看，这会导致整个国家的储蓄过剩和消费不足。

企业是市场经济体系中进行投资、生产和经营活动的最为主要的经济主体之一。在企业的生产经营活动中，企业与投资、生产和经营活动中各利益相关者之间的关系并非完全建立在纯市场的产供销和雇佣合同之上。企业的经营理念和哲学、企业家的才能、企业文化、企业的社会责任、信誉等都是维系企业利益相关者之间关系必不可少的因素和条件。因此，企业也就成为第三配置力量的重要来源之一。

在社会经济资源配置体系中，还存在着大量的通过社会规范以及与之相应的方式和手段，指导和约束社会成员或群体行为，从而协调社会关系并进行资源分配的集体组织。比如，对消费者行为进行指导和保护的消费者保护组织、稀有资源或动物保护组织、规范和协调行业内企业生产经营的行业协会等。这类中介组织能进行资源配置的关键在于组织成员有着共同或相似的人文环境、风俗习惯、价值观念、道德信仰等，并逐步形成一种"道德权威"。尽管这种组织在资源配置中缺乏强制性，但违背组织内部长期以来形成的习俗、价值观念、道德信仰等"道德权威"时，成员就会受到相应的来自组织内部的惩罚，而且，惩罚所导致的成本将大大高于违规所能够得到的可能收益。又如，在中国古代社会的诸多行业都存在着纪律严格的行会，行会对行业内成员的行为规范制订了严格的行规。对于违反行规的成员都有严格的惩罚机制，最为严重的处罚是驱逐出这一行业。

国家不仅能够通过制定和执行宏观经济政策、颁布一系列法律法规制度来直接对社会经济资源进行配置，还可以通过倡导不同的价值观念、意识形态等方式来影响资源的配置。诺斯（1990）认为，意识形态是一种节约机制，人们通过它了解自己所处的环境，建立起一种指导行为的世界观，而使决策过程简单明了，使执行过程费用减少。例如，在改革开放初期，我国政府强调了商品价值观念，提倡改革开放，这为当时的社会主义市场经济体系的建立和市场资源配置机制的引入提供了强大的思想动力，有力地促进了社会资源的有效配置。改革开放三十年后，市场调节已在经济生活领域发挥主导作用，政府干预也在发挥有效作用，我国政府明确提出了要构建和谐社会的价值理念，这一理念的提出和实施将充分发挥第三配置在社会资源配置中的作用和功能，促进社会协调稳定地发展。

（二）作用领域

上述分析表明，第三配置的作用领域主要在非理性领域。原因在于，在经济主体完全理性假设下，供求均衡下的市场法则能够对经济资源进行有效的配置，但由于理性经济行为所要求的信息及计算的容量大大超出了人们的能力，要对市场行为的所有方面都进行完全有意识的理性计算是不可能的。一般来说，第三配置适合于市场环境里的补充性因素或长期交易中的隐性合约部分，而理性的决策行为多数被用来作为限制性因素或关键性交易。除此之外，在理性行为领域，第三配置也存在其发挥作用的空间：（1）当收益大于成本时，即惩罚的可能性相对于利益是微不足道或者说惩罚大大少于收益时，由于第三配置的副作用，"搭便车"行为便会发生，偷盗、诈骗、虚报开支等机会主义行为亦会大量涌现。（2）当成本大于收益时，由于第三配置的正作用，生产领域的无私奉献、分配领域的捐助等便会普遍存在。①

三　第三配置的功能及其历史经验证据

第三配置的功能主要体现在降低交易成本、减少信息不对称、提高交易效率等方面。从交易成本的角度来看，因市场交易存在着搜寻、谈判、签约、执行等一系列成本，任何一个环节的偏差都有可能导致事前交易效率的降低，而作为市场交易参与者共同遵守的习俗、伦理道德和思想观念的存在能够有效地制约交易各方的行为，降低交易成本。信息不对称有可能导致交易事前的逆向选择和事后的道德风险行为的发生，从而降低事前交易的效率，甚至导致交易市场的闭锁。受共同习俗、道德伦理和思想意识支配的市场交易者之间的信息不对称程度要低得多，其发生逆向选择和道德风险的可能性也较低，因而，因信息不对称导致的代理成本下降，交易效率上升。

另外，第三配置中的习俗、伦理道德和思想观念通过固定人类行为范式，

---

① 严清华、刘穷志：《第三配置及其路径依赖偏好》，《武汉大学学报》（社会科学版）2001年第3期。

或者设定人类行为界限，向其他当事人和社会提供行为准则信息，从而发挥以制度化准则向社会提供信息的功能；同时，部分习俗、伦理道德和思想观念能够从主观价值上规范人们的行为，直接影响人们的经济行为，引导经济主体的预期，从而发挥引导市场行为心理取向，启发预期的作用。①

严清华等（2004，2005）运用第三配置理论对中国社会历史演进不同阶段中三种配置机制在资源配置中的作用和功能进行了经验分析。他们认为，在封建社会，市场交易的成分较少，政府配置和第三配置在资源配置中发挥着主导作用。但在许多朝代，因朝政腐败，政府丧失了资源配置的能力，社会经济资源的配置只能依赖于第三配置机制。如封建社会的"礼"、"义"、"诚"、"信"等第三配置力量在当时的生产、交易和消费中发挥着降低和节约交易成本的作用。知恩必报的道德理念也发挥着调节收入分配的功能。这样，在封建社会第三配置弥补了市场配置和政府配置的不足，并使自身的功能得以充分发挥，因而维持了封建制度的长期均衡稳定。但是，过度依赖第三配置机制势必会导致整个社会资源配置机制的扭曲。因为对于任何社会而言，市场配置是基础性的资源配置机制，政府配置和第三配置只是对市场配置发挥补充性的作用。当缺乏强制性的非正规的各种第三配置力量在资源配置中发挥主导作用时，原本有利于协调经济活动的各种习俗、道德伦理和思想意识也就有可能演变为各种潜规则，不仅不利于社会生产和交易活动的开展，而且会增加资源配置的交易成本。这也是中国封建社会资源配置效率低下，生产力落后，最后不得不衰败的原因之一。新中国成立后，为了在一穷二白的基础上集中资源建设社会主义新中国，我们选择了计划经济体制，以充分发挥政府在资源配置中的强制性功能和作用，并最大限度地限制了市场配置机制在资源配置中的作用和功能的发挥。尽管如此，第三配置机制的一些力量仍在经济和社会生活的各个领域发挥着作用。如"艰苦奋斗"、"互助合作"、"雷锋精神"、"为人民服务"等都对当时充分发掘和利用各种社会资源、协调各种社会关系、激发劳动人民的劳动热情和积极性等发挥了重要的作用，最大限度地弥补了市场配置机制的缺失，有力地推动了我国社会经济的发展。改革开放初期，为推动市场经济的发展，我国政府开始将市场配置机制引入社会资源配置领域，但此时政府的计划干预仍是资源配置的主导机

---

① 严清华等：《马克思主义第三配置思想研究》，经济科学出版社2006年版，第8页。

制。此后，随着社会主义市场经济体系的确立，市场配置机制逐渐发挥主导作用，政府干预也逐渐转向社会公共资源的配置领域。与此同时，强调"人的全面发展"、坚持"以人为本，促进人与社会的和谐发展"、提倡"诚信、道德"等第三配置机制也成为社会经济发展的重要推动力量。

第二节　第三配置理论的思想源泉

一　西方经济伦理理论中的第三配置思想

（一）古典经济学经济伦理中的第三配置思想

西方古典经济学中的第三配置思想主要体现在古典经济学家探讨经济伦理问题的学术思想之中。马尔萨斯在其所著的《人口原理》中认为，人类必然由具有强制的相同点的习俗或政府加以管理。穆勒在《政治经济学原理》中从三个方面阐述了市场与惯例的关系：（1）市场的产品分配是由竞争与习俗两种力量作用的结果，在某种情况下，习俗的作用力大于竞争的作用力；（2）习俗对地租和土地租佃有着不可低估的影响，尤其是在前资本主义社会，一切交易和债务基本上离不开习俗或惯例的制约；（3）在一些大的商业区，零售贸易主要或很大程度上取决于商业竞争，而在别的地方，竞争只是非经常地作为一种扰乱力量发挥作用，经常起调节作用的是习俗和惯例。①

但是，古典经济学经济伦理思想集中体现在其代表性的人物亚当·斯密的经济学说中。亚当·斯密在其探讨人类伦理学问题的《道德情操论》和经济学问题的《国民财富的性质和原因的研究》（以下简称《国富论》）两篇巨著中系统阐述了其经济伦理观，并由此奠定了第三配置思想在古典经济学中的理论基础。

在《道德情操论》中，亚当·斯密基于人性本善的假设，将源于人的同情和同感的利他主义情操视为人类道德行为的普遍基础和动机；而在《国民财富的性质和原因的研究》中，斯密将人性本恶作为政治经济学的前提假设，把个人利益主义的利益追求作为人类经济行为的基本动机。因此，在斯密的两本巨著中，一种人性本善的道德利他主义社会道义论与一

---

① 约翰·穆勒：《政治经济学原理》，商务印书馆1991年版，第270—276页。

种人性本恶的经济利己主义目的论表面上相互矛盾地共存。其实不然，斯密的整个经济思想都建立在他的社会哲学基础之上。在他看来，人类的行为是自然地由 6 种动机推动的：自爱、同情、追求自由的欲望、正义感、劳动习惯和交换中以物易物以及由此及彼的倾向。人类行为的各种动机经过细致的平衡，能使人与人之间的利益不发生冲突，使每个人在追求自身利益的同时，都被一只无形的手牵着去达成并非属于他原来意图的目的。在《道德情操论》中，斯密认为，个人利益是人们从事经济活动的出发点，而从利己出发从事经济活动的人就是"经济人"，但这种"经济人"不是自私自利、损人利己的不道德的人，是富有同情心的人，其自利行为将促进社会的最大利益；相反，片面追求利益的人是"虚荣而不是舒适或快乐的"。从个人利益出发的利己主义是"自爱"。人们自爱的本性是与同情心相伴随的。

在《国富论》中，斯密认为，每个人虽然在追求自己利益的同时，又不得不同时顾及其他人的利益，从而自然而然地产生了相互的和共同的利益。因此，个人利益不同社会利益相冲突，而是一致的，"每个人改善自身境况的一致的、经常的、不断的努力是社会财富、国民财富和私人财富所赖以产生的重要因素"。[①] 因此，个人从事经济活动时，通常追求的是个人利益，并没有促进社会利益的动机。但是，在自由交换的社会中，追求个人利益的活动也会促进社会利益。因为，个人从事经济活动中追求个人利益的行为是通过交换来完成的。而交换是富有同情心的个人在利己主义本性的驱动下，控制自身的感情或行为，尤其是自私的本性或行为。这就要求建立一个有良好行为准则的社会，它是由"看不见的手"引导而实现的。斯密认为，每个个人"通常既不打算促进公共的利益，也不知道自己在多大程度上促进那种利益。……由于他管理产业的方式目的在于使其生产物的价值能够达到最大化，他所盘算的也只是他自己的利益。在这种场合，像在其他许多场合一样，他受着一只看不见的手的指导，去尽力达到一个并非他本意想要达到的目的，也并不因为是非出于本意，就对社会有害。他追求自己的利益，往往使他能比在真正出于本意的情况下更有效地促进社会的利益"。[②] 因此，亚当·斯密的"看不见的手"是一

---

① 亚当·斯密：《国民财富的性质和原因的研究》上卷，郭大力、王亚南译，商务印书馆1972 年版，第 163 页。

② 同上书，第 27 页。

种对从利己出发的经济活动进行调节，促进私利与公益协调的力量。这种力量，在经济生活中表现为经济规律，在政治生活中表现为法律制度，在社会生活中表现为互惠行为，其作用是实现经济均衡、政治均衡和社会均衡。①

（二）新古典经济学经济伦理中的第三配置思想

古典经济学强调了所有经济资源和所有经济活动对一国财富增长的贡献和重要性，同时，也强调了人的经济行为的自利性和市场经济中利益的自然和谐。他们以利益和谐、行为自利、自然秩序为信条探索经济现象的深层本质，并由此总结出一系列经济发展的规律，如比较优势理论、收益递减规律、马尔萨斯的人口理论、萨伊定律（供给会自动创造需求）和劳动价值论等。总体上看，古典经济学的理论是以"供给为中心"的劳动价值论。随着社会经济的发展，在产品供给日益丰裕的情况下，新古典经济学家在继承古典经济学家一些基本理念的基础上，如理性人自利假设、通过价格调整市场会达到自动均衡等，将经济分析的重点由"价值"转向"效用"，通过实证主义的边际分析，演绎出一套精美的市场理论。尽管新古典经济学的理论体系过分关注市场的运行而忽略市场运行中组织、制度等因素的作用和功能，并由此被称为"黑板经济学"，但在其对于效用、福利最大化等经济原理的分析中也包含了大量的第三配置思想。其代表性的思想有边沁（J. Bentham）的功利主义原则下的效用原理、马歇尔（A. Marshall）的边际效用理论下的消费者剩余理论和帕累托（V. Pareto）的福利经济学理论。

边沁的功利主义原则也称为最大程度的幸福原则，其效用原理将道德归结为个人对快乐与痛苦的计算。边沁认为，人们的理性活动是寻求快乐和避免痛苦。如果让每个人都能自由地追求个人利益，那就会实现公共利益，即最大多数人的最大幸福。边沁指出，"所谓效用原理就是按照有利于扩大或减少当事者的幸福，或者换言之，按照有利于促进或反对那些幸福，来赞成或反对任何行动的原理"。② 因此，边沁功利主义原则下效用原理的经济伦理含义在于，既然功利应当作为道德最高准则的原理，追求

---

① 朱汉民：《略论西方经济学伦理道德观的演变与继承》，《武汉大学学报》（社会科学版）2001 年第 5 期。

② J. Bentham, An Introduction to the Principle of Morals and Legislation, New York：Hafner, 1948, pp. 1 – 3.

幸福是基于人类本性的根本动机，而社会作为个人的总和，社会的幸福作为社会成员的幸福的总和，那么，最大多数人的最大幸福原则既是道德标准，也是立法和制定政策的标准。①

马歇尔在边际效用价值论的基础上提出了消费者剩余理论。所谓消费者剩余是指消费者消费一定商品愿意支付的最高总价格与实际支付的市场总价格的差额。在《经济学原理》中，马歇尔认为："一个人对一物所付的价格，绝不会超过而且也很少达到他宁愿支付而不愿得不到此物的价格。因此，他从购买此物所得的满足，通常超过他因付出此物的代价而放弃的满足。这样，他就从这种购买中得到一种满足的剩余。他宁愿付出而不愿得不到此物的价格，超过他实际付出的价格的部分，是这种剩余满足的经济衡量。这个部分可以称为消费者剩余。"②

消费者剩余是衡量消费者福利的重要指标。产业的社会福利等于消费者剩余与生产者剩余之和，或等于总消费效用与生产成本之差。消费者剩余最大的条件是边际效用等于边际成本。消费者剩余概念的提出表明，在自由交易的市场上，消费者的付出总小于其所得。消费者在交易中总会获得额外的收益，社会福利在交易中总会增长。由此看来，马歇尔的消费者剩余理论关注的不仅是个人消费中所得到的消费者剩余的大小，而且还包括社会总福利的增进问题。

帕累托在研究经济效率和收入分配的过程中使用"帕累托最优"的概念来阐述了其认为的公平与效率的"理想王国"。帕累托最优也称为帕累托效率，是指资源分配的一种理想状态，假定固有的一群人和可分配的资源，从一种分配状态到另一种分配状态的变化中，在没有使任何人的境况变坏的前提下，使得至少一个人变得更好。在自由选择的经济体制中，社会各经济主体在追求自身利益最大化的同时，通过市场上"看不见的手"这一市场机制推动着人们从自利的动机出发，在各种竞争与合作的关系中实现互利的经济效果，从而也使整个社会的经济资源得到最合理的配置。但由于市场本身不完备，特别是市场的交易信息并不充分，社会资源的配置会造成很多的浪费。要减少浪费，就必须提高社会经济效率。如果经济中没有任何一个人可以在不使他人境况变坏的同时使自己的情况变

① 朱汉民：《略论西方经济学伦理道德观的演变与继承》，《武汉大学学报》（社会科学版）2001 年第 5 期。

② 马歇尔：《经济学原理》，朱志秦译，商务印书馆 1965 年版，第 142 页。

得更好，那么这种状态就达到了资源配置的最优化。这样定义的效率被称为帕累托最优效率。如果一个人可以在不损害他人利益的同时能改善自己的处境，他就在资源配置方面实现了帕累托改进，经济的效率也就提高了。

（三）当代经济学家经济学伦理中的第三配置思想

当代经济学家在继承和发展古典和新古典经济学家经济思想及经济伦理的同时，从不同的角度、侧面拓展和深化了对第三配置思想的研究。其中，代表性的人物和思想包括马克斯·韦伯（M. Weber）有关新教伦理对资本主义形成和发展的影响的研究、哈耶克（F. Hayek）有关自由与道德关系的论述、康芒斯（J. Commons）及诺斯等制度经济学家有关习俗和制度在经济运行中的作用和功能的论述等。

马克斯·韦伯是当代德国著名的社会学家、经济学家和历史学家。在其所著的《新教伦理与资本主义精神》一书中，韦伯从宗教伦理的角度对资本主义的起源和发展进行了研究，阐述了宗教伦理对资本主义发展的作用。韦伯认为，经济基础、社会政治组织和占主导地位的宗教思想是促使资本主义兴起的历史原因，而新教伦理中的尽天职、蒙恩、勤奋、劳动、守信、克制、俭省、节欲的精神是推动近代资本主义经济和社会发展的内在动力。韦伯认为，任何一种经济模式背后都必然存在着一种无形的精神力量，一定条件下，这种无形力量即伦理道德、价值观念决定着这种经济模式的成败，正是资本主义精神的伦理道德、价值观念推动了资本主义经济的发展。韦伯认为，资本主义的发展是与勤奋和节俭分不开的，而恪守诚信是资本主义获得成功的重要信条。他指出，"切记，时间就是金钱。假如一个人凭自己的劳动一天能挣十先令，那么，如果他这天外出或闲坐半天，即使这期间只花了六便士，也不能认为这就是他全部的耗费；他其实花掉了，应该说是白扔了另外五个先令"。① 同时，"切记，信用就是金钱"。"除了勤奋和节俭，在与他人的往来中守时并奉行公正原则对年轻人立身处世最为有益，因此，借人的钱到该还的时候一小时也不要多留，否则一次失信，你的朋友的钱袋则会永远向你关闭"。② 韦伯还强调，在资本主义社会中改革者或企业家必须具有坚强的性格，这是避免经济灾

---

① 马克斯·韦伯：《新教伦理与资本主义精神》，生活·读书·新知三联书店1987年版，第33页。

② 同上书，第34页。

难的重要精神支柱。他指出，"各种怀疑、仇恨甚至道德义愤总是滔滔不绝地涌向第一个革新者。人们还千篇一律地捏造出一些关于他从前生活的隐私污点的传说。只有超乎寻常的坚强性格才能使这样一个新的企业家不会丧失适度的自我控制，才能使他免遭道德上和经济上的毁灭"①。那么，资本主义的勤奋、节俭及坚强性格的精神来自何处？韦伯认为，16世纪宗教改革以来，以马丁·路德和让·加尔文为代表的基督教新教，为资本主义的发展奠定了伦理基础。在他看来，新教为世俗生活和谋利动机提供了道德解释，也为勤勉劳动和尽忠职守奠定了道德基础，同时，还为人的欲望的恶性膨胀提供了伦理禁忌。②

哈耶克在其撰写的《法律、立法与自由》一书中，阐述了他对理想社会中自由与道德之间一般关系的理解。（1）只有在自由的环境中，道德与道德价值才会成长。人们和各阶层只有在长期享有自由的环境下，才会有高尚的道德标准。（2）只有在自由的行动受到强有力的道德的信念引导时，自由社会才会良好地运行。个人自由在近现代受到的保障，归功于人们有着能够遵照个人道德信念行事的欲望。因此，要想让自由有良好的表现，不但需要强有力的道德标准，而且要有一种特定类型的道德标准。不过在这些道德标准成长壮大的社会里，一旦它们变得无所适从，也会毁了自由，同时也就毁了一切道德价值的基础。③

康芒斯是现代制度经济学的代表，在《制度经济学》一书中，康芒斯对习俗与市场的关系进行了富有价值的探讨和研究。康芒斯认为，经济学家必须高度重视市场习俗问题的研究，"习惯、惯例、前例以及根据它们推论出来的习惯假设，我们解释为习俗"。④ 所谓"习惯"是最不明确和不是众所周知因而强迫性最小的"习俗"；而"惯例"则是较为明确和众所周知的"习俗"；最为明确而且是人人都知道的强有力的"习俗"则是"前例"。

康芒斯认为，经济学家需要重视习俗。（1）习俗是市场行为者考虑

---

① 马克斯·韦伯：《新教伦理与资本主义精神》，生活·读书·新知三联书店1987年版，第49页。

② 梁骏：《经济发展的道德支撑——读马克斯·韦伯〈新教伦理与资本主义精神〉》，载《北京行政学院学报》2002年第4期。

③ 严清华等：《马克思主义第三配置思想研究》，经济科学出版社2006年版，第11—12页。

④ 康芒斯：《制度经济学》（下），商务印书馆1962年版，第376页。

问题的方法论前提。这是因为，市场交易是社会关系的交换，而习俗和习惯是构成人类一切关系的基础的原则；任何一个行为者只要投入实际工作或经济活动，必须首先具备"制度化的头脑"，即在经验积累中形成处理问题或动作操作的行之有效的行为惯例和方法。（2）市场习俗分为技术的、所有权的和伦理的三种类型。这三种形态的习俗构成了市场行为者的利润意识、利益意识、工作意识、工资意识、地租意识和职业意识。（3）市场习俗分为计量标准和合理性标准两种标准。计量标准终于立法机关，是法定的标准；合理性标准又可分为交易的标准和消费的标准，其中交易的标准与财富的生产、买卖和管理有关。（4）市场习俗的原则是强迫的相同性，它诱使个人遵从标准。因此，习俗是集体的强制，就是将义务加在个人身上，从而发挥作用。（5）市场习俗与市场法律存在内在的共生关系。康芒斯认为，市场经济仲裁靠的是习俗。习俗实际上是不成文的法——活的法律。任何法规只有借助习俗、惯例才可能生效，即便是抽象的和一般的成文法，也要通过惯例式的解释回溯到习俗或判例上来。（6）市场习俗与市场竞争并非绝对对立。康芒斯指出，市场竞争绝不是自然的生存竞争，而是一种人为的安排，由集体行动的道德、经济利益的共同惯例支配。竞争的首要前提是树立有利于市场竞争的交易标准，把不确定性的习俗、惯例变得比较明确，从而使竞争达到公平、公正、合理。

道格拉斯·诺斯（D. North）是西方新制度经济学的集大成者，也是最早从非正式制度的视角研究制度变迁理论的学者。在其一系列有关制度变迁的学术文献中，诺斯阐述了社会习俗、意识形态和文化等非正式制度对制度的生成、变迁的影响和作用。在《西方世界的兴起》中，诺斯提出了著名的制度效率假说，认为制度总是朝着有利于经济效率的方向演进，是经济增长的关键要素，而产权制度是最基本的制度，所有权结构的效率会引起一国的经济增长、停滞或衰退。而在《经济史中的结构与变迁》中，诺斯将交易成本、国家和意识形态引入制度变迁分析之中，提出了制度变迁的产权理论、国家理论和意识形态理论，解释了人类有史以来的经济制度的演变和停滞，得出了竞争性约束和交易成本约束是无效规则长期存在的根源的结论。他指出："如果没有一种关于意识形态的清晰理论，或更广泛意义上的关于知识社会学的理论，那么，我们解释现行资源配置或历史变革的能力便会有很大的缺口。"① 随后，在《制度、制度变迁与经济绩效》一书中，诺斯进一步从非正式制度的角度，论述了习俗、意识形态和文化对经济制度的影响。他认为，"即使在最发达的经济中，正式制度也只占人们选择的总约束中的一小部分（尽管是非常重要的部分）……在社会结构的各个领域，控制结构差不多总是由行为规范、行为准则和习俗来确定的"。②

诺斯在继承新古典经济学稳定性偏好、理性选择模型和均衡分析等基本分析方式及新制度经济学所强调的信息、交易成本和产权约束等分析工具的基础上，进一步放宽了新古典经济学有关个体理性和信息完全的假设，认为在交易的过程中，个体并非完全理性而是有限理性，信息也并非完全信息而是有限信息。在此基础上，诺斯强调了习俗、意识形态和文化对制度变迁的影响。

诺斯认为，制度是一个社会的游戏规则，由正式制度（成文法、普通法、规章）、非正式制度（习俗、行为规章和自我约束的行为规范）和它们的实施机制构成，是人们有意构建的用来规范人与环境、人与人之间关系的社会建制。从外部来看，制度是一定人口共享的行为规范和惯例；从内部来看，制度是共享的精神模型和对当前社会互动中问题的共同解决方法。"意识形态是个人群体拥有的来理解环境和描绘环境应如何构建的精神模型架构"③，而制度则是人们对周围环境的理解的外在表现。"拥有共同文化背景和经历的个人将会拥有相当一致的精神模型、意识形态和制度，拥有不同的知识经历的人将会用不同的模型或意识形态去解释环境"。④

在分析非正式制度对经济发展的作用时，诺斯特别强调了意识形态对经济发展的导向作用和功能。他认为，（1）意识形态使人们认识他们的环境并简化其决策过程，从而成为一种节约交易成本的机制。"意识形态在一定程度上是纯粹知识的发展，知识发展方式会影响人们关于他们周围世界的观念，因而会影响他们对世界进行的理论化解释和评价，这些反

①　道格拉斯·诺斯：《经济史中的结构与变迁》，商务印书馆 1992 年版，第 48—52 页。

②　道格拉斯·诺斯：《制度、制度变迁与经济绩效》，上海三联书店 1994 年版，第 49 页。

③　Arthur, D. and D. North, *Shared Mental Models*: *Ideologies and Institutions*, Blackwell Publishing, 1994, Vol. 47, pp. 3 – 13.

④　Ibid. .

过来又会影响合约签订的成本。如果人们对体制规则的感知是公平和公正的，则会降低成本。同样，在给定衡量和实施合约是有成本的情况下，如果人们认为体制是不公正的，则会提高合约签订的成本"。① （2）意识形态为现行制度的合理性提供解释，为正式制度的改变提供强化机制，对制度的稳定和变迁发挥着重要的作用。（3）意识形态构成社会潜意识的重要组成部分，对维持社会秩序具有重要意义。

诺斯认为，有效的意识形态是具有如下特点的意识形态：（1）它能够解释现存产权结构与交换条件的合理性；（2）它必须是灵活的，既能得到旧团体的拥护，也能为新团体接受；（3）它必须克服"搭便车"行为，使人们免予按照成本—收益的享乐主义计算来行事。

二　马克思主义第三配置思想②

马克思主义的第三配置思想是马克思主义经济学体系的重要组成部分，包含在马克思主义经典作家马克思、恩格斯、列宁等对人类社会经济历史和现实问题的考察和分析之中。在考察商品、货币、资本、劳动、生产、交换和分配等社会经济和资本主义发展问题时，马克思、恩格斯并非单纯地从现实来研究这些问题，而是将伦理、道德和意识形态与这些问题的考察相结合，从而构建了丰富的马克思主义第三配置思想。

在讨论商品、货币和资本的本质时，马克思认为，无论商品、货币还是资本，都是凝聚了一定社会关系、具有特殊社会属性的客观存在，而不是纯粹的自然物；不论是资本家还是工人，都不是纯粹的经济人，而是具有不同的社会的和历史规定性的异质主体；人们的任何经济活动都有其鲜明的利益追求。经济活动主体的不同价值取向，构建了经济伦理的活动空间。

马克思认为，商品是价值和使用价值的对立统一，人与人之间的社会关系通过商品交换表现出来，产品被赋予历史和社会属性，从而具有伦理意义。经济与伦理在商品交换中既具有统一的一面，也有根本冲突的一面。统一的一面表现为商品通过交换实现其价值，在使使用者得到满足的同时也使劳动能力和创造力得到社会的承认；冲突的一面则表现为商品有可能无法卖出去，其价值无法得到实现，社会劳动力和财富可能出现浪

① 道格拉斯·诺斯：《制度、制度变迁与经济绩效》，上海三联书店1994年版，第103页。
② 该部分的内容主要参考了严清华等《马克思主义第三配置思想研究》（经济科学出版社2006年版）中第12—66页的内容。

费，买卖脱节现象可能被掩蔽、积存，并酿成经济危机，使用价值可能被忽略、被扭曲，而且可能对人的健康发展有害。在自发状态的市场经济中，商品生产中的经济价值和伦理价值的冲突绝不会少于统一和谐。马克思进一步指出，货币与商品的对立统一是经济与伦理的矛盾在资本主义总生产过程中所得到的充分体现，并为经济与伦理的矛盾的解决提供了基本路径。通过这些分析，马克思阐明了在资本主义社会，人与人（社会）的关系通过人与物的对立的形式表现出来，这是经济与伦理分裂的社会根源。

在探讨经济与道德的关系时，恩格斯指出，人们自觉或不自觉地，归根结底总是从他们阶级地位所依据的实际关系中——从他们进行生产和交换的经济关系中，吸取自己的道德观念。① 基于这一理论观点，马克思和恩格斯分析了商品经济与道德的关系，尤其是资本主义商品经济与道德的关系。

关于意识形态，马克思认为，意识形态是以占统治地位的"阶级意识"为主体的价值观念系统。统治阶级的思想在每一时代都是占统治地位的思想。也即一个阶级是社会上占统治地位的物质力量，同时也是社会上占统治地位的精神力量。② 恩格斯在马克思意识形态理论的基础上，提出了"意识形态的功能理论"。该理论包括两个方面：第一，制度功能，即国家机器是阶级意识的附属物；第二，"反作用"功能，政治、法律、哲学、宗教、文学、艺术等的发展是以经济发展为基础的。但是，它们又互相影响并对经济基础产生影响。③

---

① 《马克思恩格斯全集》第 20 卷，人民出版社 1971 年版，第 102 页。
② 《马克思恩格斯全集》第 1 卷，人民出版社 1972 年版，第 52 页。
③ 《马克思恩格斯全集》第 4 卷，人民出版社 1972 年版，第 506 页。

第三章 企业第三配置的经济学分析

第一节 现代企业资源配置理论的发展

自从古典经济学开始，经济学家就关注了企业的资源配置问题。古典和新古典经济学家过分强调市场机制在资源配置中的作用，他们并不承认也没有分析企业在资源配置中的作用以及其内部的资源配置问题。正因为他们的理论前提和结论离现实太远，也就为以科斯为代表的新制度学派的经济学家探讨和分析企业的资源配置机制提供了研究的起点。在科斯以后，众多的学者遵循科斯所提出的有关企业本质及边界问题的思路，从不同的角度拓展了企业资源配置理论的内涵和外延，并构建了较为完整的现代企业理论体系。因此，在探讨企业第三配置机制的经济学分析之前，我们有必要对现代企业理论的发展脉络作一简要回顾，梳理企业资源配置理论发展的思路，为企业第三配置理论的经济学分析奠定理论基础。

一 古典与新古典经济学的企业理论

（一）古典经济学的企业理论

以亚当·斯密为代表的古典经济学家主要从分工协作的角度，对企业的产生及其边界问题进行了论述。1776 年，亚当·斯密在其巨著《国富论》中认为，劳动分工是劳动绩效提高的关键。人类天然是自利的且有交换的倾向，从而导致劳动的分工。企业作为产品生产组织，必然是劳动分工的结果。由于市场范围的大小影响了人们交换的能力，所以市场范围限制了分工的深化。当市场的规模较小时，人们的交换能力得到限制，也就不能激励人们去从事专业化的生产。斯密认为，随着企业规模的扩大，企业内部就可能采用更加不可分的技术，这种技术使劳动分工进一步深化，引起规模薪酬递增，企业规模自然也在进一步扩大。

　　与斯密同时代的伟大经济学家马克思第一次对资本主义生产过程进行了深入的分析，揭示出资本主义社会经济运行的规律。由于研究的重点是资本主义生产过程，马克思对工厂的认识比斯密更为深刻。在《资本论》中，马克思指出：工厂是"以使用机器为基础的工场的固有形式"。分工的深化使企业规模扩大，其后果是不仅提高了劳动生产率，还会因产量提高但固定成本不变而降低单位成本，提高利润率，因此，资本家要尽可能地扩大工厂规模。马克思进一步指出，企业作为一种专业化的合作组织，通过协作能够产生超过个人生产力加总的集体力量。针对企业内资本家与工人在权利交换中的对立现象，马克思认为，资本家购买了劳动力，因此拥有对工人劳动力的任意使用权利，而工人有权获得自己足够的消费权利和生存权利，这两种相悖的权利由于双方力量的悬殊差别而成为阶级对立的根源。不过，由于企业之间和部门之间的竞争，企业的规模最终受制于行业平均利润率。

　　约翰·穆勒在《政治经济学原理》中对斯密的分工理论做了进一步的阐述。他认为合作是分工法则之外更为基本的法则。企业内的合作可分为简单合作和复杂合作两种。简单合作是人们在从事有利于他们之间互相帮助时的统一工作；复杂合作则是人们在从事不同的工作时的互相帮助。穆勒的合作理论暗示了企业内部生产的复杂结构。穆勒还认为，从现代制造业的精细分工中获得的最大好处，就是按能力给工人分类，可以更为经济地分配劳动，这其实暗示了管理能够降低组织成本，最大化地发挥复杂合作的好处，从而降低成本，扩大规模。

　　古典经济学的企业理论产生于工厂手工业阶段，经济学家对企业的认识也主要是基于他们对当时存在的工厂的考察。因此，他们的理论难免存在一定的局限性。如斯密强调了市场范围以及受市场范围制约的劳动分工对企业形成和企业规模的影响，但现实中，市场范围的扩大并没有导致劳动分工的无限深化，也没有导致企业规模的无限扩张。尽管如此，古典经济学企业理论中有关分工、专业化和协作的理论为后来企业理论的研究奠定了基础并提供了思想来源。

　　（二）新古典经济学的企业理论

　　以马歇尔为代表的新古典经济学家认为，经济体系运转的中心问题是一个经济体如何在给定的技术和偏好条件下来进行资源的有效配置。在个体完全理性的假设下，新古典经济学认为，企业的唯一功能是在给定的技术（投入产出比）条件下，根据边际替代原则对生产要素进行最优组合，从而实现最大的利润或最低的生产成本。在新古典经济学的厂商理论中，企业是一个以投入要素为变量的生产函数，以利润最大化为目标，根据边际收益等于边际成本以及成本最小化原则来决定其产出水平。企业是一个投入产出的"黑匣子"。

在这一理论框架下，企业是按个别消费者的形象所设计出来的经济单位，根据最大化的行为规则来运行。新古典模型设定企业面临着给定的并可以意识到的各种选择和约束。很显然，新古典经济学的核心是价格理论，并把价格机制看作是经济活动中唯一有效的协调机制。为了论证"看不见的手"的原理，新古典经济学仅仅把企业抽象为完全相同的最优化生产者。

尽管新古典经济学为现代企业理论的发展构建了一个理想的参照系，通过放松其严格的理性人和完全竞争假设，将更多的生产要素纳入生产函数，不断修正其理论结论并使其更接近现实。但很显然，新古典经济学的诸多假设和研究前提受到了经济学家的质疑。（1）新古典经济学忽视了企业内部组织结构和企业家在企业资源配置中的作用。不同的企业内部组织结构会导致企业生产要素配置及其效率的不同。如企业内部激励机制设计的不同会导致员工努力程度的差异。同时，按照新古典经济学的市场价格配置机制，企业家无须存在。但现实中，企业家不仅存在，而且在企业各种资源配置中发挥着重要的功能。（2）新古典企业理论将所有的企业都抽象为完全同质，且交易费用为零，信息可以无成本地获得。显然，这些假定离现实太远，无法解释现实中企业运行的真实状况。

二　企业家的企业理论

尽管新古典经济学家将企业看作是一个投入产出的"黑匣子"，但仍有一部分与新古典经济学家同时代的学者将分析的视野渗入到企业内部，探讨了企业家的作用和功能。他们认为，企业是企业家的企业，并由此形成了企业家的企业理论。

（一）萨伊的企业家理论

19 世纪初期，法国著名政治经济学家萨伊最早阐述了企业家的作用和功能。萨伊强调了企业家作为生产的协调指挥者的角色。在亚当·斯密有关劳动力、资本和自然资源的生产三要素分类理论的基础上，萨伊认为，劳动力是生产过程中的关键投入，劳动力可以进一步分为科学研究人员、企业家和工人三类，分别履行创造和提供知识、应用知识于具体目的和具体执行操作的职能，而所有的生产过程都是劳动力三种职能的组合。其中企业家的知识应用职能是生产的驱动力，具体包括协调、决策制定和承担风险等。企业家作为生产过程的中心枢纽，发挥了其协调人、财、物、产、供、销的协调者的作用。在分配方面，萨伊认为企业家作为协调者按市场价格支付各种投入要素的薪酬，企业家自己的薪酬是企业的剩余。

（二）马歇尔的企业家理论

尽管马歇尔是新古典经济学的集大成者，但其经济学理论和著作中仍不乏对企业家功能和作用的分析和探讨。马歇尔认为，企业家承担着企业组织的领导协调者、中间商、创新者和不确定性承担者等多方面功能。企业家作为企业组织的领导协调者，一方面组织调配各种资源，指挥管理生产过程；另一方面又不停地使用边际替代原理，保证成本最小化。为了追求成本最小化，企业家又必须是创新者，创新各种新技术，尝试各种新思想。企业家的作用不仅由生产产品的制造商来承担，还由销售产品的商人来承担。企业家的低买高卖的套利行为使企业家又具有了中间商的角色。企业家的管理决策行为、套利行为和创新行为都会面临很大的风险，风险负担和管理权限不可分割，企业家因而又是风险承担者。正因为马歇尔赋予企业家多重角色的职能，从而使其企业家角色理论失去了鲜明性，也使得在新古典经济学家的经典企业理论范式中找不到企业家的影子。但马歇尔的企业家理论及其思想为后来众多学者的研究提供了思想渊源。

（三）奈特的企业家理论

1921 年，奈特（Knight，1921）赋予了企业家不确定性风险承担者的角色。奈特认为，风险是指已知发生概率条件下的随机事件，是可以保险的。风险问题和风险决策可以由管理者通过计算概率进行解决。而不确定性是指在完全未知、出现的概率难以估算条件下的随机事件。不确定性问题无法保险，管理者对此也无能为力，只有企业家才能承担不确定性问题决策的职责。如果企业家决策正确，企业家得到剩余和纯利润；相反，如果企业家决策错误，企业家承担相应的损失。因此，企业家是企业不确定性风险的承担者。

（四）熊彼特的企业家创新理论

熊彼特（Shumpepter，1934）将企业看作企业家创新的机制。企业家的天职是创新，即引入一种新的生产函数，包括使用一种新的技术、发现一个新的市场、创造一种新的组织方式等。通过创办新企业这种非连续的创新活动，企业家在非均衡环境中获得了薪酬——利润。因此，熊彼特赋予企业家以创新者的角色，认为企业家的创新行为是商业周期和经济发展的根本原因。熊彼特认为，所谓创新就是建立一种新的生产函数，把一种从未有过的有关生产要素和生产条件的新组合引入生产系统。企业家的创新主要有五种：引进新产品（或改进现有产品质量）；引进新技术，即新的生产方法；开辟新市场；控制原材料的新供应来源；实现企业的新组织形式。因此，熊彼特所谓的企业家本质上是制定创新决定的决策者或管理者。企业家首先制定创新决策，其次执行创新决策，其结合会产生所谓的新组合，在自由市场体系下，新的组合又将给企业家带来利润，从而打破了原来的经济均衡状态。由于示范效应会产生许多模仿跟进者，互相竞争的结果使获得利润的机会逐渐丧失，从而又产生了新的均衡。企业家作为创新者，其作用是通过创造性地破坏市场均衡，推进经济发展（黄群慧，1999）。

三　新制度经济学的企业理论

新古典经济学将企业看作是完全同质的最优化生产者，从根本上排除了企业对资源配置的影响。企业只是市场价格协调机制下的一个基本生产单位，企业对资源的配置不产生任何影响，企业的规模边界决定于给定技术条件的最优化决策。如前所述，按照新古典经济学的资源配置逻辑，企业特别是企业家也就没有存在的必要，企业组织结构的设计也会显得无足轻重。然而，现实中不仅存在着企业家，而且，企业家在企业资源配置中发挥着重要的作用。不同的企业内部组织结构设计直接导致企业资源配置效率的差异。正因为如此，1937年，科斯在其著名的《企业的性质》一文中明确提出了企业为什么存在、如何界定企业的边界及企业的组织结构、企业家的功能是什么等一系列涉及企业本质的问题，并由此奠定了新制度经济学的理论基础。自科斯之后，众多的经济学家围绕科斯所提出的问题及其企业契约理论和交易成本理论的观点，对企业的资源配置功能、企业的边界等进行了深入的探索。

新制度经济学把企业和市场看作是可以相互替代的资源配置机制。在企业之外，价格变动决定生产，这是通过一系列市场交易来协调的。在企业之内，市场交易被取消，企业家替代了交易复杂的市场结构，并指挥生产。尽管如此，不同的新制度经济学家对企业配置资源机制的看法却存在着较大的差异。

（一）科斯的企业理论

科斯从交易成本的角度解释了企业存在的合理性或"企业在一个专业化交换经济中出现的根本原因"。科斯认为，传统经济理论的一个重要缺陷在于假设市场交易成本为零，而事实上，"利用价格机制是有成本的"，即交易费用。它包括发现相关价格的费用，进行交易谈判、签订交易契约的费用以及执行契约的费用。交易费用普遍存在于现代市场经济中。因而，企业的本质是一种和市场相区别的交易活动的契约形式，即"价格机制的替代物"。企业通过纵向一体化，以一组长期契约替代了市场交易中的多个短期契约，降低了交易频度，减少了交易中的不确定性和风险，减轻交易摩擦，从而节约交易费用。因此，企业的显著标志是对价格机制的替代。企业和市场是"两种可以相互替代的协调生产的手段"，只不过市场通过契约形式完成交易，而企业依靠内部权威完成交易。

在界定了企业本质的基础上，通过对企业行为特征的考察，科斯认为，无论是采用市场机制还是企业来对资源进行配置都存在着交易成本。企业替代市场，在节约外部交易成本的同时，产生了内部组织费用。因此，企业不可能无限制地扩张其规模。企业的纵向边界决定于企业和市场在组织交易活动时的边际交易成本的比较。当企业内部交易的成本低于市场交易费用，企业就会存在和发展，将倾向于扩张，直到在企业内部组织一笔额外交易的成本等于通过在公开市场上完成同一笔交易的成本或在另一个企业中组织同样交易的成本为止。此时，企业处于最优规模边界。

（二）阿尔钦和德姆塞茨的"团队生产理论"

在科斯（1937）有关企业契约理论的基础上，阿尔钦和德姆塞茨（1972）将企业看作一种团队生产方式。他们认为，企业与市场并没有本质的区别。在他们的理论中，企业的团队生产被描述为：（1）使用几种类型的资源，所有资源不属于同一人所有；（2）由于生产技术的不可分性，故只能采取合作生产的方式；（3）产出不是每种合作资源的分产出之和；（4）由于联合产出，各个成员的边际产品无法直接地、方便地计量，也就无法按照成员的真实劳动贡献计量薪酬，因此，团队生产会发生"搭便车"和偷懒行为。为了减少这些行为，必然发生监督成本。监督者必须是团队生产资产的投入者和所有者，拥有劳动成果的剩余索取权和修改合约的权利。阿尔钦和德姆塞茨（1972）认为，适当的产权安排能有效地解决监督的激励问题。企业的优势并不在于用权威来配置资源。企业是一种合作行为，并没有比普通市场更为优越的命令、强制和纪律约束等权利，商品交易契约与雇佣契约之间并无本质的不同，通过市场的交易与企业的交易也无二致。但是外部市场竞争和内部监督并不能带来完全有效的控制，所以企业不能无限地扩张，受制于企业内部的信息成本。

（三）代理理论的企业理论

詹森和麦克林（1976）认为，企业是一种形式的法律虚构物，是一组契约的联结体。由于企业组织内部存在着因信息不对称、个体有限理性和机会主义导致的委托—代理问题，而代理问题的存在又会导致代理成本的发生[①]，因此，作为契约联结体的企业的关键问题是委托人如何选择或设计契约来克服代理问题，以降低代理成本。他们认为，企业可以通过不同的股权或债权融资方式的选择来达到降低代理成本的目的。在詹森和麦克林（1976）的基础之上，霍姆斯特龙和米尔格拉姆（Homstrom and Milgrom，1994）基于委托—代理理论，将企业看作是一种激励工具。他们认为，企业可以采取三种基本的激励方式，即绩效激励、产权激励和自由激励，而最佳的激励体系是在不同激励手段之间建立一种适度的平衡。一项任务是采取内部雇佣还是外部购买，取决于不同任务对不同约束人所需要的监督成本和激励效果。如果把监督成本视为交易费用的一部分，那么，霍姆斯特龙和米尔格拉姆（1994）关于企业本质的观点与科斯的观点并无本质差别。

（四）张五常的企业理论

张五常（Chang，1983）从契约的角度解释了科斯提出的企业的性质问题。张五常认为，企业"这个契约"发生在要素市场上，是一种要素所有者与代理人签订的一份契约；而价格机制所签订的一系列契约则是产品市场上的一系列交易。与其按照科斯将企业看作要素市场对产品市场的替代，不如说是一种要素契约对一种产品契约的替代。企业和市场都是一种契约，两者并无区别。企业只是契约安排的一种方式，关键是这种契约

---

①　詹森和麦克林（1976）认为，代理成本包括为设计、监督和约束利益冲突的委托人和代理人之间的一组契约所必须付出的成本，加上执行契约时成本超过利益所造成的剩余损失。因此，代理成本为监督成本、约束成本和剩余损失之和。这里的剩余损失主要是指缔结契约和执行契约所发生的各种费用。

安排方式所节约的定价费用能否弥补由相应的信息不足而造成的代理成本损失。以企业契约替代市场契约，其收益是价格发现费用的下降，但由此会引起代理费用的产生。企业取代市场的程度，应是由取代引起的代理费用边际增量等于定价费用边际减量而定。

（五）威廉姆森的交易成本经济学理论

科斯提出交易成本是导致企业存在的主要原因，但他没有说明交易成本存在的原因和性质。威廉姆森（1979，1985）深化了科斯的理论，从资产专用性、交易频率和不确定性三个维度刻画了交易的属性。由于个体的有限理性，事后机会主义行为的存在会使得事前的契约签订变得困难，交易成本也就会上升。要降低事后机会主义可能导致的交易成本，则有必要对治理结构或经济组织进行选择。企业与市场相互替代的问题，也就是交易与治理结构相匹配的问题。当资产专用性、不确定性和交易频度等变量处于低水平时，市场是有效的协调手段，而企业的出现则是不确定性大、交易频度和资产专用性程度高的结果。

交易成本经济学理论认为，如果交易中存在关系型专用性投资，那么由于垄断或双边垄断存在的可能性，当事人事后"敲竹杠"的机会主义行为，会导致对专用性资产的事前投资不足。因此应该用一体化即企业的方式来取代市场生产，节约缔约成本。因为在纵向一体化内部，权威命令可防止机会主义行为的发生，减少专用性资产的损失。如果不存在资产专用性，通过市场合约来连接生产的各个连续阶段，是可以大大节约交易成本的。

（六）不完备契约下的企业理论

标准的代理理论假定契约是完备的，在契约签订之前，契约的缔结者能够理性地预期到契约执行期间所有可能的或然状态及其行为结果，在契约的执行期间，第三者能够无成本地对契约执行的结果进行验证，也即契约的签订和执行是无成本的。但显然，现实中契约的缔结和执行是有成本的，而且，在事前，契约的缔结者也不可能合理地预期到事后所有的或然状态和行为结果。因此，契约是不完备的。正因为如此，20 世纪 80 年代后期，在继承阿尔钦和德姆塞茨、威廉姆森等不完备契约思想的基础上，格鲁斯曼和哈特（1986）、哈特和穆勒（1990）等构建了不完备契约理论的分析框架——GHM 理论。

GMH 理论认为，由于个体有限理性、机会主义和交易成本的存在，特别是合同履行结果的第三方（尤其是法院）不可证实性使得契约是不完备的，即契约的缔结者不可能在初始合同中对事后所有的或然事件及其对策做出详尽可行的规定。因此，除了契约中有明确规定的专门权利外，谁将拥有那些契约中没有明确规定的剩余权利，以便在那些未被初始契约中规定的或然事件出现时做出相应的决策也就成为一个事前必须解决的问题。这种对于非人力资本在初始契约未规定的所有情况之下如何被使用的决策权被称为剩余控制权。剩余控制权是一种排他性的决策权，而且这种权力天然地归非人力资本所有者所有。因为，从法律上看，非人力资本所有者拥有剩余控制权是必然的。所有者拥有企业物质资产的所有权，进而间接地拥有对企业人力资产的控制权。如果员工必须结合某种资产才进行生产，其将有激励机制按照资产所有者的利益行事，以便在今后与雇主谈判时取得更有利的地位。正是这种非人力的物质资产成为拴住企业雇员的某种黏结物，并赋予雇主指挥雇员的权威。

因此，GHM 理论认为，在契约不完备的情况下，物质资本所有权是权力的基础，对物质资产所有权的拥有将导致对人力资本所有者的控制。企业是由它所拥有或控制的物质资本所规定。在经济主体风险中性、信息对称以及不能承诺事后不要求再谈判的一系列假设下，借助于不完备契约和剩余控制权理论，GHM 理论将不完备契约理论与产权理论相结合，构建了一个新的产权理论。

四　其他企业理论

（一）权力理论

拉加恩和兹因格拉斯（Rajan and Zingales，1998，2000）将人力资本理论与产权理论相结合，提出了企业的权力理论。他们认为，企业取代市场是因为权力使代理人能够进行专用性投资。权力成为企业的核心要素，因此企业的边界并非由不完备契约理论所定义的物质资产决定，而是由企业的权力所能控制的资源决定。企业权力的来源主要是产权、通道①和专业化。而通道在激励员工进行人力资本专用性投资时具有产权所不具备的优越性。因此，在企业权力资源中，应重视员工人力资本专用性投资的重要性，并且应通过一定的要素把企业有价值的资源凝聚在一起，使之具有互补性。

---

① 这里的通道是指接近关键资源（思想、资产和人）的机会和能力。

（二）企业的利益相关者理论

古典和新古典经济学企业理论是建立在"股东至上主义"的基础之上的。股东至上主义的观点认为，企业的权益主体是股东，企业是股东的企业，企业的存在是追求股东财产价值的最大化。与此相反，布莱尔（Blair，1995）及其他学者则认为，企业是人力资本与非人力资本的结合；企业是社会的企业，股东、债权人、职员、供应商、客户、消费者、社区等企业利益相关者对企业的生存和发展都会产生不同程度的影响。因此，企业的存在应体现所有利益相关者的利益，承担一定的社会责任，所有为企业进行了专用性资产投资并因此而承担风险的人都应是企业的所有者。

第二节　企业第三配置机制存在的必然性

信息不对称、契约不完备是现代市场经济资源配置中固有的市场失灵现象。尽管市场经济中存在着多种降低经济主体之间信息不对称程度和契约不完备的市场机制和政府干预手段，但由于信息的公共产品特性、交易成本，以及政府干预中的机会主义和个体有限理性等客观原因的存在，并不能完全解决市场经济资源配置中的信息不对称、契约不完备以及由此导致的资源配置成本上升和效率低下的问题。因此，为降低交易成本、提高交易效率，在不同经济主体之间的资源配置交易中也就存在着克服信息不对称和解决契约不完备的第三配置机制。如为解决信息不对称问题而产生的促进经济主体相互信任的声誉机制、为解决契约不完备而在资源配置交易中存在的隐性契约和关系型契约关系等。企业作为市场资源配置中最为主要的经济主体，其资源配置中同样存在着为克服信息不对称和契约不完备的第三配置机制。

一　信息不对称与企业资源配置中的声誉机制

信息不对称是指市场资源配置交易中，交易主体的一方因拥有比另一方更多的信息，从而导致不拥有信息的一方交易的积极性下降，乃至希望退出交易的一种市场客观现象。

信息经济学理论按信息不对称发生的时间和内容可分为不同类型模型。研究信息不对称发生在当事人签约之前的事前非对称信息模型称为逆向选择模型，研究信息不对称发生在当事人签约之后的事后非对称信息模型称为道德风险模型；研究不可观测行动的模型称为隐藏行动模型，研究不可观测知识或信息的模型称为隐藏知识或隐藏信息模型。一般而言，在经济学的分析中，我们更多的是按信息不对称发生的时间来探讨经济主体资源配置交易中可能发生的信息成本。

（一）事前非对称信息下的逆向选择及其解决途径

信息经济学的理论研究表明，交易事前的非对称信息有可能导致逆向选择行为的发生，即在交易事前的信息非对称下，最有可能造成不利结果或交易风险的交易者往往就是寻找交易最积极，且最能达成交易者的一种现象。其结果是使市场交易效率低下，甚至有可能导致交易市场闭锁。阿克劳夫（Akerloff，1970）对于旧车市场上因买卖双方信息不对称可能导致市场交易出现"柠檬问题"（lemons problem）的理论分析开创了逆向选择理论的先河。此后，遵循阿克劳夫的分析范式，斯彭斯（Spence，1974）、罗斯查尔德和斯蒂格利茨（Rothschild and Stiglitz，1976）、斯蒂格利茨和维斯（Stiglitz and Weiss，1984）等分析了劳动力雇佣市场、保险市场和信贷市场中事前信息不对称导致市场出现逆向选择问题的可能性。

对于事前信息不对称下可能出现的逆向选择问题，现实中的市场主体主要通过以下几种方式来加以解决：

1. 信息的私人生产和销售

即由不拥有信息的一方通过花费一定的成本来收集、生产相关信息，并出售给其他不拥有信息的交易者。但信息的准公共产品特性（非排他性和非竞争性）导致信息收集和生产中的"搭便车"行为的发生，信息私人生产的激励不足。因此，信息的私人生产和销售并不能完全解决交易事前的信息不对称可能导致的逆向选择问题。

2. 信号显示

事前信息不对称的原因在于交易一方不拥有另一方的品质或类型等信息。此时，由拥有信息的一方向不拥有信息的一方传递信息，以显示自己的品质或类型，可在一定程度上缓解信息不对称的程度。但信号显示有效的前提条件是市场中存在着与经济主体激励相容的自我选择机制和成本约束机制，否则劣质的交易者会模仿优质的交易者传递相同的信息。当信号显示成本过大时，交易的效率仍会受到影响。斯彭斯（1974）有关劳动力市场上雇员教育水平作为信号显示劳动力能力的理论为解决信息不对称下的逆向选择问题提供了信号传递模型的分析方法。

3. 甄别

不拥有信息的一方向拥有信息的一方提供多种选择方案，通过观察拥有信息方选择的行动来判断其品质和类型。罗斯查尔德和斯蒂格利茨（Rothschild and Stiglitz，1976）关于保险市场上，保险公司向风险类型不同的投保人提供费率不同的保险契约，由投保人根据自己的风险类型进行自我选择，能达到在分离均衡（separating equilibrium）下将不同类型的投保人有效分离的分析，为解决隐藏信息的逆向选择问题提供了信息甄别（screening）模型的分析思路。

4. 政府监管（强制性的信息披露）

信息的私人生产和销售由于存在"搭便车"的问题，无法完全解决事前信息不对称导致的逆向选择问题。信号显示和甄别能够降低交易双方事前的信息不对称，但当信号显示成本和甄别成本过大时，市场的交易效率仍会降低。因此，由经济主体自发采取的解决信息不对称的市场手段在解决事前信息不对称时仍存在着"市场失灵"。在此情况下，可借助于政府的管制手段，由政府颁布法律或制定监管规则，强制性地要求市场主体披露真实信息。如资本市场上监管部门要求上市公司定期或不定期披露的公司财务信息等。但由于政府监管中本身可能存在的监管者的有限理性、机会主义行为以及腐败等原因，政府监管下的强制性信息披露也无法完全解决信息不对称下可能存在的逆向选择问题。如政府监管下的虚假信息披露、信息披露不完全等现象在各类交易市场均普遍存在。

（二）事后信息不对称下的道德风险及其解决途径

交易事后的信息不对称有可能导致道德风险问题的发生。即在交易事后的信息不对称下，信息拥有者可能从事从信息不拥有者角度来看不希望看到的各种活动。其结果是有可能导致不拥有信息的一方在事前退出交易或增加交易成本，降低交易效率。

同样，市场中存在着可供经济主体选择的克服事后道德风险的手段和措施：

1. 私人监管

即由不拥有信息的一方在交易履约过程中对交易对方履行合约的情况进行监督，包括审计、审查及事后惩罚等。但监管需要花费一定的成本，并由于监管成果的公共产品性质，私人监管中同样会存在"搭便车"而导致的监管不足问题。

2. 设计有效的激励约束合同

即在交易合约签订之前，由不拥有信息的一方设计一个激励约束兼容的合同，以确保合同在事后得到有效执行。如股票期权激励计划、职工持股计划、债务合同等。但合同的签订、执行以及效果的验证同样需要成本。当成本巨大时，交易的效率仍会受到影响。

3. 政府监管

即政府制定相关的法律、法规来监督和约束信息拥有方的行为。如政府制定和颁布的会计准则、监管指引等。但同样的，政府监管也会因监管者的机会主义行为和有限理性等原因，导致监管失灵的发生。

（三）声誉机制和企业资源配置中的逆向选择、道德风险

作为市场经济主体之一的企业在其内外部资源配置的市场交易中同样会存在着逆向选择和道德风险问题。如企业在其内部的人力资本配置中，对其雇员和高级管理人员的雇佣中就会因事前的信息不对称而发生逆向选择的问题，同时也存在着偷懒、虚报业绩等道德风险问题。而在其对外的资金资源配置交易如筹资活动中，因其与投资者之间存在着信息不对称，也有可能导致投资者因担心逆向选择和道德风险行为的发生而降低投资的积极性或提高投资回报要求，从而提高其筹资成本。

前述表明，无论是市场手段还是政府监管机制，在解决经济主体资源配置交易中因信息不对称导致的逆向选择和道德风险问题方面，均存在着一定的局限性。因此，为降低企业资源配置交易的成本，提高交易效率，必须借助于市场和政府之外的手段，即第三配置机制。

信息经济学的理论研究表明，声誉机制作为一种独立于市场和政府调节之外的自我履约机制，能够有效地制约信息不对称下的逆向选择和道德风险问题。克雷普斯（Kreps，1996）认为，声誉可以理解为为了获得交易的长期利益而自觉遵守契约的行为以及由此而获得的社会评价。企业作为一种克服市场短期交易所导致的交易成本的长期契约，其本身就是一种声誉效用机制。企业的声誉为交易双方交易关系的长期、稳定提供了一种保障。斯彭斯（1974）认为，声誉是企业将其关键特征作为信号传递给选民以最大化其社会地位的结果。

一般而言，逆向选择和道德风险行为往往多发生于短期的一次性交易

之中。当交易双方进行长期、稳定的重复交易时，就需要双方的协调和合作，而这种协调和合作必须建立在对方信任和自我履约的基础之上。这种自我履约机制即声誉机制。因此，在声誉机制的约束下，企业内外部资源配置中的交易主体都会具备相互信任和自我履约的激励和动机，从而不会发生逆向选择和道德风险的信息交易成本。

二 契约不完备与企业资源配置中的非正式契约

(一) 完备契约与不完备契约

前述表明，自从科斯提出"企业是生产要素的一组契约的集合"以来，包括阿尔钦和德姆塞茨（1972）、威廉姆森（1977）、格鲁斯曼和哈特（1986）、哈特和穆勒（1990）等在内的学者从不同的角度发展了科斯的企业契约理论。

早期建立在代理理论基础之上的企业契约理论是一种完备契约理论。所谓完备契约是指缔约双方在缔结契约之时，能够完全预见契约期内可能发生的各种状态，以及缔约双方可能采取的各种行为及结果，并愿意遵守双方所签订的契约条款，契约中所涉及的缔约双方的权利和责任是明确的，且是可验证的；当缔约方对合同条款产生争议时，第三方如法院能够强制其执行。因此，在完备契约条件下，契约只对缔约当事人的行为产生影响，对第三者不产生外部性；当事人对契约条款和契约所可能产生的结果具有完全信息，不存在契约的签订和执行成本。

显然，完备契约的假定过于严格，现实经济中，完备契约的条件不可能得到完全满足，严格意义上的完备契约在现实中几乎不存在。由于个人的有限理性、外在环境的复杂性，以及信息的不对称和不完全性，契约当事人或契约的仲裁者无法验证或观察一切，这就造成契约条款的不完备性。因此，现实中所存在的契约更多地表现为不完备契约（1986）。就需要设计不同的机制以对付契约条款的不完备，并处理由不确定性事件所引发的有关契约条款带来的问题（李凤圣，1999）。

按照交易成本经济学的观点，现实中，契约不完备的主要原因在于契约签订和执行过程中存在着各种交易成本，而交易成本的发生源于有限理性和由于有限理性所可能导致的机会主义行为（opportunistic behavior）。

威廉姆森（1975）认为，由于有限理性和有限理性下的机会主义行为动机的存在，经济主体之间在缔结契约以及执行契约的过程中会发生各种交易成本。这些成本可概括为以下三种：（1）预期和交涉费用。在契约的初始阶段，缔约各方都必须对在保持契约关系的有效期内可能发生的各种不可测事件进行预期，同时，还需要对契约中所涉及的条款进行长时间的交涉，由此发生预期和交涉费用。（2）契约的做成费用。即做出决定、达成协议、用清楚明晰的语言签订各种条款，使其能够得到明确的贯彻执行等需要的费用。（3）贯彻实施契约条款所要付出的监督和强制执行费用。即契约执行期间对契约当事人是否履行契约条款进行监督的费用，以及由第三者（如法院）对某些事实进行验证的费用等。

在不完备契约条件下，当发生契约中未能明确规定的状态或事件时，契约的当事人必须对不可预测状态或事件的处理和收益分配等进行再谈判。因此，不完备契约必须解决契约中未能明确规定的状态或事件发生时，谁拥有决定如何处理不可预测状态或事件的决策权的问题。格鲁斯曼和哈特（1986）称这种决策权为剩余控制权。由于剩余控制权拥有者拥有处理契约中不可预测状态或事件的决策权，剩余控制权的分配就显得非常重要。不完备契约理论所要解决的就是不确定状态下的最优剩余控制权的分配问题。

（二）不完备契约的解决途径

由于契约的不完备性，现实中解决契约不完备的途径是各种正式的契约之外存在着的非正式的契约关系。就企业而言，正式的契约包括公司章程、公司与企业各利益相关主体签订的供货、融资和雇佣合同等。而非正式契约则包括企业与外部经济主体签订的各种备忘录，企业内部长期以来形成的企业文化、企业伦理、经营思想和理念以及企业愿景等。这类非正式契约往往以关系型契约和隐性契约的形式存在于企业的各种资源配置交易之中。在关系型契约中，契约当事人只确定一个契约关系的基本框架，并不明确详细的行动计划，只就目标、适用契约整体的条款、未能预期的状态发生时解决的基本标准、关系人中谁拥有怎样的权限、可能行动的范围界定、意见出现分歧时的解决机制等问题进行明确，类似于一个框架协议。在隐性契约关系中，契约关系当事人在契约中抱有一种心照不宣的共同期待，在双方具有相同期待、相同认识的情况下，隐性契约是有效利用有限理性、节约契约交易成本的一种强有力手段。如企业的企业文化，包含着企业经理人员与雇员之间共同对企业价值观、思维方法、处事能力的一种共同认识。

因此，在构成企业资源配置的各种正式契约无法达到理想的完备契约状态时，必须辅以各种不同形式的关系型契约和隐性契约，以克服正式契约交易中个体的有限理性和机会主义行为，达到降低交易成本、提高交易效率的目的。

第三节　企业资源配置中的第三配置机制

企业的资源配置既包括与外部市场有关的资本、劳动、原材料、产品、技术等资源的配置，也涉及企业内部人力资本、组织结构等内部资源的配置。毋庸置疑，市场调节和政府干预是企业资源配置的主要机制，但第三配置机制也广泛地存在于企业的各种资源配置之中。

一　企业资金资源配置中的第三配置机制

资金资源的配置处于企业资源配置的核心地位。一般而言，企业的资金来源包括内源资金和外源资金两个渠道。根据经典的 MM 定理，在一个充分竞争、套利自由和不考虑税收的完美市场中，企业资金来源和融资方式的选择与企业价值无关。因此，在完美的金融市场上，企业资金资源的配置能够达到最优。显然，完美市场是一种理想化的市场状态，现实的金融市场由于交易成本、信息不对称和代理问题等市场失灵的存在而使得资金资源在不同企业间的配置发生扭曲，导致信贷配给①、投资不足和过度投资②等一系列非效率的投融资行为发生。因此，为提高企业资金资源配置效率，就需要有一种配置机制来克服资本市场不完全所可能导致的企业资金资源配置的扭曲。作为市场配置机制的一种替代，政府干预下的企业资金计划分配虽然能够在一定程度上纠正市场失灵导致的资金资源配置的扭曲，但由于计划制定者与企业之间仍然存在着信息不对称和代理问题，所以，企业资金的计划分配同样无法解决企业资金资源配置中的效率问

---

① 信贷配给是指在借款人愿意支付资金成本的情况下，仍有部分借款人得不到信贷资金或单个借款人的借款金额只能得到部分满足的现象。信贷配给既是政府利率管制或信贷政策下的信贷资金市场上的一种非均衡现象，但更多地体现为不确定性和信息不对称下的一种均衡现象。在信贷市场上，中小企业融资难是一种典型的信贷配给现象。

② 投资不足是指在市场不完全的情况下，企业投资项目的净现值为正但企业仍然放弃投资的一种投资决策行为；而过度投资则是指在企业投资项目的净现值为负的情况下，企业仍然投资的一种投资决策行为。尽管在市场不完全的情况下，投资不足和过度投资是企业的理性行为选择，但从社会资源配置的角度来看，两种决策行为均属于非效率的投资行为。

题。相反，在许多情况下，政府干预下的企业资金的计划分配还有可能进一步降低企业资金资源配置的效率。我国计划经济体制下企业资金配置效率的低下已充分证明了这一点。

在企业资金资源配置存在市场失灵和政府失灵的情况下，企业必须借助于第三配置机制来克服其资金资源配置中的这两种失灵。从现实来看，企业资金资源配置中的第三配置机制主要包括两个方面：企业外部资金资源配置中的关系型融资机制，即通过与外部资金提供者建立长期的合作关系以克服因信息不对称导致的信贷配给现象发生；企业内部资金资源配置中的内部资金市场，即通过构建企业集团，在企业集团内部构建内部资金市场，通过集团内部资金的配置来克服外部资金配置中的市场失灵，提高资金资源配置的效率。

关系型融资包括以银行信贷为代表的间接融资、私募股权融资和创业资本融资在内的一系列非标准化的资金交易方式。这类资金的交易不是通过公开的市场交易完成，而是在少数特定的交易对象之间进行。由于交易对象有限，投资者在融资过程中，通过各种活动收集和生产的信息就不再具有公共产品的性质，而属于投资者个人的私有信息，因而信息收集和生产中的"搭便车"动机也就大为降低。在这种非公开、交易对象特定的融资过程中，资金的提供者主要通过提供甄别与监督服务来获取信息，而不是依赖市场监管者强制性要求下披露的信息或从第三方服务中得到信息，而且这些信息能够在保密的状态下在与同一客户的多重交易中重复使用，从而使投资者能从信息的跨期再利用中获利。因此，有利于克服市场调节下的信息不对称和政府干预下的有限理性等"双重"失灵问题。

内部资金市场是伴随着企业多元化发展而出现的在企业内部各部门或各分支机构之间进行资金分配的一种机制。与外部资本市场在资金分配上采取市场价格机制、通过资金价格引导资金流动不同，内部资本市场在资金分配方面尽管有价格引导因素存在，但起关键作用的主要是依靠权力或权威，通过行政协调机制分配资金。

格特纳、萨夫斯坦和斯坦（Gertner, Scharfstein and Stein, 1994）认为，与外部资本市场相比，内部资本市场在资金的筹集和资本配置方面具有两个特征：（1）资金供给主体单一；（2）内部资本市场上的资本配置者同时也是企业资产的剩余控制权拥有者，拥有对企业资产的最终处置权。这两方面的特征都有利于增强内部资本市场中资本提供者的信息收集、处理和内部监督的激励，并促使其优化内部资本的配置，提升内部资本配置的效率。

二　企业人力资本配置中的第三配置机制

在市场经济调节下，企业内部人力资本配置的核心是激励约束机制。通常，企业主要通过设计包括固定薪酬、奖金、股票、股票期权、养老金计划等在内的薪酬激励计划来实现管理层、员工的价值最大化与股东财富价值最大化两者之间的激励兼容。然而，现有有关激励机制的理论和实践表明，这种基于企业经营业绩和市场绩效、以市场调节为主的激励约束机制不但不能完全避免委托代理关系下作为代理人的管理层和员工的偷懒、撒谎等道德风险行为的发生，还有可能导致经理人的短期行为、激励过度、激励不足或过度的风险选择等一系列不利于股东财富价值最大化的道德风险行为的发生。因此，在薪酬激励之外，还需要声誉和荣誉、选拔和职务晋升，给予经理人控制权等第三配置机制。

法玛（1980）认为，在竞争性经理市场上，经理的市场价值决定于其过去的经营业绩，从长期来看，经理必须对自己的行为负完全的责任。为了提高未来的收入，他必须改进自己在经理市场上的声誉。因此，即使没有显性激励的合同，经理也会积极努力工作。

克雷普斯、米尔格罗姆、罗伯茨和威尔逊（Kreps，Milgrom，Roberts and Wilson，1982）指出，声誉的作用在于为关心长期利益的参与者提供一种隐性激励以保证其短期承诺行动，声誉因此可以成为显性合约的替代品。在没有任何外部激励的情况下，代理人能够预见到的至少是其最差努力所得，至多是其最好努力所得，这是一个纳什均衡支付。声誉效应不能保证代理人选择最优努力水平，但是至少能够让代理人尽可能地做到最好，以增加其长期收益。

内部职务晋升机制是一种旨在解决企业团队中多个代理人之间有可能存在偷懒行为的隐性激励机制。内部职务晋升机制以相对业绩比较为基础，通过对业绩排名靠前的经理人或员工给予职务提升和岗位调整的奖励，使表现突出的经理人获得更高的职位或更为重要的岗位，来激励每一个代理人提供最优的努力水平。

将控制权通过一定的机制安排给企业经营者实际上也是企业的一种激励机制安排。在拥有企业控制权的情况下，经理人所获得的收益就包括金钱收益和非金钱收益两个部分。其中，与控制权相关联的私人利益包括拥有控制权所带来的权力和自我实现的满足感、对各种有形和无形在职消费的享受、通过资源的使用和控制所得到的各种个人好处等。

经理人拥有控制权所得到的私人收益具有排他性、不可转让性和不确定性的特征。控制权收益的排他性和不可转让性提升了经理人控制权的价值，而不确定性则使得经理人更加珍惜其所拥有的控制权。正因为如此，控制权作为一种激励机制能够给予经理人长期的激励。

三 企业其他资源配置中的第三配置机制

除资金和人力资本外，在企业的原材料、产品市场、技术等资源配置中同样存在着除市场和政府之外的第三配置机制。这种机制的功能主要是由一些非营利性的行业自律组织来承担，如广泛存在于企业间的行业协会、商会等。这些组织虽然属于非营利性组织，但又有不同于非营利性组织的特点。它们既为企业提供部分公共产品，以弥补政府提供的公共产品的不足，同时也为企业提供俱乐部产品。① 如商会为企业提供的海外市场开拓、与政府沟通以取得有利于企业的经营环境等都具有较强的公共产品特征；而由商会组织的商品展销会，会员加入商会所获得的声誉和利益协调与维护等，则具有很强的俱乐部产品特征。行业自律组织在企业的资源配置中发挥着信息沟通、协调行动等方面的作用。

---

① 传统经济理论将社会产品分为纯私人产品和纯公共产品。纯粹私人产品的消费具有排他性和竞争性的特征，一个人获得了这种物品，也就减少了另一个人可以相应获得该物品的数量，不存在拥挤现象。但纯公共物品的消费具有非排他性质和非竞争性，一个人对它的使用不能排除另一个人的使用，因此会产生拥挤现象，导致市场失灵，影响公共产品的有效供给。布坎南认为，对于市场不能有效提供的介于这两个极端之间的物品，可以组成各种各样的俱乐部来提供。俱乐部提供的一种介于纯私人产品和纯公共产品之间的产品或服务。俱乐部产品的主要特征：一是排他性。俱乐部产品仅仅由其全体成员（成员是由具有某种资格，并遵守俱乐部规则的单个成员组成）共同消费。可较低成本地排除非成员"搭便车"。而纯公共产品则由全体公民共同消费。二是非竞争性。单个会员对俱乐部产品的消费不会影响或减少其他会员对同一产品的消费。当然非竞争性是有临界点的，一旦过多的会员进入，非竞争性就会消失，拥挤就会出现。

第四章 日本企业资金资源配置中的第三配置机制

资本、劳动和技术是现代企业的三个主要投入要素，企业的资源配置也主要围绕着这三个要素的配置而展开。其中，作为资本来源的资金资源的配置处于企业资源配置的核心地位。在企业资金资源配置机制的研究中，企业资金来源和融资方式的选择问题一直是现代企业理论和公司金融理论关注的焦点。一般而言，企业的资金来源包括内源资金和外源资金两个渠道。内源资金主要来自企业的留成收益和股东的再投资，而外源资金来源既包括在资本市场通过股票和公司债的发行筹集的长期资金，也包括向银行和非银行类金融机构负债获得的长短期资金，还包括在货币市场通过发行商业票据获得的短期资金来源等。具体而言，企业资金资源配置中的第三配置机制在其外部资金资源配置中表现为关系型融资机制，即通过与外部资金投资者建立长期的合作关系以克服因信息不对称导致的信贷配给现象的发生。而第三配置机制在企业内部资金资源配置中则表现为企业内部资金市场，即通过构建企业集团，并在企业集团内部构建内部资金市场，以其配置来克服外部资金配置中的市场失灵，提高资金资源配置的效率。

本章的目的是，首先从纯经济学的角度，通过对企业外部资金资源配置中的关系型融资和内部资金资源配置中的内部资金市场融资这两种企业资金资源配置方式的分析来探讨企业资金资源配置中的第三配置机制，在此基础上，重点对日本企业资金资源配置中普遍存在的主银行制所发挥的第三配置功能和作用进行分析和探讨。

第一节 关系型融资与企业外部资金资源配置中的第三配置机制

一 企业对外融资中的信息不对称与关系型融资

企业的对外融资主要分为直接融资和间接融资两种不同的融资方式。

前者主要是通过在资本市场发行股票、公司债等方式获得项目投资所需资金，而后者则是通过商业银行或其他金融中介借贷获得资金来源。由于信息不对称是市场经济中市场失灵的一种表现形式，在企业外部融资过程中同样存在着外部投资者与企业资金筹集者之间在投资项目的潜在收益与风险等方面的信息不对称。信息不对称的存在有可能导致融资过程中事前的逆向选择和事后的道德风险问题的出现。因此，要提高企业外部融资的效率，首要问题是必须解决外部融资中存在的信息不对称问题。

不同的融资方式下存在着不同的解决信息不对称的途径和方式。在直接融资过程中，融资行为在公开的金融市场上进行，市场发挥着信息加总的功能和作用。由于投资者是分散的，为了避免单个投资者在信息生产中因"搭便车"动机可能产生的动力不足，提高信息生产的效率，市场监管机构通过制定监管规则，要求企业必须强制性地披露合格的内部信息，如经过第三方审计的财务报表、重要的签约行为和项目决策等。这些信息经过投资者低成本的直接或间接处理（如通过评级机构等专业人士）形成企业独特的市场信誉，并通过一个竞争性的定价机制和标准化的契约机制来降低信贷合约的签订和执行成本。但是，内部信息披露不仅伴随着高额的信息披露成本，而且，过度的信息披露也有可能使企业在市场竞争中处于不利的地位，并带来经营风险。因此，规模较小的中小企业、处于初创阶段的高新技术企业因无法满足资本市场严格的信息披露要求，也就无法在资本市场通过公开发行股票或公司债券的方式获得资金，只能求助于商业银行的间接融资或通过私募股权、创业资本投资等方式获得资金来源。

在以商业银行为代表的间接融资和私募股权、创业资本融资中，资金的交易不再通过公开的市场交易完成，而是在少数特定的交易对象之间进行。在这种非公开、交易对象特定的融资过程中，资金的提供者主要通过提供甄别与监督服务来获取信息，因此，从解决企业外部融资中信息不对称的角度来看，包括间接融资、私募股权融资和创业资本融资在内的一系列非标准化的资金交易方式都称为关系型融资，而在资本市场上通过公开发行股票、公司债等标准化的合约形式所进行的资金交易则称为保持距离型融资。

二　关系型融资的特点

20世纪90年代以来，随着现代金融中介理论和公司金融理论的发展，学术界对关系型融资的内涵和特征进行了广泛的研究。不同学者研究问题的角度不同，所以，在对关系型融资内涵的界定和特征的描述方面也存在着些微的差异。尽管如此，所有有关关系型融资研究的出发点都是基于关系型融资是如何解决企业融资中的信息不对称这一问题。

一般认为，银行等金融中介通过收集信息、监督企业等措施可以降低企业融资中的信息不对称。但是，由于信息不对称的存在，有些借款人的内部信息，比如贷款项目的盈利能力、风险等属于借款人的专有信息，只有借款人自己才确切了解。作为资金提供者的银行很难通过公开的信息来进行准确判断。但是，如果银行与借款企业建立了长期广泛的信贷关系，就可以借此获得这些专有信息，从而更好地克服信息不对称。当然，为了获得专有信息，银行必须花费一定的代价，即进行关系专用性投资。早期对关系型融资的研究是建立在商业银行对客户提供贷款这一特定的融资方式分析的基础之上的。因此，对关系型融资的特征分析主要体现为对贷款过程中银行对客户私人信息的收集和处理特征的描述。

翁奇纳和史密斯（Ongena and Smith，1998）认为，银行贷款中所体现出的关系型融资特征主要表现为银行和顾客之间超越了简单、匿名金融交易的联系，这种联系的利益是私人信息的传递。

伯格（Berger，1999）指出，关系型银行融资业务的存在必须满足三个基本条件：中介机构获得的私人信息不是唾手可得的公众信息；借款人信息的获取主要是通过提供多样的财务服务；银行在获得借款人的信息后对其保密，使其仍然是私人的。

布特（Boot，2000）将关系型融资定义为银行提供的一种金融服务，银行在提供服务中为获得企业专有信息进行了关系专用性投资，并通过与企业的长期交易来评价这种投资的盈利前景，从而获得回报。布特（2000）认为，关系型融资必须满足两个条件：银行对获得顾客的专有信息进行投资，并且这种信息是私有性质的；银行在不同的时间或在不同的产品方面和同一个顾客进行多样的交往，以此来评估这些投资的营利性。

青木昌彦和丁克（Aoki and Dic，1997）从融资契约不完备的角度对关系型融资的内涵和特征进行了分析。他们认为，关系型融资是出资者在一系列事先未明确的情况下，为了将来不断获得租金而增加融资。出资者的额外融资及相关的未明确事项有不同种类。额外融资可能是风险资本家逐步向开拓型企业提供的融资，视后者开发的项目收益稳定状况而定。在这种情况下，风险资本家将来可能获得的好处是企业首次公开募股时的资本收益（企业家租金）。额外融资也可以是商业银行在掌握流动资金短缺的小企业的内部信息后，向其提供的融资。在此情况下，银行将来可能获得的收益是垄断租金或信息租金。再者，额外融资是主银行认为财务困难企业可能恢复元气而继续向其提供的融资。此时，主银行将来可能获得的收益要么是垄断租金、声誉租金或政策性租金，要么是三者兼而有之。

青木昌彦和丁克（1997）进一步指出，他们对于关系型融资的定义和特征描述并不排除投资者在其他一些未明确的（或明确的）情况下，采取清算企业、由银行安排收购财务困难的企业，或风险资本家解雇企业的创办者等不利于借款人的行动。同时，在他们看来，关系型融资的期限是不确定的。主银行和借款人的关系无时间限制，而风险资本家的融资一般在企业首次公开募股时终止。

由此可见，青木昌彦和丁克（1997）所界定的关系型融资较伯格（1999）、布特（2000）等单纯以银行贷款为对象的关系型融资的范畴要广泛得多。青木昌彦和丁克（1997）所指的关系型融资不仅包括银行贷款，而且还包括私募股权融资和风险资本融资等。

夏普瑞（Shapre，1990）将关系型融资制度看作一种以"声誉"为实施机制的隐性契约的均衡。伯格洛夫（Begrlof，1995）通过将关系型融资与保持距离型融资进行对比，将关系型融资界定为控制导向型融资。伯格洛夫（1995）认为，保持距离型融资是目标型融资，即投资者只要得到了合同规定的支付，就不直接干预企业的经营战略决策。而关系型融资是投资者自己监控企业经营决策来减少代理问题。简言之，关系型融资是通过干预来治理，而保持距离型融资则是通过目标来治理。

尽管不同学者对关系型融资的内涵和特征的界定及描述不同，但通过他们的分析，我们可以得到关系型融资的一些共同特征。

（1）作为借款人的企业的专有信息和投融资双方之间的长期资金交易是关系型融资成立的基本条件。由于投融资双方长期资金交易关系的存在，才使得投资者（贷款银行）能够获得企业的专有信息，而这些信息的获得有助于投资者（贷款银行）更好地了解企业融资项目的信息，并在长期交易中反复运用这些信息获取更高的回报。

（2）企业的专有信息在公开市场上无法获得，投资者（贷款银行）必须通过与企业长期交往才能获得。这些信息一般只为关系投资者或银行掌握，局外人如其他金融中介、企业的竞争对手无法了解。这样，能够给企业提供融资的只有关系投资者或银行，关系投资者或银行因而在竞争中取得垄断地位。

（3）关系投资者或银行所搜集得到的企业专有信息是通过给企业提供长期服务获得的，并在长期服务中获得回报。如果关系型融资能够在长期得到回报，关系投资者或关系银行有可能在短期内提供一些盈利不强的融资对处于困境中的企业进行救助，或对成长中企业进行风险投资。

（4）关系融资中的资金提供者是以融资项目的长期盈利为保障来提供资金的。为保障资金的安全，投资者可能需要干预借款企业的治理。如关系银行直接向融资企业派驻董事，风险资本投资者直接参与企业董事会管理等。

三 关系型融资的资金配置效率

关系型融资的资金配置效率主要体现在其有效地克服企业融资中存在的信息不对称所可能导致的逆向选择和道德风险行为两个方面，并以此提高资金的使用效率。但是，关系型融资也有可能导致资金资源配置中出现软预算约束和锁定等资金配置的非效率行为。

（一）关系型融资的资金配置功能

1. 有利于资金提供者与企业之间的信息沟通，使出资者获得信息优势和信息租金，从而有效地克服企业融资中的逆向选择问题

前述表明，企业融资中存在的事前信息不对称有可能导致出资者在融资过程中发生逆向选择的问题。解决逆向选择的方式是由作为信息拥有方的企业向出资者披露相关的信息。但信息的披露会有较高的成本，而且，由于信息自身的敏感性，企业可能不愿公开披露某些信息以避免被竞争对手所利用。因此，在企业对外融资的企业信息披露（信号传递）过程中也就存在着所谓的"两个听众"问题。如果要保证企业对其信息拥有专有权和专用权，则需要一个强制性的合约安排和相应的激励来保护企业的私有信息不被公众利用，而这意味着信息不能被传递。但如果没有信息的传递，资金借贷市场上的逆向选择问题又难以解决。关系型融资在防止信息的过度溢出方面成为一个不可替代的选择。出资者通过对项目的筛选和监督，在第一次提供资金后就能获得其他出资者所没有的企业信息。出资者的信息优势使其获得信息优势和拥有信息租金，而获得信息租金的可能性促使出资者监督企业以获得更准确的信息。

另外，由于在关系型融资中可能出现资源配置非效率的第二类缪误，关系型融资中的出资者不得不强化对融资企业事前的信息搜集和事后的监督。所谓资源配置非效率的第二类缪误，是指在关系型融资中，出资者出于"心慈手软"而对融资者进行救助，如关系型出资者往往会对陷入临时性财务困境的出资企业提供减免债务、延长债务期限或再融资等救助。当融资者合理预期到这种救助性行为时，高风险项目的逆向选择和借款人的道德风险行为就会发生。此时，许多原本应该清算的项目就会在关系型融资中得到融资或再融资，使其能够存续下去，导致清算不足的非效率投融资行为发生。因此，除非出资者因其清算不足导致的成本能够得到他人或第三方（监管当局）的补偿，否则他们就要承担因清算不足导致的成本。为避免和降低这种成本，关系型融资中的出资者不仅要对借款人进行监督，以获得其未明情况的信息，而且有动力收集信息，减少信息不对称导致的清算不足的成本。为避免融资中可能出现的逆向选择，出资者会在第一次就详细了解借款人项目的收益和风险特征，同时，强化对借款人投资行为的监督。这样在关系型融资中，由于信息传递的困难，出资者倾向于将事前、事中和事后各个环节的监督结合起来（Aoki and Dic，1997）。

2. 有利于实现资金借贷成本的跨期分摊，促进借贷条件的跨期优化

在资金的交易活动中，出资者对企业专有信息的收集、处理和对投资项目的监督需要花费一定的成本。当成本足够大时，出资者也就失去了信息收集和处理的动力。但是，从边际成本的角度来看，信息的重复利用是成本边际递减的（Chan et al.，1986；MCconnell，1989）。在关系型融资中，出资者能够对在长期关系中收集的企业的专有信息进行反复的再利用，信息生产的成本也在重复的利用过程中得到跨期分摊，从而起到降低资金借贷成本的作用（Berger and Udell，1995）。张五常等（1986）、布特（2000）分析了银行关系型融资中银行在信息生产中的比较成本优势。他们认为，由于银行在对关系型客户的贷款决策中可以重复利用长期合作中所得到的信息，与资本市场上单个的投资者相比，银行在筛选贷款申请计划方面具有比较成本优势。比较成本优势的大小受信息的可重复使用程度与银行的关系专用性投资水平的影响。因此，信息的可重复利用程度决定了银行可以获取的信息租金的大小，信息租金的大小又决定了银行的关系专用性投资水平，从而增强了银行进行关系专用性投资的积极性。

如果进一步考虑到借贷双方在长期融资关系中所形成的信誉效应而导致的贷方监督成本的下降和双方融资关系所带来的范围经济对业务扩展信息成本的影响，成本效应会更为明显。

关系型融资的另一功能是能够降低出资者对借款人的担保和抵押要求，减少借款人的相关借贷成本。有关信息不对称下借款人逆向选择和道德风险的理论研究表明，担保和抵押能有效地克服借款人的逆向选择和道德风险行为（Stiglitz and Weiss，1981）。在长期的融资关系中，担保和抵押能向投资者揭示有用的信息，如以存货和应收账款为抵押时，投资者就能获取企业业务发展的重要信息。但在现实经济中，许多中小企业或处于初创阶段的高新技术企业由于无法提供足额的担保而难以获得企业发展所需的资金。在关系型融资中，由于出资者能够在长期的合作关系中得到筹资者的专用信息，出资者也就会相应地降低对筹资者的担保和抵押要求（Berger and Udell，1992，1995；Boot and Thakor，1994）。不仅如此，在长期的融资关系中，关系型融资能对合约条款进行跨期平滑。如为了维持长期的融资关系，出资者可能会采用信用补贴或降低利率、延长贷款期限等方式来对资金筹集者短期内出现的财务困境进行救助，而这种救助则有利于避免借款人的道德风险行为（Peterson and Rajan，1995）。关系型融资中的出资者之所以能为借款人提供资金救助，其原因在于关系型融资中隐含的风险分担协定（Berger and Udell，1992）。当然，从根本上讲，出资者愿意承担借款人部分风险的根本原因在于关系型出资者能通过私有信息在长期关系中的生产来享有租金，从而弥补前期的损失。因为在关系型融资中产生的信息对于贷方来说是私有的和保密的，并且随着这种私有信息的增加，出资者能够形成对借款人信息的垄断，并从中获取租金。而且随着关系的演进，租金会越来越高。

3. 有利于出资者增强对借款人经营行为的控制，避免借款人事后机会主义行为的发生

关系型融资中出资者和借款人长期的合作关系使得签订合同之后的合同再协商成为可能，而且也更为容易。当借款人因财务困境而在短期内无法完成合同规定的本息支付时，出资者会根据借款企业财务困境的现状或陷入困境后所采取的调整措施来对融资合同进行调整，既有可能进一步为借款企业提供资金支持以帮助其渡过难关，也有可能中止对其资金支持。这种灵活的合同再协商机制有利于增强出资者对借款企业资产经营的控

制，但出资者随时抽走资金或中止资金合同的可能性的存在本身对借款企业的生产经营就是一个潜在的威胁（Rajan，1992）。与此同时，关系型融资能够克服企业融资中可能出现的资产替代行为。所谓资产替代是指在企业的债务性融资中，由于有限责任制的存在，借款企业有可能将原本用于低风险项目投资的资金转移至高风险投资项目中，从而给债务人带来潜在的风险。在关系型融资中，出资者随时可以观察和监督借款企业的资金使用状况，并且拥有随时中止后续资金提供的权利，因而能够避免资产替代行为的发生。

4. 关系型融资中内含着一种声誉机制，有利于提升借款企业的声誉，使其获得声誉租金

处于关系型融资中的借款企业能够在与出资者长期的融资关系中重复得到资金支持本身就为借款企业提供了一种具有支付能力的信誉证明。相应地，为了维持在关系型融资中建立的信誉，借款企业也会尽可能避免采取一些有损其信誉的道德风险行为。法玛（1985）指出，银行贷款中的银企关系的重要性在于它能够影响企业从银行和经过其他非银行金融机构获得资金的能力。由于典型的银行贷款都是短期的，银行每一次更新短期放款合约，都可以看作是对借款企业履约能力的重新确认。因此，这种更新将产生两个方面的外部性：它使借款人的其他资金提供者不需要重复银行的评估过程；使其他资金提供者相信，公司具有足够的能力和现金流来履行它的固定负债。戴蒙德（Diamond，1991）的研究表明，通过银行借贷关系建立的信誉有利于增强企业在公开市场筹集资金时的信用。

（二）关系型融资中的资源配置非效率行为

关系型融资虽然能够增强出资者对借款人专有信息收集和处理的激励，但其中也存在着软预算约束和"锁定"这两类非效率的资金资源配置行为。

1. 关系型融资中的软预算约束问题

软预算约束问题来自关系型融资中的再贷款和贷款合同的再协商机制。一般来说，在关系型融资中，若借款企业陷入财务困境之时，往往会要求关系出资者提供资金救助或通过合同的再协商缓解债务的还本付息压力。此时，出资者若拒绝提供资金救助或进行合同再协商，则借款企业有可能被清算。清算之后，关系出资人前期的资金投入就有可能变成沉没成

本。此外，在清算过程中，由于只有出资者拥有借款企业的专有信息，破产企业资产的处理也会导致出资者的债权价值受损。在此情况下，出资者可能会满足借款企业追加贷款的要求以收回前期提供的贷款。问题在于，一旦满足了借款人的这种要求，则出资者对于借款企业的清算威胁就会变得不可信。更为严重的是，当借款企业预期到借款合同能够在事后得以再协商时，借款合同事前的激励也就不复存在（Bolton and scharfstein, 1996)，从而恶化出资者的信贷资产质量。

当然，为面临中期冲击的长期项目提供再融资和帮助企业渡过财务困境，是关系型融资在资金资源配置中的显著特征之一。因此，有必要引入其他的互补性机制来解决关系型融资过程中的软预算问题，同时又不影响关系型融资的资源配置功能。一个显然的途径是加强对企业的监督，甚至是直接的干预，从而保持信息的持续流动和投资者对企业的持续影响。另一种解决关系型融资中软预算约束的现实途径是赋予关系型债务以高优先等级，以降低其价值对企业价值和投资者行为的敏感性。这样，投资者收回贷款的威胁就会变得可信，从而使得投资者的愿望能被正确传递给企业。

2. "锁定" 问题

关系型融资中关系银行拥有企业专有信息，而这种信息是外部银行无法了解的。由于外部银行认为关系银行对企业项目前景的判断更加准确，因而如果企业脱离关系银行向外部银行融资，很容易被外部银行怀疑是劣质企业从而告贷无门。这样，企业就可能成为关系银行的信息俘虏，被长时间锁定。在与关系银行的关系中，出资者在借款人信息方面取得了垄断地位，出资者可能利用这种垄断地位"敲竹杠"，如提高贷款利息。那些试图转向新融资方的企业可能会面临更糟糕的筹资条件，但如通过市场融资又害怕信息泄露，因而很容易就被锁定在原有关系上。这可能会降低关系型融资的吸引力。因此，锁定以及由此导致的"敲竹杠"问题产生的原因在于出资者对借款人专用信息的垄断。降低出资者对信息的垄断则有利于减缓关系型融资中的锁定问题。

解决锁定问题的方法是借款企业与多个出资者保持关系型融资关系，从而通过出资者之间的竞争来降低单一投资者的信息垄断。翁奇纳和史密斯（2000）认为，多个关系型融资关系虽然能减轻锁定问题，但会恶化信用的可利用性。拉加恩（Rajan, 1992）和冯·塔德恩（Von Thadden,

1998）也指出，多个关系型投资者间的竞争确实能降低垄断租金，但会降低投资者对企业的行为控制，从而使得新兴企业无法获得贷款。

签订带附带中止条款的长期信用合约能平衡"锁定"问题的收益和成本以及事后竞争的效应。在此合约安排下，贷款人可能会选择继续贷款也可能会选择中止借贷关系，如选择继续借贷，就必须按照前期制定的条款。这就限制了贷款人的谈判能力，使得锁定问题能得到解决，而不需要建立多重关系（Von Thadden，1995）。

关系型融资中出资者建立信誉的激励也有助于缓解锁定问题。在关系型融资中合约的再协商能力是出资者建立信誉的手段，对信誉的关注能激励出资者建立客户关系。契玛诺和福格瑞（Chemmanur and Fulghieri，1994）的研究表明，当企业陷入财务困境时，关系型投资者会在清算和再协商间进行选择。为建立信誉，投资者会加强对客户的监督、避免软预算约束问题和增强再协商决策的效率，这些都会减轻关系型投资者对客户的锁定程度。

第二节　内部资本市场与企业内部资金配置中的第三配置机制

一　外部资本市场失灵与企业内部资本市场的必要性

经典的企业融资理论表明，在一个完美市场中，充分竞争的外部资本市场能够将资金有效地配置于每一个具有正的净现金流量的项目，从而实现资源的最优配置，企业无须内部资本市场。然而，现实的资本市场却由于交易成本、信息不对称、代理问题和契约不完备等市场不完全性的存在而使得资金资源在不同企业之间的配置发生扭曲，导致逆向选择、道德风险、投资不足以及过度投资等非效率投融资行为的发生。

另外，有关企业内外部资金融资比例的实证研究表明，即使是在金融市场最为发达的美国，企业投资资金来自内源融资的比例也远远大于来自外部资本市场的比例。拉蒙特（Lamont，1993）通过研究发现，1981—1991年，内部资金已占美国非金融企业资本成本的75%。布雷利和迈耶斯（Brealey and Myers，2003）统计表明，在1990—2000年间，美国非金融企业的内部资金占其总投资额的比例从72%增长到108%。

与此同时，受美国企业联合兼并浪潮的影响，企业的规模不断扩大，企业组织结构也由传统的集权式单层级的 U 形组织结构向事业部制或多部门的 M 形组织结构和多法人的控股公司制的 H 形组织结构转化①，多元化联合经营的企业大量涌现。在此背景下，企业内部资金资源的配置问题也就显得日益重要。如何通过构建有效的内部资本市场，将一定量的资本有效地配置给每一个分部或子公司，以便使不同部门或子公司的资本边际产出相等也就成为多元化联合经营企业在其内部资源配置中需要解决的问题之一。

基于对外部资本市场资源配置有效性的质疑，以及对美国多元化企业内部管理过程中存在的"资本内部分配"现象的观察和分析，理查森（Richardson，1960）、阿尔钦（1969）、威廉姆森（1970，1975）等较早对企业内部资本市场中资金资源配置的效率问题进行了研究。阿查森（1960）认为，在企业尝试与外部投资者签订一项长期合同时，如果其不能使外部投资者相信其项目是低风险的，合同将难以签订。正是企业与外部资本市场的这种信息不对称性使企业之间的兼并成为一种选择，从而使内部资本市场取代外部资本市场成为可能。阿尔钦（1969）指出，通用公司内部的投资资金市场（Investment Funds Market）是高度竞争性的，以非常快的速度使市场出清，使得借贷双方的信息有效程度要远比一般外部市场高。事实上，GE 财富增长更精确地说是来自内部资本市场在资源交换和再分配上的优势，这种优势来源于能以更廉价的成本获取有关项目和经理人更多信息。威廉姆森（1975）指出，传统的外部资本市场被严重的信息不对称性所困扰。而 M 形结构的公司具有许多微型资本市场（Miniature capital market）的特点，它能比外部资本市场更有效率地进行资源的配置。在质疑企业与外部资本市场无摩擦假设的基础上，威廉姆森（1985）进一步指出，对于体现 M 形组织原则

---

① U 形组织结构是一种高度集权、按职能划分部门的一元结构（Unitary Structure），在这种组织结构的企业中，企业的生产经营活动按照功能分为若干个垂直管理系统，每个系统又直接由企业的最高领导指挥；M 形组织结构采用的是事业部制或多分部结构（Multidivisional Structure）。它是分级管理、分级核算、自负盈亏的一种组织形式，即一个公司按地区或按产品类别分成若干个事业部，从产品的设计、原料采购、成本核算、产品制造，一直到产品销售，均由事业部及所属工厂负责，实行单独核算，独立经营，公司总部只保留人事决策，预算控制和监督大权，并通过利润等指标对事业部进行控制；H 形组织结构是控股公司（Holding Company）形式的组织结构，这种形式较多地出现在由横向合并而形成的企业中，合并后的各公司保持较大的独立性。

的联合大企业（Conglomerate），最好还是把它看成一个内部资本市场，因为它把各条渠道的现金流量集中起来，投向高收益的领域。

二　内部资本市场的界定和特征

（一）内部资本市场的界定

随着学术界对内部资本市场研究的拓展和企业组织形式的变化，学术界对内部资本市场提出了不同的解释。总体上看，到目前为止，学术界对内部资本市场的理解包括以下三个方面：

1. 内部资本市场是企业内部各部门围绕企业内部资金展开竞争的市场

这一界定的视角来自资本市场范围特征，其目的在于将内部资本市场与外部资本市场明确地区分开来。这一概念最初由威廉姆森（1975）提出，其考虑到了资本市场的范围特征，而未涉及内部资本市场的运行机制和其他功能，因而也是一种对内部资本市场最不完全的描述。

2. 内部资本市场是企业总部在企业内部各部门之间分配资金的一种机制

这一界定从资金分配机制的角度将内部资本市场与外部资本市场区别开来。皮耶尔（Peyer，2002）认为，真正能够体现内部资本市场的不是其资金配置的范围，而是内部资本市场有其与外部资本市场不同的资金分配机制。外部资本市场在资金分配上采取市场价格机制，通过资金价格引导资金流动；相反，内部资本市场在资金分配方面尽管有价格引导因素存在，但主要的、起关键作用的是依靠权力或权威，通过行政协调机制分配资金。

3. 内部资本市场是企业为利用内外部资本市场的互补关系来改善资源配置的一种金融战略

这一观点强调了内部资本市场的信号显示功能。从市场本质特征考虑，每个市场都可视为一种制度安排或治理机制。相应的，每个市场都有相应的交易成本。理性的企业决策者在配置资源时，需要权衡不同市场交易成本的大小。市场信号显示功能可能产生外部性，从而市场之间具有互补性，企业可以利用市场互补性创造价值（周业安，2003）。

（二）内部资本市场的特征

尽管不同的学者对内部资本市场提出了不同的见解，但从内部资本市场的产生和资金配置机制来看，内部资本市场具有以下几个方面的特征：

1. 内部资本市场是外部资本市场不完全性的一种替代

由于外部资本市场存在着信息不对称、契约不完备、代理成本等市场不完全性，从而导致市场资金资源无法在不同企业的投资项目之间进行高效率的资源配置，所以，作为克服外部资本市场资金配置扭曲的一种替代机制，内部资本市场得以产生和发展。

2. 内部资本市场存在于多元化的企业组织内部

在高度集权、按职能划分部门的一元 U 形组织结构内部，企业内部资本市场缺乏生存的基础。尽管为克服外部资本市场资金配置中的不完全性，也许一元化的 U 形组织结构中存在着内部资本市场的需求，但由于内部资本市场本身也存在着较高的成本，这种组织结构内部难以出现内部资本市场。只有在企业通过兼并形成事业部制或多分部制的 M 形组织结构、采取控股公司形式的 H 形组织结构之后，才会在企业内部产生对内部资金配置的要求。此外，企业内部资本市场的规模与企业内部业务部门的数量、部门之间规模差异以及部门投资机会的差异有关。企业业务部门数量越多，内部资本市场参与交易的主体也就越多，企业内部资本转移的频率也越高；部门之间规模差异越大，内部资本市场配置资源的规模越大；部门投资机会差异程度越大，内部资本在部门之间重新配置的可能性越大，从而引起内部资金在部门之间流动的概率越大。

3. 内部资本市场的资金配置机制是市场配置与企业内部权威配置的结合

与单纯地依靠企业内部权威来进行的企业内部资金管理不同，在内部资金资源配置的过程中，企业内部资本市场引入了市场资金配置中的最为主要的手段——价格机制，但同时也利用企业内部的权威来进行资金资源的配置。因此，内部资本市场实现了企业资金资源配置中的市场配置与权威配置的有效结合，达到了将"看得见的手"与"看不见的手"的统一。

三 内部资本市场的资金资源配置功能

内部资本市场的资金资源配置功能主要体现在企业投融资过程中的信息优势、监督和激励等方面。

（一）内部资本市场的信息优势

相对于外部资本市场而言，内部资本市场的信息优势主要来源于内部资本市场的审计优势（Williamson，1970，1975）。威廉姆森（1975）认为，传统的外部资本市场其根本局限性在于它是一种外部控制工具，在审计方面受到规章上的限制，并且对企业内部的激励机制和资源分配机制缺乏参与。在企业内部，各部门的经理是企业总部的下属，所以，无论是账面记录还是保存的文件都可以审查。企业总部能使各个部门之间更加相互合作，使各部门的信息实现共享，实现集体一致行为，如果将企业内部信息泄露到企业外部，则视为对企业不忠的行为表现。另外，内部资本市场的信息优势使得 CEO 可以通过对投资进行分阶段决策，实现内部资源低成本高效率调整。企业总部具有的内部信息优势也使得对经理激励和投资后监控方面，内部资本市场比外部资本市场更有优势。

哈伯德和帕利亚（Hubbard and Palia, 1999）认为，企业所拥有的专有信息大体上可分为两类：经营和生产信息；融资和预算专长。就企业特有信息生产而言，多元化企业比外部资本市场具有企业专有信息方面的优势。在内部资本市场形成的收购过程中，收购公司往往是资金提供者，为被收购企业提供融资专长，保留被收购企业的目标管理层，因为目标企业的管理层具有经营特长，能提供公司专有信息。因此，信息优势是导致企业通过兼并形成内部资本市场的重要原因。

（二）内部资本市场的事后监督优势

与外部资本市场相比，内部资本市场在资金配置的事后监督上的优势主要体现在其资金的提供者为单一主体，而且资金的分配者拥有资金分配对象的剩余控制权两个方面。

在外部资本市场融资的过程中，企业资金的提供者往往是众多分散的投资者。由于监督成本和监督成果具有公共产品的特征，因此，外部资本市场的投资者在事后监督方面存在着较强的"搭便车"动机，进而导致融资项目实施过程中的道德风险行为发生。在内部资本市场融资中，企业总部为资金的单一提供者，其有动力在事后对资金的使用和项目的实施进行有效的监督，从而克服外部资本市场融资中可能出现的道德风险行为。但是，如果仅仅只是满足资金提供者为单一提供者这一条件，还难以保证投资者在事后进行有效的监督。因为在外部资本市场，企业也可以通过从单个银行融资实现单一性融资下的事后监督。现代金融中介理论的研究也表明，商业银行的功能之一在于其作为存款人的代理——委托者能够对贷款对象实施有效监督。因此，内部资本市场能够实现单一性融资下事后有效监督的原因还在于总部在单独提供资金的同时还拥有资金配置对象的剩余控制权。

格特纳、萨夫斯坦和斯坦（1994）认为，与外部资本市场相比，内部资本市场在资金的筹集和资本配置方面具有两个特征：首先，在内部资本市场上，作为资金的需求者的企业下属各部门只需要与企业总部拥有资源配置决策权的部门打交道，无须面对众多分散的市场投资者。其次，内部资本市场上的资本配置者同时也是企业资产的剩余控制权拥有者，拥有对企业资产的最终处置权。内部资本市场这两方面的特征都有利于增强内部资本市场中资本提供者的信息收集、处理和内部监督的激励，并促使其优化内部资本的配置，提升内部资本配置的效率。（1）资金供给主体的单一，有利于避免信息收集和处理以及监督中"搭便车"问题的出现。作为资金供给者的企业总部会有动力实施信息收集和监督行为。（2）资产的剩余控制权能够确保内部资本供给者有激励去充分利用监督过程中所获得的相关信息。一般情况下，出资者的监督努力越大，项目的净资金收入或清算价值越高，但相应的监督成本也越高。拥有剩余控制权的内部出资者在信息上的优势具有较低的监督成本和较高的剩余索取能力，因此他们会付出更多的监督努力，从而提高项目产出；相反，没有剩余控制权的外部出资者则付出的监督努力要少于作为内部出资者的企业总部，最终项目的产出也会降低。（3）当企业拥有多个子部门时，对企业资产的控制权能够使得公司总部在各部门之间进行合理的资产配置，提高资本配置的效率。比如，对于一个拥有多部门的公司总部而言，如果一个部门运作不理想，公司总部可以直接将其资产与其他部门整合。相反，当外部资金提供者（如银行）面临这种情况时，则必须变卖资产，无法实现资产价值的最大化。

（三）内部资本市场竞争机制下的"胜利者选拔"功能

与外部资本市场上的银行融资相比，如果内部资本市场上的资金有限，那么，企业总部会比银行有更大的激励和权力进行优秀项目的挑选，并且通过各个项目间的相互竞争，将有限的资本分配到最具效率的项目上，斯坦（1997）将这一过程称为胜利者选拔过程（Winner – Picking）。

在考虑控制权的基础上，通过引入企业融资约束和 CEO 的私人利益因素，斯坦（1997）分析了在企业内部资本有限和 CEO 存在私人利益情况下的企业内部资本配置中的胜利者选拔问题。斯坦（1997）认为，在内部资金有限，各部门为有限的资金展开激烈竞争的情况下，拥有企业剩余控制权的 CEO 能够通过"挑选胜者"的优胜劣汰机制在现有资金预算约束下，将有限的资金分配给企业内最好的投资机会。因为，CEO 认为能在其中胜出的投资机会拥有较高的预期产出，于是会优先把资金分配给"胜者"。尽管拥有资本配置权和资产控制权的 CEO 也存在代理问题，能从控制权中获取私人利益，且存在着构建帝国的倾向，但考虑到 CEO 的私人利益最终与企业整体价值大体一致，如果企业投资水平确定，CEO 对资源在跨部门之间的分配最终会朝着增加效率的方向进行。因此，拥有广泛控制权的 CEO 比单个项目经理更有动机从事有效资源分配，将资金从差的项目转移到好的项目。

斯坦（1997）指出，内部资本市场虽然能够使 CEO 灵活地把资金从差的投资机会转移到好的投资机会中，但是前提是 CEO 能在不同部门间按照投资机会进行排序。此时不同的投资机会的绝对价值并不重要，重要的是它们的相对价值，并且当这些投资机会处于相关业务领域时，CEO 对它们的相对绩效的评估会更加准确和方便。当企业进行不相关的业务经营时，CEO 可能出现排序错误，从而降低内部资本市场的配置效率；当企业进行相关业务经营时，总部排序不容易出现错误，从而能把"胜利者选拔"的工作做得更好。

（四）缓解外部融资约束和克服投资不足的功能

在外部资本市场融资的过程中，如果企业与外部投资者之间在企业投资项目的收益和风险方面存在着信息不对称，则有可能导致外部投资者投资激励不足，从而使企业面临资本市场的融资约束。此外，由于信息不对称的存在，拥有内部信息的经理人可能会采取投资不足的行为（Myers，1984；Myers and Majluf，1984）。在此情况下，内部资本市场能够发挥其"多钱效应"（More - money Effect）的功能来缓解企业的外部融资约束，并克服因信息不对称导致的投资不足问题。

所谓"多钱效应"，是指把多个业务单位纳入同一母公司的控制下能够比把它们作为单个企业来经营更多的外部融资。内部资本市场之所以能够发挥"多钱效应"的功能，原因在于存在于多元化企业内部的多个不完全相关的子部门通过共同保险能增加联合大企业的借债能力，从而缓解债券市场的信贷配给问题（Lewellen，1971）。而且，外部资本的获得相对企业内部资本来说具有更高的成本，两者的差异就是外部融资的代理成本，而外部融资的代理成本与融资企业的净财富（Net Worth）负相关，把多个业务单位纳入同一个母公司的控制下形成企业集团可以增加净财富，减少代理成本，提高融资效率（Bernanke and Gertler，1989）。与此同时，内部资本市场使企业有更大的债务承受能力，适当提高债务水平能控制自由现金流问题，而且减少对经理行为的识别成本，提高企业价值。

哈德洛克等（Hadlock et al.，2001）指出，企业多样化策略会对企业股权融资的能力产生影响。通过实施多样化策略，企业可以将拥有差异性信息的项目网罗到企业内部，各个项目的风险分担和信息互补会降低管理者拥有私人信息的差异，使企业发行股票时面临的逆向选择问题得到一定程度的缓解。松阪和南达（Matsusaka and Nanda，2002）将内部资本市场理解为企业的一种实物期权，企业凭借这一期权可以绕开外部资本市场，避免由于外部资本市场的信息和激励问题所导致的高融资成本，利用企业的内部资金实现投资，缓解其投资不足问题，增加企业价值。

四　内部资本市场中的非效率资金资源配置

尽管许多学者从理论上分析了内部资本市场在资金资源配置方面的有效性，但基于企业内部资本市场有效性理论的实证检验结果却与理论模型的结论相去甚远。在20世纪80年代至90年代，许多学者的实证研究都发现，企业的多元化对企业价值存在着负面影响，并提出了"多元化折价（Diversification Discount）之谜"这一现象。比如，朗和舒尔兹（Lang and Stulz，1994）、拉文和列文（Laeven and Levine，2007）、阿格威尔等（Agarwal et al.，2008）都证实了多元化折价现象的存在。"多元化折价"现象的存在表明，企业内部资本市场也可能存在着资源配置机制的扭曲。正因为如此，针对实证研究的结果，学术界对内部资本市场资源配置中可能存在的各种非效率资源配置行为进行了探讨。

（一）宽松融资约束下的过度投资行为

内部资本市场通过"多钱效应"能够有效地缓解企业面临的外部资金约束，使多元化企业比专业化企业拥有更为充裕的现金流。然而，在存在代理问题的情况下，拥有大量自由现金流的企业倾向于进行低效率或者降低企业价值的收购活动，以此构建企业帝国（Jensen，1986）。当多元化企业集团的组织形式为经理人提供了更多现金流时，更容易导致过度投资（Jensen，1993）。内部资本市场为企业管理层提供了更多的机会从事项目投资，也相应地放松了外部资本市场对企业融资的约束，使总部进行过度投资的机会成本相对较小，因而也就更加可能出现浪费资本、过度投资现象，增加总部层面的代理成本，导致资源分配出现无效扭曲，从而对企业效益产生负面影响（Stulz，1990；Matsusaka and Nanda，2000）。

（二）多层代理下的经理人寻租行为

内部资本市场中的资金资源的配置是通过多元化企业总部主导下的科

层决策机制来实施的。与外部资本市场融资中，企业面临的外部投资者与内部经理层之间的单层代理问题不同，在内部资本市场的资金配置中，多元化企业总部的资金配置决策实际上面临着层级制下的多层代理问题。这种多层代理关系的存在给内部部门的寻租行为留下了空间。由于企业经理层随时都存在着获取较多可控资源的倾向，这就产生了寻租行为的动机。同时，尽管相对于外部投资者而言，总部与各部门之间的信息不对称程度要小，但总部与各层级部门之间存在信息不对称并非完全不存在。在此情况下，拥有资金配置权的总部可以利用内部人的优势增加与各部门的接触，获取更多的信息；但是频繁的接触又为部门管理者提供了更多寻租的机会。因此，在内部资本市场上，部门经理之间容易为了相互竞争资源而在总部从事一些影响力活动，这种行为不但导致了无谓的浪费，而且容易导致信号传递的错误和资源分配的扭曲。

（三）交叉补贴、"平均主义倾向"和部门经理激励的削弱

在对多元化折价现象的原因进行分析时，许多学者提出了多元化企业内部资本市场在资金分配的过程中可能存在交叉补贴和"平均主义倾向"的问题。哈里斯和拉弗（Harris and Raviv，1996）指出，由于企业总部和部门之间存在着信息不对称、项目审查成本、审查概率等因素的影响，公司总部可能会对生产率较低项目过度投资，对生产率较高项目投资不足，无法使现有的资金获得较好的经济效应，从而造成"愚蠢钱效应"。

萨夫斯坦和斯坦（2000）认为，在联合大企业组织内部存在着一种相对好的投资项目投资不足，而相对差的项目却投资过度；企业集团在部门间配置资源时对托宾 Q 值的敏感度不如专业化企业的"平均主义倾向"。产生这种平均主义倾向的原因在于部门经理人的寻租行为或者是拉加恩、斯福拉斯和津盖尔斯（Rajan，Sevraes and Zingales，2000）称为的权力攫取以及迈耶斯、米尔格罗姆和罗伯茨（1992）所提出的公司内部影响活动。这种不正常的行为通常发生在不具有发展前景的部门。通常，对于这类部门，企业总部采取的最优决策是将其出售，但是部门经理往往通过寻租或者一些影响活动，而使其继续保留下来并获得更多的融资，从而造成内部资本市场资本配置的扭曲。

在外部资本市场融资中，单一组织结构的经理人拥有企业的控制权，在项目实施过程中，能够获得私人利益，其具备努力经营的激励。但是，在内部资本市场中，由总部统一配置资本资源必然导致总部权利的集中和

部门经理控制权的削弱，这会降低部门经理努力工作的激励。特别是当总部从某一部门调出资金时，会严重影响到该部门经理的积极性，造成了部门经理层的激励缺失。同时，由于多元化的企业需要合并财务报表，经营好的部门和经营差的部门报表合并在一起，企业整体业绩就会比经营好的部门业绩差。如果部门经理的激励性补偿以整个企业经营绩效为标准，内部资本市场的存在就会使部门经理的管理效率和管理能力不能直接体现在整个企业的业绩上，则可能抑制部门经理的努力激励。

第三节　主银行制下日本企业资金资源第三配置机制分析

前述有关企业内外部资金资源配置中第三配置机制——内部资本市场和关系型融资的分析表明，企业资金资源配置中的第三配置机制的存在受金融市场发达程度的影响。企业融资时面临的外部金融市场越发达，市场对资金资源的配置也就越有效率，第三配置机制存在的必要性也就越低。

在战后经济重建和高速经济发展的过程中，受特定的政治、经济和历史文化环境的影响，日本并未建立起能够为企业有效提供直接融资的资本市场体系，而是在政府干预和相关政策的支持下建立起了以银行融资为主的间接金融体系。大型企业集团内部形成的主银行制不仅代表了日本企业融资制度的典型特征，而且体现出典型的关系型融资和某种程度的内部资本市场的特性。正因为如此，在本节，我们以战后以来日本企业集团内部逐步形成的主银行制为主，通过对其特征、功能和有效性的分析，考察关系型融资和内部资本市场在日本企业资金资源配置中的作用。

一　日本主银行制的内涵

所谓主银行制度，是一种对日本企业与银行间长期存在的长期、稳定、综合的交易关系的共识。处于这种关系中的银行称为主银行。主银行制中的主银行既是关系企业最大的资金供给者，也是企业结算的中心银行，还是关系企业的主要股东，并且以股东和债权人身份向关系企业派遣属于重要职务的管理人员。主银行在企业日常的经营管理中，为企业提供经营保险的功能，当借款企业经营业绩恶化时，负责对关系企业进行救助。当企业与银行之间通过长期、稳定、综合交易形成的主银行关系制度化后，就被称为主银行制度。主银行制度中，主银行和企业之间的权利和义务关系并非以合同形式明确规定或正式的制度性规定，而是主银行和企业之间在长期的交易关系中形成的一种默契或惯例，属于一种隐含的契约关系。

实际上，在日本主银行制的发展过程中，学术界对主银行制内涵的理解也在不断地深化。1994 年，日本通产省委托富士综合研究所做的关于主银行制的研究报告中，主银行制度下的主银行不是单纯作为提供资金的金融机构，而是与作为其主银行的企业结成很深的、几乎成为一体的关系。同时，从全社会筹措资金的方法来看，实行主银行制的企业和银行采用"间接金融·相对型"（企业主要从特定的银行融资）的比重很高也是主银行制的重要特征之一（冯艾玲，1997）。但是，在青木和帕特里克主持的世界银行《研究报告》中，主银行制被界定为包括工商企业、各类银行、其他金融机构和管理当局间的一系列非正式的惯例、制度安排和行为在内的公司融资和治理体制，它是日本资本市场上公司监控和治理的核心机制。在内容和范畴方面，其核心是主银行与企业间的关系，包括：相互持股、提供管理资源、派遣管理人员、提供各类金融服务，主银行与企业的其他融资者、其他融资者与企业、监管当局与企业及融资者之间的关系（青木和帕特里克，1997）。青木和帕特里克（1997）强调的重点有：主银行的核心是银企关系；它不但包括银企关系，还包括银银关系（主银行与其他金融机构）、银政关系（主银行与政府管理机构），是一种多元性的关系矩阵；主银行制的基础是法人相互持股的制度安排；主银行制是日本公司治理结构的核心机制和主要支柱（刘毅，2003）。

一般而言，日本主银行制的主要内容包括以下几个方面：（1）银行保证持续稳定地向借款企业提供资金，企业则将结算账户集中开设在该行，以帮助银行提高竞争力；（2）银行帮助企业稳固其经营权，在企业经营业绩恶化时接收其经营权，对其进行救助；（3）其他金融机构虽然与主银行共同对企业进行融资，但是收集信息和监督权通常委托给主银行，同时也将银企长期交易中产生的租金交给主银行。

二　日本主银行制下银行与企业关系型融资的特征

日本主银行制下的银企关系是一种典型的关系型融资关系。在这种关系型融资中，银行与企业之间的关系体现出以下几个方面的特征：

（一）长期、持续、稳定的融资关系，且主银行是企业外部资金的主要提供者

这是主银行制中最主要、最基本的特征。这一特征使得银行与企业之间的交易关系得以确定并长期保持。在战后一个相当长的时期内，日本主要大企业接受的贷款中，主银行所占的份额不仅最大（一般为20%—40%），而且始终保持不变。企业和银行的交易关系非常稳定，企业一般很少更换主银行。根据《同志社商会》中的统计，1975—1995年，东京证券交易所、大阪证券交易所和名古屋证券交易所上市的804家企业中，有682家，即85%的企业20年间没有更换主银行；在804家企业中，除了7家非银行最大股东外的其他797家企业中有693家，即86%的企业作为最大股东的银行没有变化。此外，主银行发生变化的企业一般资产规模较小，而主银行和大股东都发生变化的企业的资产规模更小。①

主银行为企业提供的融资主要包括以下三个方面的资金：

（1）短期流动资金。尽管其中一部分融资有一定的商业风险，但作为主银行仍会尽可能满足企业的资金需求。形式上主银行的融资主要是短期资金，但由于其中大部分到期后均能自动延期，因此，实际上这些资金已经长期化了。

（2）经营危机时的紧急融资。这种紧急融资主要是指企业陷入临时性的困境时提供的融资。但如果企业已丧失长期的盈利能力，主银行一般不会提供新的资金援助。

（3）企业进行战略性投资的资金。这种融资以企业和主办银行之间在广泛的、深入的情况交流、信息交换以及对长期战略性投资方面取得的共识为前提条件（冯艾玲，1997）。

不仅如此，在主银行制下的银企关系中，常常会形成以主银行为中心的企业集团。集团内部的企业不仅可以从主银行得到贷款，还可以通过主银行的安排，从其他金融机构得到"协调融资"。所以，自战后以来，银行贷款一直是日本企业最主要的资金来源。表4-1显示，在20世纪90年代初期，日本企业资本结构中来自银行贷款等负债的比率仍高达70%以上。

---

① 同志社商会，第48卷，第1号，1996年6月，第96页。

表 4-1　　　　　　　　　　日本企业的资本结构　　　　　　　　　单位:%

项目	1990 年	1991 年	1992 年	1993 年	1994 年	1995 年
自由资本比率	26.4	26.7	27.3	28.0	28.5	28.4
银行负债比率	73.6	73.3	72.7	72.0	71.5	71.6

资料来源:李维安等:《现代公司治理研究——资本结构、公司治理和国有企业股份制改造》,中国人民大学出版社 2003 年版,第 106 页。

(二) 主银行是企业的主要大股东

集团内部的企业之间相互持股是战后日本企业股权结构的主要特征之一。由于日本法律允许银行在一定限度内持有企业的股份,主银行和集团内部的关联企业也就共同成为企业的大股东。但在多家银行和企业成为企业股东的情况下,一般来说,主银行是其中最大的股东。因此,在主银行制度下,主银行既是企业最大的债权人,也是企业最大的股东。主银行在贷款企业中的这一特定身份也就为其监督企业提供了激励。

日本法人间相互持股是战后日本特有的经济社会现象。战后初期,在财阀解散的过程中,战前家族持股公司所有的股票被迫出售。1947 年制定的《禁止垄断法》,禁止公司持股,原则上也禁止法人持股(奥村宏,1990)。而个人持股者却迅速增加,到 1949 年,个人持股比率达股票总额的 69.1%[①] (伊丹敬之,1993)。但是,随着 50 年代初期《禁止垄断法》的第二次修改和企业持股限制的进一步缓和,从 50 年代中期开始,被解体的财阀企业又以企业集团的形式和系列化企业的方式重新组合,开始相互持股,并且在企业集团和系列化企业群内部迅速普及开来,股票持有开始染上了法人化色彩。另外,财阀的解体使旧财阀持有的股份被分散给许多小股东,企业面临被并购的威胁,于是开始寻求稳定股东,主银行首先被当作企业的稳定股东之一而持有企业股份;此后,日本共同证券这一机构出售其持有的股份时,主银行成为主要的购入方。

进入 20 世纪 60 年代以后,随着日本加入关贸总协定和资本自由化进程的开始,外来资本的冲击力推动产业界实施了新一轮的资本重组与联合。企业集团与企业集团间、企业集团与系列化企业间、系列化企业与系列化企业之间,以相互持股为手段,呈环绕形进行资本联合,逐渐形成了

---

① 伊丹敬之:《日本的企业体系》,有斐阁 1993 年版,第 154 页。

以法人持股为主体的相互持股关系，有效抵御了外来资本对日本民族经济的冲击。其中，以日本六大企业集团最具代表性。1962 年，六大企业集团的相互持股比率分别为：住友 20.13%、三菱 17.3%、樱花 10.49%、第一劝业银行 10.14%、三井 8.8%、三和 7.58%。到 1974 年，分别增至 24.71%、26.5%、19.1%、16.9%、17.37% 和 13.01%。[①] 到 70 年代末，日本法人间相互持股制度已完全确立和完善起来，而且在管理上形成了政、官、财三位一体的体制模式，在结构上建立了模糊式的环绕形交叉持股体系。个人股东的持股比率不断降低，1995 年已降到 23.6%。金融机构和事业法人持股的比重不断上升，1995 年已分别达到 41.4% 和 23.6%，合计 65%。1999 年金融机构的持股比率减少到 36.5%，外国人投资的比率从 1995 年的 10.3% 增加到 18.6%，与个人持股（1995 年为 18%）几乎相同。[②]

主银行持有企业法人股份是战后日本企业股权制度最为典型的特征。这种法人持股制度还以企业集团内部大企业之间的相互持股为特色。如 1990 年，日本丰田汽车前 10 大股东东海银行、三井银行、三和银行分别占 5%，丰田自动织机占 4.6%，日本生命保险占 3.7%，长期信用银行占 3.1%，大正海上火灾保险占 2.5%，大和银行占 2.4%，第一生命保险和三井信托银行各占 2.2%；而丰田公司又分别拥有三井银行 4.2%、三井信托银行 1.76%、大正海上火灾保险 2.1% 的股份，它还是东海银行的最大股东，并拥有三和银行等多家金融机构的股份。[③] 1991 年，日本三菱集团的核心银行——三菱银行分别持有三菱重工 3.62%、三菱商事 4.94%、三菱电机 3.17% 的股份，而三菱银行股份的 3.03%、1.73%、1.41% 又分别被这三家公司持有。[④]

在企业集团的相互持股中，银行和金融机构特别是都市银行居于集团所有结构的核心与主体。都市银行通过系列融资与集团内的大企业结成了长期的金融交易关系。1990 年，尼桑汽车公司的前五位大股东中，其主银行日本产业银行、富士银行和住友银行持有的股份分别为 4%、4.6%

① 伊丹敬之：《日本的企业体系》，有斐阁 1993 年版，第 156 页。
② 《朝日新闻》2000 年 6 月 27 日。
③ 小林义一：《日本的金融体系》，东京大学出版会 1992 年版，第 206 页。
④ 林进成：《世界大公司 100 家》，复旦大学出版社 1986 年版，第 47 页。

和 2.6%。①

（三）主银行为企业提供综合性、多元化的金融服务

除向企业提供贷款的金融交易外，主银行还通过账户存款、外汇融通、股票发行、公司债发行的受理和担保等与企业保持着密切的交易关系。因此，主银行与企业的关系不仅仅是金融交易关系，而且是一种综合交易关系。

一般而言，主银行为企业提供的金融服务业务包括：

1. 债券承销业务

在日本经济高速发展的过程中，随着资本市场的发展，通过发行公司债券来筹集资金的日本企业特别是大型企业日益增多。在公司债发行的过程中，主银行因其与企业的长期交易关系，理所当然地成为债券持有者的法定受托管理人。1988 年 10 月至 1989 年间 109 起可转换债发行中，主银行担任受托银行的为 84 起，占总数的 77%，如加上担任发行主干事和副干事的则达 105 起，占总数的 96%。② 主银行不仅承担企业公司债券的发行业务，而且还是公司债券的主要购买者。1970 年以前，企业债券发行余额的半数以上由银行持有，此后逐渐减少，到 1992 年 3 月末，银行仍持有公司债发行余额的 14.3%。③

2. 支付结算业务

为客户提供现金支付和结算是主银行与企业长期稳定的交易关系中最通常的内容之一。通过支付结算业务，主银行能够掌握其客户企业的财务变动情况。这一功能使主银行在信息利用上具有其他机构所无法比拟的优势，企业将自己最核心的"机密"（财务状况）出让给主银行，主银行据此又与企业长期稳定地维系关系。

3. 信息服务与管理资源交流

当企业将自己的财务状况"公正"地支付给主银行后，作为回报和收益，主银行则义不容辞地支付信息成本和管理成本，为其提供各种有价值的信息和投资银行业服务。例如，收购或清算企业资产或房地产，或介绍潜在的业务伙伴，这些服务通常伴随着必要的贷款安排。主银行通常让

---

① 何自力：《试论日本的主银行与公司治理》，《南开经济研究》1997 年第 1 期。

② 青木昌彦、休·帕特里克主编：《日本主银行体制》，中国金融出版社 1998 年版，第 11 页。

③ 罗清：《日本金融繁荣、危机与变革》，中国金融出版社 2000 年版，第 276 页。

其经理人员作为客户企业的董事或审计人员，并派中级职员长期作为客户公司的经理（青木昌彦和帕特里克，1997）。

（四）向企业派遣人员担任重要职务，与企业保持密切的人际关系

主银行既是企业的大债权人，也是企业最主要的股东，因此，可以向企业派遣董事和高级管理人员。主银行以股东或贷款人身份派遣经营管理人员的形式上大致可以分为正常派遣和企业经营出现危机时派遣两种。正常情况下，主银行向客户企业派出经营管理人员，在加强企业经营管理的同时，还可以加强与交易企业之间的纽带关系。1989 年，六大企业集团派遣董事的公司比例平均为 62.26%，由银行派遣董事的公司占 50.78%，主银行占主导地位。[①] 1992 年，日本上市公司的 40045 位董事中大约有 1/4（24.4%）来自企业外部，其中约 1/5（21.7%）或者说全部董事的 5% 多一点来自银行。[②] 其中，最大的六七家都市银行以及日本兴业银行是企业中银行董事的主要来源。派遣董事的金融机构在企业中的平均贷款份额占 21%，按贷款排位平均在 1.95 位，平均持股份额是 4.6%，而按持股排位平均为 3.3 位。[③]

主银行向企业派遣董事及高级管理人员，并与企业保持密切的人际关系有利于主银行从企业内部掌握企业的经营情况，参与企业重要事务的决定；企业通过接受主银行派遣的人员，可以密切与主银行的关系，顺利实现与银行的日常交易，当经营业绩恶化时，可以从主银行得到支援、帮助。

（五）在企业经营出现困难时，由主银行负责对企业进行支援和救助

在企业正常经营的状态下，主银行一般不干涉企业的经营活动。但一旦企业财务状况恶化、陷入临时性的经营危机时，若主银行判断企业只是陷入暂时的财务困境，其未来是有发展潜力和前景的，就会出面和其他债权人协商企业的债务关系，并通过延缓债务偿还期限、提供新的融资、派遣得力人员、更换经营班子、调整经营方针方向、处理资产偿还债务，以及企业合并等途径，帮助企业渡过难关、避免破产。

日本的主银行在关系企业发生经营危机时，时常会扮演白衣骑士的角

---

① 日本公正交易委员会：《最新日本六大企业集团实录》，1992 年版，第 28—31 页。

② Keigyo Keiretsu Soran, Tokyo Keizai Shimposha, 1992, p. 86.

③ Paul, S., Interlocking Shareholdings and Corporate Governance in Japan, in Masahiko Aoki and Ronald Dore, eds., The Japanese Firms: Sources of Competitive Strength. Oxford University Press, 1994, pp. 310–349.

色，担负起重振企业的重任，这在日本企业经营发展史上已多次得到验证。如日本兴业银行就曾经推动了一些著名企业像尼桑汽车、山一证券、科桑化学等公司的重组、调整和转变；三菱银行对关系企业赤井公司坚定的支持最终使后者摆脱了困境。此外，在1975年住友银行对马自达汽车公司和1991年富士银行对飞鸟建设的危机救助中，主银行都发挥了极其重要的作用。银行救助企业的措施可以是温和的，如帮助危机企业联系新客户、重新安排贷款合约等（Hoshi, Kashyap and Scharfstein, 1990）；也可能是激烈的，如注入新资本、进行资产重组、更换高级管理人员等（何韧，2005）。

在企业债务重组过程中，主银行通常以两种方式发挥着中心作用。（1）主银行安排整个债务重组过程。主银行直接与客户企业打交道并与其他贷款人联系，竭力求得其他债权人的同意。（2）主银行提供比其他贷款人多的金融支持，比其他银行给予企业数额更大的利息减免或是承担份额更大的坏账损失，在有些时候，主银行可能是唯一进行利息减免及坏账核销的银行。此外，主银行在协调过程中，常常是通过亲自提供紧急贷款或是组织少数几家银行共同对企业融资的方式起主导作用。

除此之外，主银行还常常向处于财务困境中的企业派遣管理人员，直接接管企业。主银行对一家陷于危机的企业派遣管理人员就是向其贷款者表明，主银行准备支持并救助该家企业。1975年，受第一次石油危机的影响，日本马自达汽车公司的销售量急剧下降，该公司的主银行住友银行（持股4%、贷款比率为14%）向企业派遣了一个9人组成的企业财务危机治理小组，其中包括由东京总部的主管任企业的副总裁，并且提供了340亿日元紧急融资中的240亿日元，其他100亿日元则由住友信托提供，用以避免企业的破产；住友银行还安排住友集团的成员提供了原材料供应及销售方面的支持，最终促成马自达汽车公司与福特汽车公司的联营，使企业起死回生。

（六）主银行制度下银企之间的长期合作关系建立在日本独特的银银关系和银政关系的基础之上

一般而言，大多数股份公司的主银行并非单一性，拥有两个或两个以上主银行的股份公司很多。以日产公司的银行持股为例，日产公司与日本产业银行、富士银行、住友银行保持密切的主银行关系（见表4-2）。两个或两个以上的主银行，实际上是以辛迪加形式组成的贷款银团。这样一来，就形成了"一个都市银行既是其诸多客户中的某些客户的主银行，又是其他客户事实上的贷款辛迪加的一个成员"。对于企业来说，它们是主银行；对于单一的银行而言，它们又是贷款辛迪加成员，进行银行与银行之间的业务交易。在企业债务管理过程中，主银行虽然在融资顺序中居于首位，但通常只占企业融资额的20%—30%，尽管融资份额相对较低，贷款合同也是企业与众多银行间分别签订的，但主银行依据与其他银行之间的金融惯例，通常作为其他银行的代表，在贷款时负责审查，贷款后进行债权管理，在企业经营业绩恶化时进行支援、救助。

表4-2　　　　　　　　　日产汽车公司的银行持股状况

股东	持股额（10 亿日元）	比重（%）
第一劝业共同生命保险	150. 2	5. 6
日本产业银行	123. 3	4. 6
富士银行	112. 6	4. 2
日本生命保险	112. 6	4. 2
住友银行	69. 7	2. 6
安田信托银行	69. 7	2. 6
协和银行	64. 4	2. 4
住友生命保险	59. 0	2. 2
三菱信托银行	56. 3	2. 1
日产海上火灾保险	53. 6	2. 0
合计	871. 4	32. 5

资料来源：李维安等：《现代公司治理研究——资本结构、公司治理和国有企业股份制改造》，中国人民大学出版社 2003 年版，第 112 页。

另外，日本政府采取的种种管制措施规定了主银行的行为规范，限定了主银行的活动范围和方向。例如，对都市银行的数量进行限定；对经营不善的主银行实行改组；有条件许可城市银行建立新的信贷分支机构等。这些管制措施将主银行置于政府的严格监督之下，为主银行向大公司提供金融服务、克服主银行的机会主义行为奠定了基础。

（七）主银行制度中的银企关系是一种默认的隐含契约关系，它不依赖于正式的法律制度和正式的契约关系

在通常的国际辛迪加贷款中，干事银行（相当于主银行）、借款方及

其他融资银行的作用和责任均在贷款合同中明文规定。而在主银行制度中，主银行与企业、主银行与其他银行的关系都是默认的、隐含的契约关系。在日本的主银行制中，主银行的责任、作用并没有明确的法律条文或合同加以规定，主银行只是依照惯例采取行动。主银行之所以愿意在没有正式的合同约束下为企业提供各种服务，原因在于企业与主银行之间交易关系的长期性持续性、主银行的稳定股东身份、主银行在贷款的同时进行的信息生产职能、受委托进行事后监督的职能以及主银行具有的救助功能等因素。通过这些活动，主银行能够获得信息租金和政府特殊政策下的政策性租金等。

三　主银行制的资金资源配置功能

在资金资源的配置方面，主银行制主要发挥着大规模低成本筹集资金、信息生产、监督和经营保险四个方面的功能。

（一）为企业提供大规模、低成本资金的功能

在主银行制下的银企关系中，由于主银行与融资对象企业保持着长期、持续和稳定的交易关系，同时又是贷款企业的最大股东，并通过派遣董事和高级管理人员与企业保持着密切的人际关系，因此非常容易了解到企业的所有经营情况，对其财务状况了如指掌，能及时而准确地决定贷款，并能有效地监督企业的资金运用。在此基础上，根据企业的资金需求，主银行不仅向企业提供短期贷款，而且还向企业提供长期贷款。同时，主银行既可以进行全额贷款的单独融资，又可以以其为首，组织其他银行进行协调融资或辛迪加贷款（刘昌黎，2000）。

战后以来，为了缓解企业发展中面临的资金约束和降低企业的融资成本，日本政府长期地实施了人为的低利率政策，即将利率水平特别是贷款利率控制在低于由金融市场所决定的实际利率水平。同时，为保护金融机构的利益，还推行了金融保护行政，规定了对金融业的准入限制和业务限制等。这些政策为主银行为企业提供大规模、低成本的资金奠定了重要的基础。

在战后经济恢复和20世纪50—70年代日本经济高速增长的过程中，日本企业面临着严重的设备投资不足的问题，主银行制的形成和发展，成功地缓解了企业发展中面临的资金困境。在20世纪50年代末期，日本企业如索尼、本田技研等计划进行超过其固定资产10倍的设备投资，当时两家公司尚处于发展的初期阶段，很难从市场上获得资金支持。但两家公

司的主银行（索尼是三井银行，本田是三菱银行）提供了占借款总额 50% 以上的借款，不仅吸引了其他金融机构对企业进行共同融资，也对两家企业在证券发行市场上的融资产生了积极影响。

随着主银行制下银行贷款的迅速增加，日本企业资产负债结构中自有资本比率一直处于发达资本主义国家中最低的水平（高速增长时期一度为 20% 左右），成功地实现了负债经营。与此同时，日本企业的资本成本也一直保持在发达资本主义国家中最低的水平。即使在高速增长结束后的 1975—1990 年的 15 年间，日本企业的资本成本也一直保持在 2% 左右，大大低于美国的 6%、英国的 4% 左右的水平。

（二）信息生产功能

在日本主银行制度下，由于主银行是企业最大的债权人，同时也是企业的主要股东，且与企业存在长期持续的借贷关系，所以，主银行在信贷过程中有动力进行信息的搜集、处理、加工等信息生产活动。

主银行的信息生产主要包括两类：

1. 与企业保持长期的信贷资金交易关系中所进行的信息生产活动

其所生产的信息主要有两类：（1）通过与企业进行日常交易而积累的信息。主银行关系中的企业一般将结算账户开设在主银行，主银行通过划入、划出企业账户的资金及流向可以了解企业的生产和销售情况；通过账户资金余额的变动可以了解其经营情况。同时，主银行还是企业债券的承销商和受托管理人，在债券承销和受托管理的过程中，能够较为全面地获得企业的资产负债状况、盈利水平和盈利能力等方面的财务信息。此外，主银行在向企业派遣董事和高级管理人员的过程中也能够得到企业内部较为全面和准确的信息。（2）在向企业提供贷款的过程中获得的信息。在贷款过程中，主银行会对企业贷款项目进行事前审查和评估，事中和事后的监督等，通过这些信贷活动，主银行能够获得企业经营过程中的动态信息。

2. 关联银行委托主银行所进行的信息生产

信息生产本身需要较高的成本，并且在信息生产过程中还需要具备对不同信息的分析、处理和判断能力。因此，出于成本和收益的考虑，日本许多处于主银行关系下的企业集团内部的其他银行以及为数众多的中小金融机构常常将贷款企业信息的生产功能委托给主银行。在具体的信贷活动中，其他银行或中小金融机构主要是依据主银行的信贷行为和债权管理行为来对自己的融资行为做出判断。如果主银行依据自己获得的信息做出对企业贷款的决定，其他银行和中小金融机构也会依据主银行的判断做出资金发放与否的行为决策。

主银行信息生产的动机和收益主要来自对企业专有信息获得所产生的信息租金，以及日本政府通过对银行市场规模的限制、禁止过多的金融机构进入银行市场而获得的垄断租金等。

（三）监督功能

在资本市场直接融资的情况下，对筹资者的监督主要是由资本市场上不同的机制和机构来完成的。如股东的"用脚投票"机制、破产机制和政府监管等。但是，在主银行制下，对资金借贷者的监督主要是由主银行来承担的。主银行的监督涵盖在信贷业务的事前、事中和事后的全过程中。

1. 事前监督

主银行的事前监督主要表现为主银行对所贷款企业新开发项目的评估和审查。日本主银行是大企业信贷资金的主要提供者，为了保证信贷资金如期偿还、维护自身利益，主银行要对大公司的所有投资项目进行评估，并根据评估结论来决定是否同意和支持该投资项目。为了对项目做出准确的评估，主银行通常要通过自己设立的专门机构①广泛搜集有关信息，并组织专家进行深入细致的研究，以获得在与企业经理人员就投资项目进行评估和协商时的主动地位。主银行在占有大量信息的基础上对投资项目进行评估，特别是在评估时得到企业的积极配合，有力地克服了信息不对称所带来的逆向选择，有效地保证了主银行对企业的治理，同时也切实保障了主银行作为债权人的各项权益。

2. 事中监督

在通常的银行借贷合同中，银行与企业签订借款合同时都会订立一些特别条款来限制和减少借款人在贷款使用过程中可能产生的道德风险行为。但在主银行制下，主银行在企业经营管理者发生道德风险时，并不用担心由于事前没有订立特别条款而无法对经营管理者的行为进行限制，因为主银行制的银企关系决定了债权人可以在事中直接监督和任免公司经理人员。

---

①　例如日本多数银行都设有调查部和产业调查部，并且规模十分庞大，其调查人员，多数都是相当高级的调查专家，有的甚至是国内外知名的经济学家。他们利用大量现代化的调查设施，连续不断地收集整理有关国内重点产业、企业所面临的形势。

当主银行对公司的经营状况不满意时，便基于所有者和贷款人的地位，对公司的主要管理人员进行更换，甚至直接向公司派遣管理人员。由主银行直接安插的管理人员大都占据公司的关键岗位，成为主银行监督和控制公司的重要力量。主银行直接决定经理人员任免的权利，是日本主银行制下最为根本的事中监督机制。这种监督就使得借款企业不得不服从主银行的意志，认真努力地从事经营和管理，使公司资产的运营经常性地保持良好的状态。

3. 事后监督

在完全的资本市场融资机制中，对于陷入财务困境的企业，债权人的事后监督主要是将资不抵债的企业诉诸法庭，进入破产程序，用法律的手段强制性地将股东的控制权转移到债权人手中，以保障自己的损失减少到最小。但是，在日本主银行制度下，作为主要债权人的主银行一般不直接申请破产，而是采取各种措施对企业予以救济。具体来讲，主银行制下的事后监督主要体现在以下几个方面：

（1）债务重组。债务重组包括延期还本或延期付息、降低既定利率、全部或部分免除利息偿还等，当厂商的处境非常艰难时甚至将全部债务作为呆账处理等。由于主银行制下企业的资金提供者通常由包括主银行在内的众多银行组成，在对公司债务重组时，其他银行常常委托主银行负责具体的债务重组事宜，这时主银行的活动就受到其他贷款银行的严密关注。在帮助经营危机中企业摆脱困境过程中，主银行承受的利息减免额一般比别的银行高，承担的债权注销份额也比别的银行大。在一些情况下，主银行甚至单独进行利息减免或债权注销。有时，主银行为了得到其他银行继续提供贷款的支持，不得不以承担更多的利息减免和债权注销作为代价。例如，在崇光集团陷入财务困境后，其重组计划中提出要求金融机构减免的债务总额达 6300 亿日元。其中，其主银行兴业银行的减免额达 1800 亿日元，占 28%；另一家主银行日本长期信用银行的债权减免额也高达 970亿日元，占 15%，两者的债权减免比例总计达 43%。①

（2）注入新资本。在对陷入财务困境的企业的债务进行重组的同时，为了使企业尽快摆脱困境，恢复正常运行，还必须继续向企业注入新的资

---

① 方晓霞：《对主银行在企业治理结构中作用的再认识——SOGO 集团破产的启示与思考》，《中国工业经济》2000 年第 9 期，第 36 页。

本，在这方面，主银行也起着主导作用。

（3）派遣经理人员。为了使财务困境中的企业摆脱困境，主银行会重视危机中的企业人事的调整。在这方面，通常的做法是派遣管理人员进入企业的核心领导层，直接控制公司的财务和计划部门，介入企业的重组过程，自主制定并实施各项旨在挽救企业的政策和措施。

（4）敦促企业实施重组计划。当金融机构允许企业进行债务再安排时，会要求企业提供其重组计划。重组计划通常包括企业为摆脱财务困境而计划采取的一系列措施：不良资产的优化、组织机构的调整以及通常要求的裁员，还包括未来现金流量的预测，贷款偿还时间与数额的安排，详尽的债务与利息减免的要求等。重组计划大都是在主银行主持下制定的，在征得其他贷款银行同意后主要由主银行派来企业的经理人员负责实施。

（5）资产拍卖与债务偿还。通过资产拍卖，将拍卖所得收入用于偿还银行贷款是企业重组的一个重要组成部分，而该过程通常是由主银行来主导的。

（6）兼并或收购。除上述各种中短期措施之外，为了确保企业能长期生存下去，主银行通常会安排企业与另一家规模更大的企业进行联营或合并。

四　主银行制下企业资金配置的非效率行为

前述表明，主银行制在战后日本经济的恢复和高速增长过程中，极大地缓解了经济发展过程中企业面临的资金不足。但是，由于这种融资制度是一种非正式契约下依靠惯例运行的机制，而且在企业陷入财务困境时主银行往往给予救助，也导致了关系型融资情况下容易出现的企业软预算约束和锁定等一系列问题的发生。从日本的情况来看，主银行制度下资金配置的非效率行为主要表现为以下几个方面：

（一）封闭型融资情况下资金资源配置的低效率

尽管主银行制下主银行及其相关金融机构大规模的资金支持保证了战后日本经济发展中企业能够获得低成本的资金，但这并不意味着资金配置的高效率。主银行制下，主银行对集团内部企业资金供给和专有信息的垄断，破坏了资本市场公平竞争的原则，挫伤了资本市场对银行和企业的监管积极性，也限制了对投资者利益的维护。出于贷款安全的考虑，主银行往往要求借款企业实施保守、稳健的投资战略，为了获得更多的贷款，借款企业也只有遵从这一要求，这容易导致其利润空间缩小。因此，主银行控制下的企业大多属于风险厌恶型企业，其投资过分偏重于市场扩张、产品设计变化较少以及研发投入少的项目。这也是20世纪90年代以来日本企业技术在竞争上逐渐落后于美国的原因之一。

（二）主银行制助长了企业的过度扩张，容易导致企业的财务风险积累

战后日本许多企业集团的快速发展和大规模的扩张得益于主银行制下源源不断的低成本资金支持。这种资金支持一方面确保了企业与银行之间稳定的合作关系的延续，另一方面也助长了企业过度扩张欲望的膨胀。在主银行制下，虽然银行对企业的日常经营管理实施监督，但在泡沫经济时期金融市场竞争激烈环境下，由于担心企业离开银行从而导致市场份额的下降，日本许多银行对其贷款企业财务管理的监督和控制均较为薄弱，有时甚至容忍和隐瞒企业的财务问题，从而使得许多企业的短期风险长期化。当风险积累到一定程度时，企业的风险也就演变为银行系统的系统性风险。20世纪90年代，日本泡沫经济破灭后日本银行业暴露出来的巨额不良债权就充分地说明了这一点。

以2000年宣布破产的崇光集团为例，崇光集团在国内外的迅速发展和扩张，得益于其主银行兴业银行和日本长期信用银行大量的资金支持。但在崇光集团宣布破产重组过程中，日本兴业银行行长西村正雄在日本国会作证时承认，兴业银行在1994年就已经知道崇光百货公司"资不抵债"。但他同时又辩解说，由于上市的只是由东京、大阪和神户的三家崇光百货店组成的总公司，而崇光集团由水岛前董事长控制得很严密，因此兴业银行对崇光集团整体情况并不了解。这表明，主银行即使是在了解企业的财务困境的情况下，仍继续对其提供资金支持。

（三）主银行制导致了银行经营效率的低下和竞争力的薄弱

主银行制下日本政府人为的低利率政策、对银行市场规模的限制和日本特有的"护航舰队"式的监管体制使得日本的商业银行能够在避免竞争的环境下获得稳定的利差收入和资金来源。处于主银行制中的企业由于在信息、资金来源和危机救助等方面能够源源不断地得到主银行的支持，事实上被"锁定"在主银行的客户群中。这样，主银行也不必担心同业之间的客户竞争。这种制度虽然有利于银行顾客的稳定，但也降低了银行通过金融创新来吸引新客户和稳定老客户的动力。20世纪80年代，虽然日本银行的规模不断扩大，但其盈利能力和水平却并不高，特别是其金融创新的能力与美国商业银行相比要低得多。在泡沫经济破灭后，日本商业银行在国际银行业中竞争能力和金融创新能力的薄弱暴露无遗。

第五章　日本企业董事会治理中的第三配置机制

自 20 世纪 30 年代伯利和米恩斯（Berle and Means，1932）指出了现代股份制企业股权分散下的所有权和经营权分离问题以来，公司治理问题就受到学术界和各国政府、实业界的广泛关注和重视，并成为现代企业理论中一个重要的组成部分。

现代公司治理理论的研究表明，公司治理是一种联系并规范股东（财产所有者）、董事会、高级管理人员和其他利益相关者（如消费者、供应商、竞争者、社区居民和政府）之间权利、责任和义务分配的制度框架。

尽管不同的学者和理论对公司治理有不同的理解①，但所有对公司治理界定的共同之处在于认为公司治理是规范企业内外部利益相关者之间权利、责任和义务的一整套制度安排。它既包括规范企业内部股东、经理人和雇员之间权利、责任和义务的内部治理机制，也包括调整公司股东与企业外部利益相关者之间关系的各种市场制度安排和相应的法律、法规和规则。因此，从资源配置的角度来看，企业的公司治理实际上涵盖了公司内外部资源的各种配置机制。在具体的治理实践中，公司治理是通过企业内外部一系列正式、非正式的制度安排来协调公司内外部各利益相关者之间的关系。正式的制度安排既有通过市场机制调节的市场制度安排，也有通过政府调节的法律、法规和规则等；而非正式的制度安排则属于市场和政府调节之外的企业文化、道德规范、价值观、经营思想、公司愿景、社会

---

① 代理理论认为，公司治理是用以处理各企业各利益相关主体之间权利和责任，以达到企业效率经营的一整套制度安排，即建立一个对各利益相关主体都有效的激励约束机制。基于不完备契约理论和企业所有权理论的公司治理理论认为，公司治理是有关企业剩余控制权和剩余索取权配置的一整套法律、文化和制度安排。这些安排决定公司的目标、谁在什么状态下实施控制、如何控制风险和收益、如何在不同企业成员之间分配的问题。

责任等第三配置机制。这类第三配置机制广泛地存在于公司治理的内外部治理机制之中，并在促进公司治理效率的提高方面发挥着重要的作用。

企业的公司治理机制由内部治理机制和外部治理机制两个部分构成。内部治理机制是指在公司治理的内部边界内，通过一定的组织结构建立股东、董事会与高级经营管理者之间的相互制衡关系，达到三者之间权利、义务、责任的有机结合的一种制度安排。内部治理机制通常是通过按照《公司法》所确定的公司法人治理结构来进行的。具体来讲，它是通过股东大会、董事会和经理层等公司内部的决策和执行机制来发生作用的。内部治理机制由企业的决策机制、激励机制和监督机制构成。外部治理机制由公司外部各种要素市场上的竞争机制构成，即通过产品、资本、信贷和经理人等要素市场上的竞争对公司内部经济主体产生激励约束作用，以达到有效治理的目的。资本市场上的控制权竞争、产品市场和经理人市场竞争以及债权人的监督等构成外部治理的主要途径。

在企业的内部治理中，决策机制和激励机制对企业内部资源配置发挥着直接的主导作用，而在决策机制中，作为企业最高权力机构——股东大会的常设机构，董事会在日常的企业决策中发挥着至关重要的作用。同时，外部治理机制对企业外部资源的配置也发挥着较为重要的作用。因此，我们将对日本企业董事会治理机制中第三配置机制的特征、功能和发挥作用的机制进行分析和探讨。

第一节　董事会的功能及其治理的有效性分析

董事会是股份制企业的最高权力机构股东大会在闭会期间的常设机构，代表股东大会行使企业日常经营的决策权。董事会由符合法定条件的公司内部和外部董事构成，有决策权、执行权、提案权和股东大会召集权等权限。董事会的职责包括：制定公司的经营目标、重大方针和管理原则；挑选、聘任和监督经理人员，并决定经理人员的薪酬与奖惩；提出盈利分配方案供股东会审议；通过修改和撤销公司内部规章制度；决定公司财务原则、资金周转以及召集股东大会等。董事会职能的行使由董事会下设的各委员会完成，如负责公司战略的战略委员会、负责经理人选任和薪酬的提名与薪酬委员会等。董事会的议事和决议实行一人一票制（有时董事长可有两票的投票权）和少数服从多数原则，而每位董事则对自己的投票行为负有限责任。

在企业的内部治理中，董事会处于核心地位。作为公司最高权力机构——股东代表大会闭会期间的常设机构，董事会不仅拥有公司日常经营管理的战略决策权，而且承担了对高级管理人员进行选聘、监督和业绩考核的权利。不仅如此，现代股份制企业中，董事会还兼有对公司内外所有利益相关者的说明责任。因此，董事会已不仅仅只是作为股东利益代表谋求企业市场价值和股东财富价值的最大化，而是已经成为一个社会群体的协调中心，必须处理好企业与其利益相关者的关系。从企业资源配置的角度来看，董事会的运行机制和行为决策涵盖了公司内外部资源的配置机制，董事会治理的有效性也决定了企业资源配置的效率。

一　董事会在企业资源配置中的职能

董事会的职能主要包括监督、战略和资源依赖三个方面的职能。

（一）董事会的监督职能

监督职能是董事会作为股东代表大会代理机构的最为传统和最为基本的职能。董事会的监督职能主要体现在四个方面：对公司高级管理人员（特别是 CEO）的选拔和聘用；激励约束机制的设计；通过制定高管人员的业绩考核标准来考核和评估高管层的工作业绩，并以此为依据来支付其薪酬；利用董事会权力保护股东利益等几个方面（Brickley and James，1987）。董事会可以通过解雇 CEO（Fama and Jensen，1983）、调整高管人员的薪酬水平与结构等方式来履行其监督职能。

董事会行使监督职能的有效性取决于董事会的独立性，而董事会在监督过程中能否保持其监督的独立性受多种因素的影响。（1）董事会的独立性与董事在履职过程中能否有效履行其应尽的职责有关。按大多数国家《公司法》规定，董事的职责包括勤勉职责（也称看守职责）和诚信职责两个方面。勤勉职责要求董事对公司事务付出适当的时间和精力，关注公司经营，并按照股东和公司的利益谨慎行事，即董事必须依据其在公司的职位，合理、谨慎和理性地行使职权。具体来讲，董事履行其勤勉职责时，必须做到诚实善意、具有在同等条件下一个正常理智的人所应有的谨慎态度、理智地相信其行为符合公司的总体利益（李维安、武立东，2002）。诚信职责要求董事在决策时必须诚实善意且合理地相信其行为符合公司的最佳利益。这两方面职责的履行要求董事必须具有充分的专业性和充足的时间保障。然而，现实中，大多数董事由于在多家企业担任董事，很难保证在对单一公司履行其董事职责时达到勤勉和诚信的要求，从而导致董事会的独立性受到影响。（2）董事会的领导结构安排也会影响其独立性。董事会的领导结构是指董事长和总经理两个职位是否合一。如果两者合一，即董事长兼任总经理，则董事会的独立性就会受到影响。（3）外部董事和独立董事的选聘机制也会影响董事会的独立性。理论上，外部董事和独立董事应由董事会聘任，但实际操作过程中，外部和独立董事却往往是由经理层来提名，董事会予以确认。所以，在这种选聘机制下，董事会监督的独立性很难保证。正因为如此，20 世纪 70 年代，美国许多大企业董事会中的董事被作为监管对象的经理层俘房的现象时有发生，董事会监督的职能也日益弱化。

（二）董事会的战略职能

在董事会的监督职能弱化的情况下，董事会的战略职能受到了重视。董事会的战略职能体现在参与公司战略的制定、对不同的公司战略进行评估和选择以及董事为高级管理层提供咨询建议和顾问等方面。董事会在战略参与中的主要责任是代表投资者在对当前战略实施所获得的收益和其他战略可能实现的收益进行比较的基础上，对战略路线本身提出质疑，具体包括审查、质疑、补充各种不同方案并就可行方案达成一致意见，审查战略的制定过程是否完善，检查战略实施的计划安排，监控战略实施等。洛尔施和麦克夫（Lorsch and Maclver，1989）通过调查发现，董事们花了大量时间为 CEO 提供建议，而不是讨论替换 CEO。所以，他们认为，董事会的价值就在于建议和顾问。洛尔施和麦克夫（1989）也发现，董事的建议角色很流行，而且小规模、正在成长的董事会在战略形成中发挥着越来越重要的作用，而大规模董事会则通过委员会来实现战略决策的职能。芬克斯坦和汉布里克（Finkelstein and Hambrick，1996）对董事会和经理层在公司战略决策过程中的参与程度进行了实证检验，分析和对比了董事会和经理层在战略中的不同作用。结果发现，在企业战略决策的不同阶段，董事会参与战略决策的程度依次为：评价战略方案、评价战略结果、选择战略方案、提出战略方案、实施战略；经理参与战略决策的程度顺序则为实施战略、提出战略方案、选择战略方案、评价战略方案、评价战略结果。

（三）董事会的资源依赖职能

20 世纪 70—90 年代，随着企业规模的日益扩大和业务经营的多元化，面对复杂的外部经济环境，为降低企业面临的不确定性，并获得稳定的各种资源，董事会为企业管理层提供各种信息、减少外部环境不确定性和为企业发展谋求各种外部资源的功能受到了重视。普费弗和萨兰西（Pfeffer and Salancik，1978）及普费弗（1987）较早提出了董事会资源依赖的观点。他们认为，董事会中连锁董事的存在有利于确保各项资源的供应，提高企业在不确定的环境中抵御风险的能力，减少企业面临的环境的不确定性，以及与环境依赖关系中的交易费用（Williamson，1984）。赫玛林和韦斯巴克（Hermalin and Weisbach，1988）的研究发现，CEO 将董事们作为形成战略的重要信息来源。关联董事的出现其实就是对董事会资源关系职能的验证，通过这种方式可共享资源，取长补短，增进优势，共促发展。

二　董事会职能发挥的实态及其有效性

（一）董事会职能发挥的实态

尽管理论上，企业董事会具有上述三个方面的职能，但在董事会实际的运行过程中，企业董事会难以同时履行上述三个方面的职能，而只能是根据企业发展的不同阶段以及所处的经济环境，重点突出某一个方面的职能。在公司处于发展的初级阶段，如果面临的外部竞争的不确定性较大，资源有限时，可突出董事会的资源依赖职能。另一方面，市场经济和资本市场发达程度也会导致董事会职能的差异。在市场经济和资本市场发达的国家，企业外部的产品市场、经理人市场的竞争和政府的市场监管均能够充分发挥外部监督的职能。在此状况下，董事会的职能较多地着眼于战略决策。在市场经济和资本市场不发达的国家，外部市场约束力量较弱，董事会的职能较多地着眼于监督职能。然而，一般而言，监督和战略职能是董事会最为核心的职能。OECD 公司治理原则中明确指出，公司治理结构应确保董事会对公司的战略性指导和对经营者的有效监督。董事会最重要的职能在于战略决策以及选择、监督经理人员。由于在法律上和实践上的特殊地位以及较强的信息优势，董事会对经营者的监督居于核心地位，其监督权源自对经营者的委托授权。基于业绩或能力的考核，董事会对经营者的任免有最后的决定权。因此，董事会的监督是强有力的。

（二）董事会治理的有效性

董事会治理的有效性与董事会的特征相关联，董事会构成要素的不同导致了董事会的不同特征，进而对董事会治理的绩效产生影响。一般而言，影响董事会治理有效性的特征因素主要包括董事会规模和结构等。

董事会规模是指董事会的构成人数。传统观点认为，大规模的董事会有利于公司治理绩效的改善。其原因在于：董事会人数较多有利于董事会内部的专业知识、管理知识达到互补效果，更加有利于吸收各方面的意见，降低公司的经营风险。此外，人数较多的董事会往往会有更多的外部董事，外部董事占比越高，董事会的独立性也就越强。但是，近年来，越来越多的学者对大规模董事会的公司治理绩效提出了质疑。利普顿和洛尔施（Lipton and Lorsch，1992）、詹森（1993）等基于代理理论，提出了小规模董事会更有利于提高治理效率的观点。

董事会的结构包括董事会中内部董事与外部董事①的构成、董事会的领导结构（董事长与总经理是否两职合一）、董事会次级委员会的构成等几个方面。理论上，外部董事的比例越高，董事会决策的独立性、专业性和客观性越强，对经理层的监督能力也应越强。然而，现实中外部董事在企业董事会治理中的作用和功能却常常遭到非议。由于外部董事需要较高的专业水平，并且在履行董事职责时对其独立性、专业性和客观性的要求也较高，加之大多数的外部董事通常在多家企业任职，所以，外部董事往往难以胜任董事应有的诚信和勤勉职责。另外，外部董事虽然由董事会任命，但其往往由与其有着密切联系的企业高级管理人员提名，外部董事的任命权被公司 CEO 所控制，并且外部董事的决策信息也来自于内部董事。在此情况下，外部董事决策的独立性和客观性难以保证。

按照代理理论的观点，若董事长与总经理两职合一，则容易导致权力过于集中，总经理可能限制其他董事会成员所获取的信息，导致董事会的监督职能难以实现。因此，董事长和总经理的职务应该分设，以便减少代理成本（Jensen，1993）。然而，基于组织行为学的管家理论认为，两职合一有利于提高信息沟通的速度和组织决策的效率，从而也有助于提高企业的经营绩效。

---

①　外部董事指董事会成员中除执行董事、公司雇员、退休的前任高管、CEO 或董事长的亲属以及公司法律顾问等之外的成员。

通常，董事会需要设置各种专业委员会来分担其承担的各项职责。相应的委员会包括执行委员会、审计委员会、提名与薪酬委员会、战略与发展委员会、预算与筹资委员会等。董事会下各次级委员会的设置有利于董事会内部分工明确，责任和义务明晰，保证董事会运作的专业性、独立性和有效性。但是，董事会次级委员会的设置也会给公司治理带来不利的影响。它间接地扩大了董事会的规模，可能会使董事会机构臃肿、人浮于事，降低董事会的决策效率；另外，它扩大了独立董事的比例，可能会使董事会的决策脱离公司的现实状况，降低董事会决策的适用性，从而降低董事会的决策效率（杨海芬，2005）。

显然，上述有关董事会治理有效性的分析表明，到目前为止，无论是从理论还是从实证的角度来看，基于各种正式制度安排下的企业董事会治理对企业资源的配置仍然存在着失灵的领域。为弥补董事会制度设计中存在的资源配置失灵，董事会治理中相应地也存在着既非市场配置也非政府法律制度安排的第三配置机制。这种配置机制就是建立在资源依赖理论基础之上的连锁董事制度。

第二节 连锁董事制度与董事会治理中的第三配置机制

无论是董事会的监督职能还是其战略决策职能，都是指董事会在既定的资源和环境约束条件下所应具备的功能。事实上，现代股份制企业在其经营过程中通常都面临着资源约束和竞争环境的不确定性。此外，外部董事虽然拥有固定的薪酬激励，但大多数股份制企业对外部董事有限的薪酬支付难以保证外部董事诚信和勤勉工作的激励。在企业董事会治理实践的发展中，针对企业经营中面临的资源约束、市场竞争环境的不确定性以及董事特别是外部董事激励不足的问题，社会资本配置机制——连锁董事制度在现代股份制企业中得以广泛实施。现有实证研究表明，无论是在资本市场较为发达的美国，还是在资本市场处于发展中的中国，股份制企业间的连锁董事现象均较为普遍。① 这表明，作为企业社会资本和企业间网络关系的一种重要表现形式，连锁董事制度在企业资源配置中发挥着重要的作用。

一 连锁董事的内涵和特征

连锁董事是指同时在两家或两家以上公司的董事会担任董事职务的董事（Mizruchi，1996）。如甲是某公司的董事，同时又担任另一公司的董事。此时，甲被称为连锁董事。由甲连接的这两家公司具有共同分享一个董事的连锁关系。现实中，一个董事同时担任两家以上公司的董事比较普遍，而此时围绕该董事成员所形成的具有连锁关系的上市公司可能有 2 个、3 个或者更多。

由连锁董事联结的企业间关联关系构成企业间的连锁董事网络关系。由连锁董事构成的企业间网络关系可以从以下几个方面来分析和判断其特征：

（一）直接性

直接性反映了在由连锁董事构成的企业间网络关系中不同企业之间的连锁关系。如果连锁董事关系中 A 公司的董事甲分别在 B 公司和 C 公司任职董事，那么，对于 A 公司与 B 公司或 A 公司与 C 公司而言，两者之间分别为直接连锁董事关系。但 B 公司与 C 公司之间因同时拥有第三方 A 公司的董事而形成间接连锁董事关系。

（二）紧密度

紧密度是反映连锁董事关系中不同企业间拥有多少共同连锁董事的指标。两家企业之间拥有的连锁董事数目越多，它们的连锁紧密度越高。

（三）方向性

方向性反映了不同企业在连锁董事关系网中所处的位置。一般来说，连锁董事网中的企业分为派送者和接受者两类。如果 A 公司和 B 公司之间所形成的直接连锁董事关系是由 A 公司的董事到 B 公司兼任董事所致，

---

① 杜利（Dooley，1969）对美国 250 家大型上市企业的董监事会结构的实证研究结果表明，99.3% 的企业存在着连锁董监事关系。在全部的 3165 位董监事中，共有 562 人（17.76%）同时担任多个企业的董监事职务。彭宁斯（Pennings，1980）所研究的 797 家美国大型企业中，总数为 8623 位董监事中共有 1572 人同时兼任多个企业的董监事职务（18.23%）；797 家大型企业中只有 62 家企业没有董事会连锁关系（0.08%）。而任兵、区玉辉（2001）对 1998—1999 年两年间中国深沪两地上市公司中销售量最大的 140 家企业的董事会结构调查后发现，一半以上的企业具有连锁董监事，某些企业还具有多个连锁董监事。

此时，A 公司是派送者，而 B 是接受者，方向是由 A 到 B。例如，为监督所贷款或投资公司的运营，商业银行或非银行性金融机构通常会主动派遣本公司的董事到其投资公司兼董事。此时，银行是主动方，所投资的公司是受动方。在连锁董事构成的企业间网络中，派送者在形成的连锁关系中处于相对有利和核心的位置，获得的利益也就最多。

（四）网络规模

网络规模反映了一个连锁董事网的全部企业数量的多少。企业数量越多，所形成的网络规模越大。

（五）董事兼任的连锁董事数量

董事数目越多的董事所在的公司在企业的社会网络中就越处于中心的地位，由此会产生不同于边缘企业的影响（Stokman，Ziegler and Scott，1985）。

二　连锁董事的功能

连锁董事的存在和合理性一直是学术界关注的问题之一。理查森（1987）较早指出，连锁董事存在的原因和功能可以从两个彼此独立而又互补的层面来理解：从企业组织层面来看，连锁董事网络是企业达到经济目的（获取更高的利润）、董事成员之间进行信息交流和政治协调的有用工具。这方面的功能主要体现在资源依赖、财务控制和企业互惠三个方面；从连锁董事个人层面来看，连锁董事关系作为必须拥有某些技能或知识的上流社会成员的交往关系，可以强化精英人士的社会控制权。连锁董事的企业间联系和企业网络有利于董事们组织与管理他们的阶层和阶层分化，促进其对经济、政治和社会活动等的协调。同时，处于同一个阶层的他们凝成一股力量，在促进整体阶层利益的同时，也满足了个人利益的实现。这方面的功能主要体现在管理控制和阶层凝聚和董事个人事业推进三个方面。

（一）连锁董事制度在企业层面的功能

1. 资源依赖功能

连锁董事的资源依赖功能主要体现在，企业利用连锁董事渠道，可以互相利用资源、协调关系、了解对方的财务状况、经营状况以及特定的企业信息，减少外部竞争的不确定性，从而提高经营的效率和生产力（Burt，1983；Au，Peng and Wang，2000）。

在激烈竞争的市场环境中，企业能否立于不败之地，主要取决于企业获取与控制外部资源的能力。此外，资源是约束企业发展的一个重要因素，企业为了避免获取资源方面的不确定性和限制，倾向于与其他相关企业建立连锁董事关系。在竞争激烈和充满不确定性的环境中，企业通常会运用合并、合资或连锁董事等策略性活动来保证各项资源的供应，提高在不确定的环境中抵御风险的能力。当合并、合资等联结的方式受到约束时，连锁董事就是一个很好的替代方法。其原因在于在各项策略性活动中，董事会相互结成连锁关系的方式成本最低，同时可以规避反托拉斯法令的限制（Dooley，1969）。

彭宁斯（1980）认为，依据资源依存方式的不同，企业间董事会连锁关系所代表的意义也有所不同。企业间若是处在垂直依赖（上下游企业）的资源依存关系中，交易双方所建立的董事会连锁关系目的在于提高彼此交易的便利性。在水平依赖（竞争性企业）方式下，企业所共享的连锁董事则扮演一种信差的角色，用以减少彼此的冲突和摩擦。本森（Benson，1975）与伯特（1977）指出，企业所掌握的资源与其在环境中所享有的权利和地位密切相关，即企业所拥有的资源越丰富、越珍贵，就越能为自己争取到较有利的地位。

2. 财务控制功能

连锁董事的财务控制理论认为，在企业发展所面临的不确定性中，资金和财务状况是制约企业发展的最主要的因素。因此，在连锁董事构成的企业网络中，银行和保险公司等金融机构常常会凭借其作为企业资金提供者的优势地位，向一家或多家非金融企业派遣连锁董事，并以此作为监督和控制非金融企业的机制，来保障自身资金和收益的安全（Koening et al.，1979）。另外，非金融企业往往也愿意接受银行等金融机构派遣的董事，这样利于在遭遇临时性的资金周转困难时，能够迅速得到金融机构的资金支持。其结果是，处于信息对称状态的连锁董事能够迅速、准确地向银行传递企业陷入临时性财务困境的原因和状况，缓解两者之间的信息不对称；同时，来自金融机构的连锁董事也会随时监督企业的运营，促进企业稳健运行。

3. 互惠功能

同行业之间的两个或两个以上的企业拥有共同的连锁董事，连锁企业之间既可以通过共谋来抑制同业之间的竞争，也可以通过纵向和横向协调、传播知识、共享信息和声誉等方式来达到共同获益的目的。在美国航空业放松管制的时期，美国航空公司相互之间就采用了增加间接连锁董事的方式来规避放松管制后企业面临的不确定性因素和来自于行业外部的激烈竞争。托马斯、罗伯特和约翰（Thomas，Robert and John，1979）的研究表明，在美国公司的 500 强中有 60% 的公司专门设有"商业关系协调人"这一职位，其主要工作就是去安排有利于双方公司的互惠交易。大公司之间的这种合谋将有利于排挤各自的竞争者，为行业限定"合理"价格，还可以限制供应商的权利，从而给连锁公司双方带来利益。

（二）连锁董事对董事的激励功能

1. 阶层凝聚功能

阶层凝聚功能理论认为，连锁董事是作为凝聚上层阶级或整合社会精英的机制，将一个社会的精英或企业家连锁成一个紧密的人际网络，以此来促进各个董事成员之间情感、价值观、知识经验和观点的不断传递，并由此对整个社会经济产生影响。每个国家都存在一些由企业精英组成的社会团体，这些企业精英具有相同的背景、追求相同的目标、面临相似的问题，因而形成了具有凝聚力的社会关系网络（Burt，1980），而连锁董事正是这种社会关系网络的体现。

2. 管理控制功能

在企业的日常运营中，尽管董事会作为整体发挥着决策、监督和咨询的功能，但董事会作为个体，并不能干涉企业的日常经营管理和运营。相对于管理层而言，连锁董事的作用是微不足道的（Koening et al.，1979）。正因为如此，连锁董事通过连锁关系网罗社会精英，彼此传递各自的知识、经验、价值观等诸多要素。在此网络关系中，作为社会关系网络的成员，这些精英通过网络相互影响，从而形成一致的道德准则和行为规范，并通过社会网络影响和迫使经理层遵守或接受这些道德准则和行为规范。

3. 董事个人事业推进功能

董事在不同企业兼职将有利于提升个人声誉、促进与他人之间的联系以及增加财务薪酬。扎加克（Zajac，1988）认为，个人之所以会同时担任多个公司的董事，主要是基于个人经济上的动机、对声望的追求，或是事业上的成就动机所驱使。

资源依赖的功能将连锁董事看作引入其他组织资源并借此减少企业自身经营不确定性的工具；财务控制功能强调的是连锁董事有利于企业获取资金，但由于掌握资金的组织处于优势地位，因此，连锁董事带给连锁双方的利益是不对称的；互惠功能则强调了连锁董事对连锁双方的协调，有利于抵御行业外部的竞争。这三种功能反映了连锁董事服务于组织的战略意图。阶层凝聚功能体现了连锁董事关系是一种非常重要的社会网络关系，会对企业的行为规范产生重大影响；管理控制理论则将连锁董事看作是向企业决策主体提供政策建议的顾问；董事的事业推进功能则强调了连锁董事对董事个人声誉和事业的影响。

三　连锁董事的资源配置机制[①]

连锁董事功能的发挥是通过一定的方式来实现的。从现有的研究来看，处于连锁网络中的企业主要是通过环境概览、吸收、协调与控制、战略决策模仿、提升公司治理效率等机制来实现企业内外部资源的有效配置的。

（一）环境概览

连锁董事主要通过环境概览的机制来降低面对的环境不确定性，强化与其他企业间的信息沟通。由于连锁董事来自不同的企业和行业，处于连锁董事网络中的企业能够利用连锁董事及时了解外部环境及其变化，及时获取有关社会、经济和商业实践的变化。而这种环境概览机制的运行主要是依赖于连锁董事的信息收集和信息传递。因此，连锁董事环境概览功能的实现有利于企业识别和发现潜在的约束和投资机会，应对所面临环境的不确定性，实现知识和信息的企业间传播，减少企业间的信息不对称程度。

（二）吸收

吸收主要是指企业通过连锁董事在决策过程中对其面临的潜在威胁进行协调和内化，帮助企业规避因资源依赖关系而可能导致的约束，将不确定性转化为确定性。如对于资金相对较为紧缺并面临融资约束的企业，可以邀请与自己有密切往来关系的银行派遣管理人员来企业担任董事，以此内化对银行的依赖关系，而关联银行出于信贷资金安全和监督的需要也乐意派遣董事，并愿意为企业提供相关的财务管理和发展建议。

（三）协调与控制

处于资源优势地位的企业通过向其他企业派遣董事能够达到对其他企

---

① 本部分的内容主要参阅了任兵、阎大颖、张婧婷《连锁董事与企业战略：前沿理论与实证研究述评》[《南开学报》（哲学社会科学版）2008 年第 3 期］的观点。

业控制的目的。现有研究表明，具有连锁董事关系的企业更倾向于组建合资企业或企业联盟，在此过程中，连锁董事发挥着重要的协调与控制作用。

（四）战略决策模仿

在连锁董事所构成的企业网络中，企业通过连锁董事获取信息、知识和商业实践经验，从而推动组织间的学习和对创新行为的模仿。连锁董事之间的企业关联对于直接连锁和间接连锁企业间的战略决策模仿均具有促进作用（Carpenter and Westphal，2001）。这种战略模仿不仅表现在对企业扩张战略方面，而且在企业组织结构的选择方面也体现出来。

豪斯蔡尔德（Hauschild，1993）对美国 1981—1990 年 327 家企业的并购行为的实证研究表明，处于连锁董事网络中的核心企业的并购行为与具有连锁董事关系的其他企业已发生的收购行为存在着显著的正相关关系。而且，这种相关关系广泛地存在于企业的横向、纵向和多元化收购之中。另外，帕尔默、詹宁和周（Palmer，Jenning and Zhou，1993）的研究则发现，连锁董事关系的存在推动了企业组织结构变革中事业部制的采纳和普及。他们的研究表明，具有连锁董事关系的企业在事业部制的组织结构变革方面具有显著的正相关性。

（五）提升公司治理效率

连锁董事关系的存在有利于促进企业 CEO 薪酬水平的提高。哈德洛克（1997）检验了互惠连锁董事关系对 CEO 薪酬的影响。结果发现，与没有连锁董事关系的企业的 CEO 相比，有连锁董事关系的企业的 CEO，其薪酬明显要高得多。格勒卡宁兹等（Geletkanycz et ak.，2001）也对连锁董事对 CEO 薪酬的影响进行了研究，结果表明，CEO 担任连锁董事关系与 CEO 薪酬之间的关系取决于企业的多元化程度。多元化程度越高，两者之间的关系越显著。这两项研究均证实了连锁董事关系对 CEO 薪酬的正面影响。其次，处于连锁关系中的企业难以被恶意收购，有利于企业建立长期稳定的管理层队伍。再者，前述连锁董事管理控制、阶层凝聚和个人事业推进功能的发挥也有利于提高董事的激励效果。

四　连锁董事的资源配置效率

在现实的董事会治理中，连锁董事制度的存在是否有效地发挥了其资源配置的功能，达到了提升企业经营效率的目的？从现有的研究来看，对这一问题的研究结果存在着两种截然不同的结果和观点。

博伊德（Boyd，1990）基于连锁董事的资源依赖功能的观点实证检验了连锁董事对企业绩效的影响。其分析结果表明，企业所处环境的不确定性越高，连锁董事的数量与企业销售增长率和股权薪酬率之间的正相关性就越强。罗森斯坦和怀亚特（Rosenstein and Wyatt，1994）采用事件分析法研究了企业间连锁董事关系对企业价值的影响。他们的研究表明，从连锁董事派遣方的角度来看，向其他企业委派连锁董事的非金融企业，其企业价值会显著下降；而向其他企业委派连锁董事的金融企业，其企业价值会随连锁董事的派遣而显著提高；对于连锁董事的接受方而言，不管是金融类还是非金融类企业，其企业价值都没有发生显著的变化。

有关发展中国家连锁董事与企业绩效之间关系的实证研究也表明，连锁董事关系的存在有利于企业绩效的改善和价值的提升。迈克（Mike，2001）的实证研究结果表明，泰国 200 家上市企业中连锁董事数量以及处于连锁董事网络中的核心企业均与企业业绩正相关。基斯特（Keister，1998）对中国 1980—1990 年 533 家上市公司之间连锁董事的研究结果也显示，连锁董事的数量与企业绩效正相关。他们认为，在中国转轨经济过程中，企业通过连锁董事关系构成企业网络后，有利于相互之间的信息获取和传递，而信息的传递对于转轨经济中的企业提高经营业绩至关重要。所以，连锁关系后面隐藏的是信息交换动机。

也有许多实证研究表明，企业间的连锁董事关系对企业经营业绩会产生负向的影响。弗格期坦和布兰特利（Fligstein and Brantley，1992）以美国 1969 年的前 100 家大型工业企业以及 1969—1979 年进入前 100 家的大型工业企业为样本，以自由现金流、股权回报率、总资产薪酬率、销售利润率、净资产收益率等为企业绩效的测度指标，实证检验了连锁董事数量与企业绩效之间的关系。结果表明，盈利能力与连锁董事数量之间呈负相关关系。米兹乌齐和斯特安斯（Mizruchi and Stearns，1988）采用二元选择的 Logit 模型，对 1956—1983 年全美最大的 22 家上市公司的连锁董事与公司业绩之间的联系进行了实证分析。他们的结果显示企业绩效与连锁董事负相关。

但是，邦延（Bunting，1976）研究发现，连锁董事与企业绩效两者之间并非呈简单的线性关系，而是呈曲线相关关系。即在企业发展的一定阶段内，企业的盈利能力会随着连锁董事数量的增加而提高，超过某一阶段后，企业的盈利能力则开始随着连锁董事数量的增加而下降。

第三节　社长会制度与日本企业董事会治理中的第三配置机制

一　日本企业董事会治理的运行机制和特点

前述表明，董事会是企业内部治理的重要组成部分。正因如此，一国董事会治理的运行机制也就内生于其内部治理的运行机制之中。从发达国家企业内部治理的运行机制来看，根据董事会拥有的决策、监督和执行职能，可以将现存的企业内部治理机制划分为三种不同的模式：第一种模式是以美国企业内部治理为代表的一元单层制，在这种模式中，以董事长为代表的董事会履行业务决策和监督的职能，以 CEO 为代表的经理层负责业务的实行；第二种模式是以德国企业为代表的一元双层制模式。在这种模式下，董事会是业务的决策和执行机构，监事会是监督机构，负责对董事会的决策和业务执行情况进行监督；第三种模式是以日本企业为代表的二元单层制模式。在这种模式中，董事会是法律上的业务执行的决策和监督机构，但社长、经营会和经营委员会是企业的实际决策机构，执行议员会是业务执行机构，监事会负责监督业务的执行。因此，日本企业董事会治理的运行机制内生于日本这种特殊的二元单层制的内部治理机制之中。

（一）日本董事会治理的权力运行机制

自明治维新开始，日本就引入了西方国家的股份制企业制度。在1899 年制定的《商法》中，股东大会被赋予无限的权力，董事在公司章程中没有特别规定时，各自被赋予公司代表权，负责公司的业务。1950年修改的《商法》将董事的职能分化为董事会和代表董事（社长），规定由全体董事组成作为会议体的董事会，履行公司业务决策职能，代表董事负责业务决策执行，且对外代表公司。同时，董事会履行对代表董事业务执行监督的职能。这样，董事会拥有业务决策和监督双重职能，但代表董事只具有业务执行职能，董事则具有决策、执行和监督三重职能。

从法律上看，日本企业董事会的运行类似于美国一元单层制治理模式下的股东利益至上的运行机制。日本《商法》规定，董事会由股东大会选任的董事组成，董事会从其成员中选任董事长和业务执行董事，董事长和业务执行董事至少每三个月必须向董事会汇报一次其业务执行情况。当出现有损公司利益的不正当的业务执行情况时，董事会必须向董事长或业务执行董事提出改正建议。若董事会的建议得不到有效执行，董事会享有对董事长和执行董事的免职权。因此，日本董事会运行中法理上的权力构造为股东大会—董事会—经理层的权力路线。

但是，在实际的运行过程中，日本董事会的权力构造采用的是代表董事（常务会）—董事会—股东大会的权力路线。日本企业的股东大会基本上由相互持股的大股东互派的企业经营者为代表把持。股东大会选出的董事基本上是由企业董事会推荐的内部董事，董事会选举的代表董事（社长）是公司的最高权力者。在代表董事之下，还设有若干专务董事、常务董事和一般董事。代表董事（社长）拥有董事会和监事会的人事任免权。因此，在日本企业的董事会中形成了奇特的人事任免和监督怪圈：董事会选举代表董事（社长），代表董事任命或推选董事或监事，董事再选任代表董事，其必然结果是，代表董事自己选自己、自己监督自己。

在公司的业务决策方面，社长是企业业务决策的最终责任人，但实质上是由社长的辅佐机构——常务会来设定公司的基本业务方针和政策。常务会是以代表董事和没有代表权的业务董事等为主要成员的会议体，是公司重要事项的决策机构和业务执行机构，是一个全方位的管理层，也是日本股份公司中最典型的、最重要的机构。常务会通常由社长、副社长、专务董事、常务董事、会长和部长构成，是企业内部董事的智囊集团和经营执行机构。但常务会并非法定机构，是否设置要依据企业的章程而定。根据日本经济同友会 1996 年所做的一份调查，在被调查的企业中，80% 的企业都设有常务会，其设置依据由代表董事决定。[①] 在设置常务会的公司中，几乎所有在董事会上讨论和决定的事项事先都会在常务会上审议。所以，常务会的开会频率较董事会的开会频率高，董事会也就成为一个追认常务会决议和代表董事人事任免的橡皮图章，处于形骸化的状态（平田光弘，2004）。

（二）日本董事会治理的特点

由于股权结构上的相互持股和董事会运行中的特殊性，日本董事会治理呈现出一些独特的特征。

---

① 日本经济同友会，1996 年，第 136—149 页。

1. 董事会规模较大

由于在实际的权力运行中，董事会只是一个象征性的权力机构，履行着在事后对常务会的决议进行追认的职能，所以，与相同规模的英美等国企业的董事会规模相比，日本企业董事会的规模一般都比较大。根据深尾和森田（1997）的调查，1978 年日本公司董事会的平均人数为 16 人，1990 年为 18 人，1995 年为 19 人，呈逐年增加的趋势；董事会的规模与企业规模成正比，企业规模越大，董事会人数越多。1992 年，资本金达500 亿日元以上的企业董事会人数在 30 人以上的超过了 60%。[①] 1996 年，东京三菱银行董事会的人数达到了 67 人。大规模的董事会导致了董事会决策效率的低下，但是，在日本董事会的运行机制下，董事会仅仅只是常务会决议的追认场所，所以，大规模的董事会反而可能有利于增加对常务会决议判断的稳定性。

2. 在董事会结构上，内部董事占比较高

日本企业董事会中的董事主要来自企业内部。董事长、董事或监事是日本企业内部员工晋升的最终目标，董事是一种身份而不是一种职能。作为一种内部员工晋升的激励机制，董事会的成员主要来自企业内部员工。许多员工在升任董事后仍兼任企业部门或子公司管理人员。当然，在董事会中也有来自企业外部的董事，这类董事主要来自相互持股系列集团的其他企业或主银行，也有来自政府主管部门的退休官员。但这类董事在董事会总人数中的占比不高。根据日本东洋经济新闻社 1993 年所做的调查，在被调查企业董事会总人数 41631 人中，公司内部出身者占比达 74.6%，外部出身者占比为 25.4%。而在外部出身者中，来自相互持股企业、银行、政府部门和商社的比例分别为 62.3%、20.9%、10.8% 和 6.0%。[②]

必须说明的是，20 世纪 90 年代中后期以来，随着日本泡沫经济破灭以及日本企业公司治理改革的发展，许多日本企业如索尼自发地改进了其董事会的比例构成，借鉴美国模式下的独立董事制度，在董事会中引进了大量的来自于企业外部的独立董事，董事会的结构也日趋合理。

3. 董事会的会议频率较低

由于日本企业董事会的规模较大，且董事会仅仅只是常务会决议的追

---

①　深尾光洋、森田泰子：《企业治理结构的国际比较》，日本经济新闻社 1997 年版，第 75 页。

②　《企业系列概览》，日本东洋经济新闻社 1994 年版，第 82 页。

认机构，所以，董事会会议进行的难度加大，必要性也大为降低。在 20 世纪 90 年代中期以前，从定期会议来看，每月召开一次董事会会议的公司不足 10%；30% 的企业年度董事会会议的次数低于《商法》规定的 4 次的要求。不仅如此，即使召开董事会会议，也难以保证有充足的时间让董事讨论相关议题。据统计，日本董事会会议的开会时间在 2 小时以下的占 80%。[①]

二 社长会制度的第三配置功能

从日本企业董事会治理的机制和特点来看，日本企业董事会治理中存在着两个内在的矛盾，即法律规定的董事会权力配置机制与董事会实际运营中的权力配置机制之间的矛盾、缺乏监督的代表董事（社长）的权力过大与高效经营之间的矛盾（佐藤孝弘，2007）。第一个矛盾是：日本《商法》和《公司法》都赋予了股东平等的权利，并且赋予董事会选任和监督董事长的权力，但日本企业股东大会和董事会只是一个事后的追认场所。第二个矛盾是：一般而言，在经理人权力过大且不受监督的情况下，公司经营的合法性和效率性势必会受到影响，经理人滥用权力、渎职和腐败的现象容易发生，但战后以来日本经济发展的现实表明，尽管相对于市场竞争下的企业经营效率而言，日本企业的经营中存在着一系列的问题，总体上看，日本企业的经营效率较高。究其原因，在日本企业特殊股权制度（相互持股）和企业制度（企业系列和企业集团）下，事实上存在着董事会治理中的第三配置机制——社长会制度。社长会制度的存在使得缺乏监督的代表董事和常务会的决策和运营能够受到相互持股的大股东的约束，并在必要时得到大股东的支持，从而保证了企业经营决策和业务执行的合法性和效率性。

（一）社长会制度的形成

战后法人之间相互持股是日本企业股权结构的基本特征之一。在相互持股的法人资本制度和主银行制下，日本企业形成了以大企业、综合商社、主银行为中心的公司系列和企业集团。其中，规模最大，也最具有代表性的是以三菱、三井、住友等日本旧财阀大企业为核心的企业集团，以及以富士、三和、第一劝业银行为核心的银行系企业集团。两大企业集团

① 马连福：《公司内部治理机制研究——中国的实践与日本的经验》，高等教育出版社 2005 年版，第 136 页。

中的三菱、三井、住友、富士、三和、第一劝业等构成了日本企业中最为著名的六大企业集团。六大企业集团以股权的相互持有为纽带，以集团内部各大企业最高负责人组成的集团最高协调机构——社长会为核心，通过集团内部的系列融资、互派职员、集团内交易、设立共同的出资公司、进行多元化的产业配置等来开展新的业务，并通过共同管理商标来强化彼此之间的关系。①

在六大企业集团中，集团内部社长会的设立是企业集团形成的主要标志，也是企业集团的重要特征之一。三菱、三井和住友三大企业集团的原型是战前日本的旧财阀集团。战前，财阀通过其家族控制的控股公司，支配着一大批垄断大企业，形成以控股公司为核心的财阀康采恩。战后，美国占领军将其强制解散，但财阀企业实力犹存。1951年旧金山和会之后，美国结束了对日本的军事占领，放宽了对财阀企业重新结合的限制。在这种情况下，旧财阀大企业又重新集结起来，组合成企业集团。其财阀集团中社长会的成立在很大程度上是为了约束旧财阀集团内的成员企业。如三菱集团于1954年成立的"三菱金翟会"，其目的在于通过社长会来约束想要自立门户的旧财阀的成员企业。该社长会的宗旨明确规定社长会对集团企业间的调整具有裁定权限。住友集团成立的"白水会"是由住友系12家大企业于1951年共同发起设立。其设立的初衷是在成员企业的立场上关注已经解体的财阀，希望社长会成员企业既保持合作又各自独立。其活动主要是通过联络以沟通、密切旧住友集团企业间的关系。联谊会色彩很浓，后来逐渐具有最高决策机关的性质。② 三井集团的社长会——二木会成立于1961年，最初只是集团内各大企业常务董事以上要员参加的聚会，后来才发展成为进行集团内部事务协调的社长会。银行系企业集团的社长会设立的目的最初主要是为了与财阀系企业集团相抗衡。1966年，富士集团的核心企业富士银行成立了不以血缘关系为纽带的社长会——芙蓉会，其成员企业重视资产规模和产业配置。三和集团于1967年结成三水会，其性质近似于高层的联谊会，并且三水会的成员企业之间没有实现预想的相互持股关系，也没有通过三水会实现股东安定化。第一劝业集团于1978年1月结成了三金会，由于该集团中持股比率很高的古河、川崎

---

① 佐久间信夫主编：《企業統治構造の国際比較》，ミネルヴァ書房2003年版，第31页。
② 安冈重明编：《日本経済史講座》，日本経済新闻社1976年版，第269页。

集团独自结成了社长会，轻视三金会的存在，而其余成员企业相互之间持股比率又较低，所以三金会只限于联谊会的层次。

（二）社长会的功能和作用

社长会是就企业集团内成员企业间的共同问题进行协商的机构，是由企业集团中主要企业的最高负责人组成的集团最高协调机构。由于其建立在成员企业的相互持股基础之上，所以，其具有企业集团大股东会的性质。从其功能来看，社长会是企业集团重大战略调整的中枢。从社长会涉及的主要内容来看，工作内容主要是就企业集团或主要成员企业的重大经营战略、重要人事调整及对外方针等进行广泛而深入的协调，并在情报信息交流、集团共同行动的协调和集团成员企业间利害冲突的调节等方面发挥着重要作用。

除第一劝业集团的社长会每三个月召开一次外，其他企业集团的社长会每月召开一次。尽管社长会的议题主要是情报交换、商标商号管理等，但实际上，社长会拥有很大的权限，只不过这种权限是通过协调方式间接行使的。由于社长会具有大股东会的性质①，其会议决议对成员企业具有较强的约束力。这种约束机制对在单一企业中拥有无限权力的社长和常务会的决策和行为能够起到监督作用。在企业集团中，即使一个公司持有的股份不足以支配其他公司，但只要社长会一致反对，公司也不能置之不理。且在日本以和为贵的思想中，公司社长不可能忽视其他社长会成员的反对意见。有时社长会成员继任者的任命也需要社长们共同商量。② 因此，尽管日本企业的股东大会和董事会实际上仅仅只是一个满足法律要求的橡皮图章，但社长会的存在也就在一定程度上弥补了日本企业董事会监督功能的缺陷。

企业集团中社长会的作用主要体现在以下几个方面：（1）对集团的重大战略问题进行协调，调整集团内部企业间关系。集团内成员企业在考虑和决定企业合并、建立共同投资公司、集团发展方向等重大问题时，必须事先经社长会讨论通过。（2）在经济问题上调整与其他集团或大企业的关系，讨论与财界、政界的关系问题以至讨论参加社会事业活动的问题等。（3）介入成员企业的重要人事调整和任命。

---

① 高橋俊夫主编：《コーポレートガバナンス》，中央经济社 1995 年版，第 90 页。

② Mark J. Roe：《アメリカの企业统治》，北條裕雄、松尾顺介译，東洋经济新報社 1996 年版，第 227 页。

当然，我们也应该看到，日本企业集团中的这种社长会制度也存在着一定的局限性。首先，尽管社长会的权力较大，会议议题涉及集团及成员企业的战略、人力资本等重大问题，但它只是一个协调机构，而不是一个议决机构，其决议不具有强制力，决议的执行完全依赖社长会的权威。其次，社长会作为一种非正式的协调组织机构，其会议信息不对外公布，使得各大企业集团之间的竞争更加激烈。

第六章　日本企业激励机制中
的第三配置机制

激励机制是现代股份制企业内部治理中最为重要的资源配置机制之一。在股份制企业所有权与经营权分离的情况下，信息不对称、契约不完备导致的代理问题的存在使得作为委托人的股东的利益目标与作为代理人的管理层和企业员工利益目标发生冲突。激励机制的设计有利于缓解两者之间的利益冲突，使管理层和员工的努力激励与股东财富价值的最大化达到一致。因此，激励机制是企业内部人力资本配置的核心机制。通常，企业主要通过设计包括固定薪酬、奖金、股票及股票期权激励等在内的薪酬激励计划来实现管理层、员工的价值最大化与股东财富价值最大化两者之间的激励兼容。然而，现有有关激励机制的理论和实践表明，这种基于企业经营业绩和市场绩效、以市场调节为主的激励约束机制并不能完全杜绝委托—代理关系下作为代理人的管理层和员工的偷懒、撒谎等道德风险行为的发生，甚至有可能导致经理人的短期行为、激励过度、激励不足或过度的风险选择等一系列不利于股东财富价值最大化的道德风险行为的发生。因此，在薪酬激励之外，声誉和荣誉、雇佣、选拔和职务晋升等第三配置机制也被广泛应用于企业激励机制的设计之中，并成为弥补薪酬激励机制不足的重要组成部分，在股东对经理人和员工的激励中发挥着重要的作用。在本章，我们从人力资本配置机制的角度，首先分析建立在正式合约基础之上的薪酬激励机制的功能及其局限性，进而分析和探讨企业激励约束机制中第三配置机制的表现形式、功能、作用机制及其有效性，在此基础上，我们重点分析日本企业激励机制中的终身雇佣制、年功序列制、内部晋升、企业内工会等第三配置机制的功能和作用。

第一节　薪酬激励机制的功能及其局限性

从理论上看，包括薪酬激励、剩余控制权和经营控制权、声誉和荣誉、选聘与解雇等在内的激励约束机制可缓解股份制企业人力资本配置中内生存在的代理问题，降低代理成本。但在现实的企业公司治理实践中，基于契约设计遵循市场调节的原理和现实的可操作性，大多数国家（特别是资本市场高度发达的国家）的企业所构建的经理人和员工激励机制主要以薪酬激励为主。随着金融市场上金融创新的发展，以股票和股票期权为主体的薪酬激励在激励机制中所占比例日益增加，发挥着越来越重要的作用。然而，大多数国家企业公司治理的实践也表明，无论是以企业经营业绩为考核基准的固定薪酬和奖金激励，还是以企业市场表现为基准的股票和股票期权激励，其激励功能和作用的有效发挥均取决于特定的企业内外部治理环境，并非能够达到完全的激励有效。

一　薪酬激励的构成及其变化趋势

一般而言，企业经理人和员工的薪酬激励合约主要由年度基本薪金、依据年度财务业绩的年度奖金、股票期权①和长期激励计划（包括限制性股票②和基于多年财务业绩的绩效奖金以及退休计划等）构成。年度基本薪金和依据年度财务业绩的年度奖金属于企业的短期薪酬激励计划，而限制性股票、股票期权、基于多年财务业绩的绩效奖金和退休计划等则属于

---

①　股票期权激励是指企业授予其经理人和员工在一定的期限内（如5年），按照期权激励合约事先约定的固定价格购买一定份额的本公司股票的权利。股票期权是一种受益权，持有者享受期权项下的股票因价格上涨而带来的利益的权利。在期权到期时，无论到期日企业股票的市场价格如何，享有期权的经理人和员工只需支付约定的期权价格，就可得到期权项下的股票。显然，在期权的到期日，只有企业股票的市场价格高于期权合约中约定的行权价格时，经理人和员工才会行权，并通过行权获利。正因为如此，股票期权被用作一种企业的长期激励机制，以激励经理人和员工在期权期内努力经营。

②　限制性股票是专门为了某一特定计划而设计的激励机制。所谓限制性股票是指公司高级管理人员和员工获得和出售这种股票的权利受到限制，亦即经营者和员工对于股票的拥有权是受到一定条件限制的（比如说，限制期为3年）。经营者和员工可以低于市场价格或完全无成本地获得限制性股票，但他们在限制期内不得随意处置股票，如果在这个限制期内经营者或员工辞职或被开除，股票就会因此而被没收。公司采用限制性股票的目的是激励高级管理人员和员工将更多的时间精力投入到某个或某些长期战略目标中。

长期薪酬激励计划。长短期薪酬激励在经理人和员工的激励机制中各自发挥着不同的作用，随着企业面临的内外部环境的变化，长短期薪酬激励在总薪酬中的占比也在不断地发生着变化。

（一）短期薪酬激励功能及变化趋势

短期薪酬中的年度基本薪金是经理人和员工薪酬激励中最为基础的部分。其特点在于稳定可靠，没有风险，发挥着基本保障的功能，是企业薪酬合约中唯一不含激励因素的成分。一般而言，公司当前业绩的好坏直接决定了经理人未来几年基本薪金水平的增减，即基本薪酬具有提前决定性。20 世纪 80 年代以前，基本薪金在经理人和员工的薪酬激励计划中所占比例较高。但随着金融市场上金融创新的发展以及股票和股票期权在薪酬激励计划中所占比例的上升，基本薪酬在经理人和员工薪酬激励中的比例呈逐步下降的趋势。尽管如此，无论是经理人还是员工对年度基本薪金都仍然给予了高度关注。其原因在于，作为整个薪酬合约中的固定组成部分，经理人和员工更偏好薪酬水平的增加体现在年度基本薪金部分而非"可变薪酬"部分（如奖金等）。此外，薪酬水平中的年度奖金和绩效奖金都是以基本薪金作为参照标准制定的，比如奖金通常为基本薪酬的一个百分数（Murphy，1998）。

年度奖金通常与公司的年度经营业绩相关联。典型的奖金计划通常包含了绩效衡量、绩效标准和薪酬业绩关系结构三个方面的内容。在一个典型的奖金计划中，企业会分别设有"绩效下限"和"奖金上限"。只有公司年度绩效超过"绩效下限"（通常是标准绩效水平的一个百分比）时，公司才会发放奖金。奖金的额度随着业绩水平的上升而上升，但总额度不会超过"奖金上限"（Murphy，1998）。

（二）长期薪酬的作用及其变化趋势

在长期薪酬激励中，由于限制性股票和股票期权在 20 世纪 90 年代以后得到了广泛的应用，有关长期性薪酬激励的研究也主要体现在这两个方面。

限制性股票激励计划可以看作是行权价格为零的一种欧式看涨期权。因此，其激励的效果同股票期权一样，有利于将经理人和员工的利益和股东的利益联系在一起。从不同行业和性质的企业来看，限制性股票在化工、机械和制造业等行业运用得较为广泛，在以研发为主的公司的应用比非研发类公司的应用要广泛（Kole，1997）。根据墨菲（Murphy，1998）

的调查，1996 年构成标准普尔 500 指数（S&P 500 Index）的样本企业中将近 28%企业对他们的 CEO 实施了限制性股票激励计划；阿格阿威尔（Aggarwal，2008）的研究则表明，在整个 20 世纪 90 年代，限制性股票的使用呈现出了下降的趋势，并逐渐被股票期权所取代。但 2000 年以后，随着美国 IT 泡沫经济破灭后的股市下滑和期权费用的上升，限制性股票的使用又有所增加。

从代理理论的角度来看，将股票和股票期权引入企业经理人和员工的薪酬激励计划中的根本目的在于将经理人和员工的财富与企业未来股票价格的变化直接相联系，以激励管理人努力工作，达到股东财富最大化的目的。股票和股票期权主要通过两种途径来达到对经理人激励的目的。（1）将经理人的薪酬与公司业绩相联系，增加经理人薪酬激励的业绩敏感性。当股东由于信息不对称和契约不完备而无法完全观测经理的行为和企业面临的投资机会时，经理人就有可能出于自身利益的最大化而采取有悖于股东财富价值最大化的道德风险行为。此时，股票和股票期权等基于股权的薪酬激励契约将经理的财富同股票价格相联系，可以增加薪酬激励的业绩敏感性，缓解经理层与股东之间的代理冲突（Jensen and Meckling，1976；Hall and Liebman，1998）。（2）降低经理人的风险厌恶程度，增加经理人薪酬对企业价值变动的凸性。史密斯和舒尔兹（Smith and Stulz，1985）认为，由于经理的人力资本及财富的不可分散性，经理人通常表现出风险厌恶的特征。风险厌恶的经理人可能会放弃具有较大风险但净现值为正的投资机会，导致投资不足问题的发生。将股票期权引入经理人的薪酬激励契约将增加薪酬激励对企业价值变动的凸性，使经理的财富成为公司业绩的凸函数以降低经理的风险厌恶程度，减少与风险厌恶相关的代理问题。

二　薪酬激励机制有效性的激励相容原则

（一）激励契约设计中的激励相容原理

现代代理理论的研究表明，有效的激励机制的设计必须满足委托人和代理人在激励契约中的激励相容。所谓激励相容，主要是指在信息不对称和契约不完备的情况下，由于代理人和委托人行为目标的不一致，代理人的行为有可能偏离委托人的目标函数，而委托人又难以观察到这种偏离，无法进行有效的监管和约束，从而容易导致代理人损害委托人利益的逆向选择和道德风险行为的发生。为使代理人的行为选择与委托人的利益目标相一致，委托人需要设计一种机制，将代理人的利益与委托人的利益相捆绑，以激励代理人采取最有利于委托人的行为，并在行为实施过程中能够主动地显示自己的类型和品质，达到代理人效益效用最大化与委托人利益最大化。

在经理人薪酬契约的设计中，为达到激励相容，契约的设计必须满足两个基本的约束条件。第一，个体理性约束条件。即保证经理人参与并接受薪酬契约的约束条件。这一条件要求选择某一激励合约所能得到的期望效用不能小于他不选择该激励合约时所能得到的保留效用①水平，否则，理性的经理人就会拒绝委托人提出的薪酬契约。第二，激励相容约束条件。即保证经理人从委托人所希望的行为选择中获得的效用必须不小于经理人选择其他行为中获得的期望效用。个体理性约束保证了契约的可行性，而激励相容约束则保证了契约的可执行性。只有两个条件同时满足，经理人激励契约才能成为一个可行和可实施的激励机制。

（二）激励相容的理论模型解释②

我们以一个简单的委托—代理模型来进一步说明经理人薪酬契约的激励相容原则。

1. 模型的基本假设

模型中的经济主体为一个代表性的委托人（股东）和一个代表性的代理人（经理人）。两者均为风险中性或风险厌恶。

E 为经理人可供选择的努力水平的集合。e 是一维决策变量，$e \in E$ 表示经理人选择的努力水平。由于经理人努力的边际效用递减，所以，经理人是努力厌恶的。假设经理人的努力成本函数为 $C(e)$，且 $C' > 0$，$C'' \geq 0$。由于 $C' > 0$，所以，经理人在执行委托人的委托任务时存在着偷懒的动机。

企业的产出 Q 决定于经理人选择的努力水平 e，且是 e 的严格递增函数 $q(e)$，但是也受到市场因素 η 影响而存在一定的不确定性。因此，生产函数表示为 $Q = q(e, \eta)$。在给定 η 的情况下，管理层付出努力程度越高（越低），企业的产出越大（越小）。$q(e, \eta)$ 的直接所有权属于企业所有者，即股东。其中市场因素 η 是不受股东和管理层控制的外生随机变量，即自然状态。$\eta \in \Pi$，Π 表示 η 的取值范围，η 在 Π 中的分布函数和密度函数分别为 $F(\eta)$ 和 $f(\eta)$。经理人的努力程度与自然状态相互独

---

① 保留效用是指经理人从经理人市场上理应获得的平均薪酬中得到的效用。
② 该模型参考和借鉴了邵科（2009）第三章第一节中基本模型的内容。

立，即在经理人选择努力水平 e 后，自然状态 η 实现，两者相互独立，但共同作用实现企业产出。

在信息不对称的情况下，只有经理人能够观察到自然状态的情况，而股东是无法观察到的。因此，企业实现产出时，股东只能观察到一个可观测的结果 π，该结果与企业的实际产出 Q 以及信息不对称的程度 θ 相关，表示为 $\pi = \pi(Q, \theta)$，但企业的实际产出 Q 是不为经理人以外的企业利益相关者（股东和债权人）所观察。信息不对称程度越高（越低），可观测结果与企业实际产出的偏差越大（越小）。因此，在不考虑信息不对称的条件下，可观测结果 π 与企业产出 Q 是一致的，即 $\pi = Q = q(e, \eta)$。但若存在着信息不对称，则股东观察到的结果 π 和企业产出 Q 不完全相同。

在委托—代理关系下，股东通过与经理人签订薪酬合约的方式将企业的生产经营管理权委托给经理人。股东依据其所能观测到的经营结果支付给经理人的薪酬 $w(\pi)$。假设经理人的收入仅仅来自于激励合约，经理人无法通过经营管理活动得到其他的私人收益。

在上述假定下，股东效用函数为 $U^p(\pi) = U^p[\pi - s(\pi)]$，即股东的效用是指企业可观测的经营绩效减去支付给经理人薪酬后的效用；经理人的效用函数为 $U^a(\pi, C) = U^a[s(\pi) - C(e)]$，即经理人的效用为货币薪酬收入效用减去自己付出努力成本 $c(e)$ 后的效用。

2. 激励相容的最优薪酬合约

在上述假设条件下，根据委托—代理关系下的最优激励相容薪酬合约所应满足的条件，我们可以得到如下经理人最优努力行为选择的薪酬合约：

$$Max E[U^p(\pi)]$$

s. t.

$$U^a[s(\pi) - C(e)] \geq \bar{\mu}$$

$$U^a[s(\pi) - C(e)] \geq U^a[s(\pi) - C(e_0)]$$

考虑到自然状态的不确定性，以及在最优契约中，股东所观测到的收益应与企业实际的产出相一致，最优的薪酬合约应为：

$$Max \int U^p[q - s(q)]f(\eta)d\eta$$

s. t.

$$\int U^a \{s[q(e,\eta)]\}f(\eta)d\eta - C(e) \geqslant \overline{\mu}$$

$$\int U^a \{s[q(e,\eta)]\}f(\eta)d\eta - C(e) \geqslant \int U^a \{s[q(e_0,\eta)]\}f(\eta)d\eta - C(e_0)$$

上述最优合约中的约束条件一为经理人的个体理性约束条件；约束条件二为经理人的激励相容约束条件。在两个约束条件同时具备的情况下，经理人依据自然状态的实际值选择唯一的努力程度以最大化自身效用，并且实现一定的企业产出，实现股东价值的最大化。

三　企业薪酬激励的有效性

尽管从代理理论的角度来看，从激励相容的角度来构建一个能够缓解信息不对称和契约不完备下经理人与股东利益冲突的最优薪酬合约是可行的，但从现实中企业薪酬契约实施的效果来看，现有的实证研究结果并非完全支持理论研究的结论。现有研究表明，以薪酬激励为主的经理人激励约束机制在经理人激励方面存在着一些内在的缺陷。

（一）薪酬激励效果的实证经验证据

自 20 世纪 70 年代以来，经理人薪酬激励有效性引起了经济学家的广泛关注。早期的研究大都支持经理人薪酬激励有利于提升企业业绩的观点。如早在 1971 年，梅森（Masson, 1971）利用美国航空、化学、电子等行业中 39 个公司的管理层收入数据，从薪酬绩效敏感性的角度研究了管理层激励与企业绩效之间的联系。尽管实证结果不显著，仍然能够说明经理人的薪酬激励与企业业绩之间存在一定的正相关关系。而考兰和施米特（Coughlan and Schmidt, 1985）有关美国 149 家上市公司 1978—1982 年经理人现金收入与企业绩效相关性的研究则表明，经理人的收入变化与企业市场绩效（股票价格）之间存在着显著的正相关关系。

但 20 世纪 90 年代以来，大多数的实证研究则显示，尽管经理人的薪酬水平有了大幅度的提高，且股票和股票期权在薪酬激励中的占比也在不断上升，但薪酬激励对企业业绩的影响并不明显。如詹森和墨菲（1990）基于 1974—1986 年期间美国企业 10400 名经理人薪酬收入数据的实证研究表明，经理人薪酬（包括现金、股票、期权等）的业绩敏感性为 0.325%（股票及期权的薪酬业绩敏感性为 0.25%）[①]。而墨菲（1998）

---

① 詹森、墨菲（1990）和墨菲（1999）将经理人的薪酬业绩敏感性定义为经理人薪酬随股东财富价值变化的百分比，或股东财富每增加 1000 美元时经理人薪酬变化的数量。

的研究进一步显示，尽管股票期权的增加提高了经理人整体的薪酬业绩敏感性，但 1992—1996 年，标准普尔 500 指数样本企业 CEO 的薪酬业绩敏感性均未超过 0.60%。

另外，自 20 世纪 80 年代以来，在英美等发达国家，经理人的高额薪酬以及薪酬的快速增长引发了股东的不满，股东诉讼案件不断增加。1970年，幸福 500 家大公司的 CEO 的平均年薪为 40 万美元。到 1980 年，CEO年薪超过百万美元的公司比比皆是。1985 年，美国年营业收入在 50 亿美元以上的企业，所有执行董事的年薪都在 40 万—67 万美元之间。1988年，美国最大 300 家公司的 CEO 的平均年薪高达 95.2 万美元。[1] 高额的薪酬支付引发了股东的广泛不满，诉讼事件也不断发生。根据美国 WY-ATT 公司的调查，20 世纪初，幸福 1000 家大公司中，没有一家涉及股东诉讼案。1978 年，有 1/10 的公司的董事和经理人陷入股东诉讼；1985 年有 1/6 的公司董事卷入股东诉讼赔偿案。[2] 21 世纪以来，欧美等大国公司经理人员的高额薪酬进一步引起各国政府和股东的关注。安然、世通等大公司破产案中所暴露出来的公司高管人员为获得高额薪酬而进行的业绩造假丑闻、2008 年全球金融危机中所显露出来的金融机构高管人员为获得高额薪酬而从事的各种过度风险追逐等都进一步显示出了薪酬激励的失灵。

（二）薪酬激励失灵的原因分析

1. 短期薪酬激励的局限性

包括年度基本薪金和基于年度业绩的奖金的短期薪酬激励的有效性的发挥实际上面临着公平平等问题和业绩考核指标问题两个方面的障碍。

（1）公平平等问题。企业经理层常常持有"公平平等制度"（或平等权益体系）更为优越的观点和理念，即对待组织内同一水平的雇员应公平和平等。这种观点认为，如果对同一级别的雇员在薪酬上加以区分，会有损雇员的情绪士气。例如，若某位同事获得较高的津贴，则其他雇员则会备感沮丧。这种不平等的净效应会挫伤雇员的士气并最终对生产力产生影响。尽管难以从经济上解释"公平平等制度"的适用性，但它确实影响企业薪酬制度，并阻碍了按业绩支付的激励性管理薪酬计划的推广。

---

① 李维安、武立东：《公司治理教程》，上海人民出版社 2002 年版，第 3—4 页。

② 同上书，第 5 页。

（2）业绩考核指标的设定问题。在对基于年度奖金进行决策时，企业年度业绩考核和评价指标的选择尤为重要。通常采用的指标包括财务指标和非财务指标两类。财务指标包括经营指标（销售额）、会计指标（会计利润和收益率等）和股票市场价值指标（股票市场价格和股票回报率等）。这类指标具有客观的计量标准，因而也称为客观指标。非财务指标中既包括可客观度量的客观指标，如客户满意度、市场占有率以及一些其他战略目标指标等，也包括雇员个人相对于组织的估计价值的主观指标。然而，无论是客观指标还是主观指标均存在内在的缺陷。

就客观指标而言，其主要存在以下几个方面的缺陷：第一，以客观指标来衡量经理人的业绩会导致经理人的短期行为选择，而忽视企业的长期发展和战略实现。例如，若以年度会计利润来评估经理业绩，则经理人往往会为了短期利润而牺牲企业的长期盈利。第二，由于评价体系的变更会触犯经理人的既得利益，客观指标评价体系一旦设定，往往就很难改变。即使客观指标评价体系的改变在经济上可行，但也存在着较高的成本。经理人对业绩评价体系改变的预期会弱化薪酬激励机制事前的激励功能。第三，以财务指标作为经理人绩效评价标准存在的最大问题是难以克服经理人的盈余操控行为。第四，在以客观的财务指标作为评价标准时，难以剔除管理无法控制的影响因素。[①]

尽管以客观的财务指标作为业绩评价的标准存在着诸多的缺陷，但以非财务指标为主的主观评价在实际应用中更难以操作。主观评价需要准确估计每个经理人相对于组织的价值。而这种估计具有很大的主观性和弹性，以致在技术上操作困难。同时，依靠主观评价几乎无法将个体价值从组织团队中分离出来。此外，绩效评估者与被评估者之间往往缺乏信任，被评估者往往怀疑评估者是否准确地评估了他们的业绩。计量标准越主观，这种怀疑就越强烈。因此，试图通过主观性标准准确评估管理业绩在现实中很难做到。

2. 长期薪酬激励的局限性

包括限制性股票和股票期权在内的长期薪酬激励存在的局限性主要有以下几个方面：

（1）经理人对薪酬合约设计的控制。一般而言，对于股份制企业而

---

① 谢军：《公司内部治理机制研究》，博士学位论文，厦门大学，2003 年，第 42 页。

言，企业薪酬机制的设计主要由董事会中的薪酬委员会来负责。若要保证薪酬决策的独立性，就需要董事会中的薪酬委员会在薪酬的制定和业绩评价方面保持高度的独立性和权威性。但在现实的董事会外部董事的选聘过程中，企业的高级经理人员往往具有实质上的决定权，导致原本在企业内部治理中处于监督地位的外部董事被内部经理人俘虏。经理就能够从自身利益出发，对薪酬合约的设计和绩效的评估施加直接或间接的影响。他们能够设计其自身的薪酬计划，包括对期权奖励的时间选择，而同时将薪酬委员会的职能限制在对管理建议的审批上。在很多情况下，经理常常直接参与薪酬条款的制定，有些 CEO 甚至成为薪酬委员会的成员。有时，CEO 还会通过各种渠道贿赂收买设置薪酬的董事。此外，招募任命董事会及其下属委员会成员的程序往往也落入 CEO 的控制之下。这一切都使得薪酬委员会丧失了其独立性和权威性。

（2）经理人的盈余管理行为。以限制性股票和股票期权作为经理人薪酬的构成部分使得经理人在行权之前或行权过程中存在着对企业财务会计信息进行操纵的动机和可能。科恩等（Cohen et al., 2005）认为，1997—2002 年，美国企业盈余管理持续增加、经理人冒险行为活跃的一个重要原因是股票期权和其他基于股权的薪酬增加。陈和沃福德（Cheng and Warfield, 2005）对 1993—2000 年美国企业数据的研究表明，在收益披露后的 1 年内，拥有较多股票或股票期权的经理人更有可能变现。伯格斯特斯和菲利逢（Bergstresser and Philippon, 2006）发现，在股权激励占总薪酬比例较高的企业中，CEO 往往利用可控应计利润等会计手段来披露高收益。此外，在高收益披露后的一年内，CEO 通常会大量执行股票期权并且卖掉大量的股票。由此可见，股权薪酬补偿增强了经理人进行盈余管理的动机。

（3）经理人的风险行为选择。由于期权的价格与标的股票价格的波动率成正比，对具有高负债水平的企业而言，股票期权有可能引致管理层在投资决策时偏向高风险的项目以增加资产收益的波动性，从而增大企业的风险（Smith and Watts, 1992）。科尔等（Cole et al., 2006）对美国企业 1992—2002 年 CEO 薪酬结构分析后发现，较高的 CEO 薪酬业绩敏感性会让企业选择风险较高的项目和投资。另外，也有部分研究认为，股票和股票期权不仅不能增加经理人薪酬对企业价值的凸性，刺激经理人承担风险；相反，还会抑制经理人的风险激励。在假定管理层期权风险不可分散的前提下，卡彭特（Carpenter，2000）考察了股票期权如何影响管理层对企业价值波动性（股票价格波动性）的动态调整。研究结果表明，更多的期权激励实际上并不一定会导致管理层寻求更大的风险，缓解管理层与股东之间有关风险的利益冲突，在某些情况下甚至可能恰恰相反。而罗斯（Ross，2004）构建的委托—代理模型表明，股票和股票期权合约对经理人风险激励的效果取决于经理人的效用函数的性质。

第二节　激励机制中的第三配置机制分析

尽管现代激励理论强调了正式的薪酬激励合约在企业激励机制中的作用，但前述表明，由于信息不对称、契约不完备和经济主体的有限理性，薪酬合约的激励效果是有限的。正因为如此，在现实的企业激励机制中，除薪酬激励之外，尚存在着一系列建立在非正式合约基础之上的隐性的激励机制。作为企业激励机制的重要组成部分，这类非正式的隐性激励机制在企业人力资本配置中发挥着克服因信息不对称、契约不完备和经济主体有限理性所导致的薪酬激励效果有限的功能和作用。与薪酬激励契约不同，这类激励机制的特征主要体现在其是一种非正式的隐性契约，属于一种企业内部人力资本配置中的第三配置机制。具体而言，这类激励机制包括声誉（荣誉）激励机制、内部职务晋升激励机制、控制权激励机制等。

一　声誉激励机制

声誉是市场经济主体在长期的重复交易中所形成的名声和荣誉，是个人信用的基础。企业经理人的声誉是在通过其生产的产品与消费者多次反复使用的过程中，所形成和具备的消费者对生产经营者的一种信赖关系。在经理人市场上，经理人的声誉既是经理人长期成功经营企业的结果，又是经理人所拥有的创新、开拓、经营管理能力的一种重要证明（李春琦，2002）。维护良好的个人声誉已成为现代企业经理人激励机制的重要组成部分。

（一）声誉的长期激励效应

1. 声誉激励满足了经理人追求成就、实现自我价值的精神需要

现代管理心理学的研究表明，追求事业的成功、良好的荣誉和高贵的社会地位，享有权力，受人爱戴和尊重是人的内在需要。美国著名心理学

家马斯洛（Maslow，1943）在其提出的著名的人类需要层次论中，将人类复杂多样的需要归纳为生理需要、安全需要、社交的需要、尊重的需要和自我实现的需要五种，并认为，这五种需要按次序由低到高逐级递升，低级需要基本满足后，高级需要就会占据主导地位。其中，前两种需要是人类的最基本需要，是推动人们行动的基本动力；后三种较高层次的需要则是人们的心理上的精神需要，反映了人们在基本的生理需要得到满足后，追求个人事业成就和自我价值实现的需要。对于企业经理人而言，前三种需要的满足程度较高，而尊重的需要和自我实现的需要满足程度一般较低。因此，后两种需要对企业家而言更为稀缺，激励作用最强。在现代企业中，职业经理人努力经营，并非仅仅为了得到更多的薪酬，还期望有所成就和作为，期望通过企业的发展证实自己的才能和价值，并获得大家的尊重和欣赏，达到自我实现。虽然高薪酬在一定程度上代表了对其社会价值的衡量和认可，但高薪酬所带给企业家的具有比他人更优越地位的心理满足，是不能完全替代良好声誉所带给企业家对自我实现需要的满足。在西方企业中，对企业家较高层次需要的激励形式表现为赋予企业家重要的社会地位，或以企业家形象和价值观为代表的企业精神和企业文化。因此，追求良好的声誉是经理人追求个人事业成就感和自我价值实现的需要。

另外，麦格雷戈（Mcgregor，1960）将自尊需要（包括自重、自信、自主、成绩和知识等方面的需要）和声望需要（包括地位、赞赏和受人尊重等）视为人的自我需要，并认为满足这种精神方面的需要对管理层（经理人）最具有意义。麦克利兰则认为，经理人的主要需要有成就的需要、权力的需要和归属的需要。无疑这三种需要都属个人声誉方面的需要。麦克利兰指出，经理人将成就需要、权力和归属等方面的满足和激励看得比金钱更重要，对经理人给予这方面的激励与满足，能够激发经理人的工作热情，促使其努力经营。

2. 声誉激励是一种基于信任的长期激励机制

基于经济学的激励理论从理性人的角度出发，研究了声誉的价值，认为经理人追求良好的声誉是为了获取长期利益的最大化，是长期动态重复博弈的结果。在信息不完全和契约不完备的情况下，声誉的形成需要一个长期的过程。声誉以信任为前提，而信任需要通过重复多次才能形成，声誉也就是由在这种长期交往过程中表现出的彼此诚信所决定的（黄群慧、李春琦，2001）。

自亚当·斯密开始，长期以来，经济学家一直将声誉作为保证契约诚实执行的重要机制。特舍（Telser，1980）指出，由于存在着丧失未来收益的威胁，为使双方缔结的合同能够自动实施，即使每一方都意识到另一方是狭隘自利的，出于声誉的考虑，包含潜在机会主义行为的交易也会持续下去。新制度经济学认为，重视个人声誉是一种良好的意识形态资本，这种资本可以减少社会经济生活中的道德风险，起到对人的行为的激励作用。

20 世纪 70 年代，随着博弈论在经济学研究中的广泛应用，经济学家运用博弈论的研究方法构建了有关经理人声誉激励的规范分析模型。拉齐尔（Lazear，1979）首次通过构建一个博弈模型证明了在长期的雇佣关系中，作为声誉抵押的工龄工资制度可以发挥遏制员工偷懒行为的功能。随后，法玛（1980）、克雷普斯、米尔格罗、罗伯茨和威尔逊（1982）、米尔格罗姆和罗伯茨（1982）等将动态博弈理论应用于代理问题的分析框架，构建了不完全信息条件下有限重复博弈的理论模型，并分析了在存在多次重复博弈的代理关系下竞争、声誉等激励机制对经理人的激励效应。

法玛（1980）认为，在竞争性经理市场上，经理的市场价值决定于其过去的经营业绩。经理为了提高未来的收入，必须改进自己在经理市场上的声誉。因此，即使没有显性激励的合同，经理也会积极努力工作。

克雷普斯、米尔格罗、罗伯茨和威尔逊（1982）通过构建有限重复博弈下的合作行为的标准声誉模型，论证了声誉对经理人的激励效应。模型的分析结果显示，博弈行为的每一个参与者对其他参与者支付函数或者战略空间的不完全信息对均衡结果有重要影响。即使博弈的次数是有限的，但只要博弈重复的次数足够多，合作行为也会在有限次博弈中会出现。声誉为关心长期利益的参与者提供一种隐性激励以保证其短期承诺行动，并因此成为显性合约的替代品。

霍姆斯特龙（1982）在吸收法玛（1980）基本思想的基础上，构建了一个代理人声誉模型。模型分析的结果表明，经理人工作质量的好坏是其努力和能力的一种信号，经理人的工作质量差实际上是向市场上传递一个差的信号。因此，这类经理人也难以得到人们对他的良好预期，不仅内部提升的可能性下降，而且被其他企业重用的概率也很小。因此，鉴于外部声誉压力的存在，经理人为了未来事业的发展，一般不可能会偷懒。

从制度经济学的角度来看，守信、履约等良好的意识形态是一种人力资本,具有这种人力资本的人往往不太可能"搭便车"或违反规则,从事机会主义行为的可能性也较小。对于职业经理这样的特殊人力资本来说,声誉机制可以作为经理市场中关键信息的披露机制,用于解决信息不对称所产生的"逆向选择"问题。另外,声誉信息具有公共产品的特征,能产生正的外部性,使许多相关者同时受益。但在这里,信任是声誉形成的基础,也是人们经济交往和团队合作的前提。

（二）声誉机制发挥作用的前提条件

声誉机制建立在经理人与委托人长期重复博弈的基础之上,声誉作为一种公共信息,向委托人传递经理人在经理人市场上能力高低的信号。因此,声誉机制对经理人激励功能的发挥必须满足一定的前提条件。

1. 经理人长期稳定的预期

声誉是经理人在长期多次重复的博弈中建立起来的,而经理人参与多次重复博弈的目的在于在未来获得更大的长期利益。因此,要保证经理人参与长期重复博弈的动力,就必须让经理人形成长期稳定收益的预期。如果经理人对未来收益的预期稳定,就会继续保持良好的声誉以期在将来获得更大的收益。如果经理人对未来长期收益的预期不确定或无法形成这种预期,经理人就会采取机会主义的行为以获取短期利益最大化。给予经理人长期稳定的预期需要在企业内部建立一套稳定、科学、可预期的职务晋升机制。同时,还需要有一套合理的经理人解雇机制。这种解雇机制一般仅仅作为一种对经理人惩罚的潜在威胁机制,而不能够频繁使用,否则,经理人对未来的预期就会不确定。另外,作为博弈参与者的委托人在重复博弈过程中信守承诺,以获得另一方参与者（经理人）的信任也显得尤为重要。只有委托人在长期重复博弈的每一阶段的博弈中积极合作,经理人才会对下一阶段博弈的结果具有稳定的预期。

2. 充分竞争的经理人市场

经理人声誉机制的发挥是以经理人市场的有效竞争为前提的。只有经理人市场有效竞争,才能够保证经理人声誉作为经理人内部信息的信号,使不同能力的经理人在市场上得到区别,以克服经理人市场上的逆向选择问题。

二　内部职务晋升激励机制

（一）内部职务晋升激励的必要性

企业人力资本的配置主要通过外部人力资本市场和企业内部的劳动力

市场两个途径来实施。外部人力资本市场的人力资本配置主要是通过市场竞争下正式的雇佣合同来完成的。内部人力资本资源的配置虽然主要依靠正式的薪酬合约来实施，但从代理理论的角度来看，薪酬合约发挥激励功能的前提条件是委托人对代理人的监督是可信且成本低廉的。当委托人的监控可信且成本较低时，委托人可以按照代理人的边际产出确定其薪酬水平，从而使代理人提供最优的努力水平。但是，当委托人对代理人的监督和调查成本较高且不可信时，以代理人的边际产出作为薪酬决定的依据就存在着较大的不确定性，以薪酬作为资源配置的激励机制的有效性就会非常有限。

在现代股份制企业中，企业是由众多的经理人和员工组成的代理人团队来经营的。团队中的每一个代理人都独立地选择自己的努力水平，但他们创造出一个共同的产出，每个代理人对产出的贡献依赖其他代理人的努力，不可独立观测。在此背景下，以代理人边际贡献的绝对水平为基础的薪酬激励的功能显然难以发挥有效作用。因此，要解决企业团队中多个代理人之间可能存在的偷懒问题，必须建立一种针对多个代理人情形下的业绩评价机制，以激励每一个代理人提供最优的努力水平。现实中，企业激励机制中存在的以代理人之间相对业绩比较为基础的内部职务晋升机制就是一种针对多个代理人之间有可能存在偷懒行为的隐性激励机制。内部职务晋升制通过相对业绩比较的方法，对业绩排名靠前的经理人或员工给予职务提升和岗位调整的奖励，使表现突出的经理人通过获得更高的职位或更为重要的岗位来获得更高的薪酬和奖金。

（二）内部职务晋升激励机制的特点

1. 内部职务晋升是一种锦标赛制下的激励机制

内部职务晋升激励采取不依赖经理人或员工个人绝对业绩，而是依赖于经理人或员工相对业绩比较的方式，通过提供更高的职位或更为重要岗位的奖励来激励经理人或员工的努力水平。在代理理论中，这种激励机制被称为锦标赛制（rank - order tournaments）。锦标赛理论是针对委托—代理关系下多个代理人激励机制设计的理论。该理论强调的是，每个代理人的业绩评价和薪酬只依赖于他在所有代理人中的业绩排名，而与他的绝对业绩无关。在这种激励制度下，优胜者会晋升到工作阶梯更高的层级，较低的层级则由新进入的代理人来补充。企业内部的工作业绩评价体系依据各个岗位的重要程度、工作的复杂性、劳动条件和工作强度进行分析，确定各个岗位在整个企业的地位和作用，从而确定各个岗位相应的工资待遇。不同岗位、不同级别的收入差距可能很大，但并不意味着各个岗位之间的生产能力差距也有这么大，收入差距只是为了保证锦标制度的有效性。

拉齐尔和罗森（Lazear and Rosen，1981）最早对锦标赛问题进行了研究，提出了由两个风险中性的代理人构成的基本锦标赛模型。在他们的模型中，委托人不能直接观察代理人努力的情况，代理人的产出取决于其努力程度和一个独立的随机因素。委托人事先制定固定的薪酬契约，并根据代理人业绩的高低对他们进行排序，以此确定各自的薪酬。业绩高者获得高薪酬，业绩低者只能得到较低的薪酬。模型分析的结果表明，代理人的努力水平取决于成功者和失败者之间的薪酬差距，薪酬差距越大，成功者和失败者之间的努力差距也越大。如果代理人业绩之间是相关的，则锦标制的激励效果更大，因为它可以剔除更多的不确定因素，使委托人更准确地判断代理人的努力水平，既降低风险成本，又强化激励机制。

在拉齐尔和罗森（1981）研究的基础上，格林和斯托基（Green and Stockey，1983）比较了锦标赛制与契约激励的效果。他们认为，锦标制度可以剔除代理人面临的共同的不确定因素，而且当代理人的数量足够大时，则锦标制度优于每个人的所得只依赖自身业绩的合约。卡拉克尔（Krakel，2005）比较了锦标赛制和计件工资制对员工的激励效果。结果表明，由于锦标赛制比较的是相对业绩而不是绝对业绩，所以，它在一定程度上可以为代理人消除一定的风险，对代理人有更强的激励作用。布德（Budde，2007）有关锦标赛与具有等级结构的固定工资制度的比较研究也表明，在假设代理人为风险中性的前提下，锦标赛制更有优势。

大多数有关锦标赛激励机制设计的理论研究表明，提高薪酬水平和增大薪酬差距有利于提升代理人的努力水平。在锦标赛激励机制的设计中，应尽量减少胜利者所占的比例。只要可能的晋升数目不至于使代理人退出锦标赛或者不提供任何努力，那么，一个比较倾向于薪酬的组织金字塔结构似乎会更好地激励代理人。

尽管锦标赛理论强调的是薪酬差距在激励中的作用，但对于企业这样的科层组织而言，职务的晋升实际上也意味着薪酬水平的变化，职位越高，所得薪酬与低职位员工所得薪酬的差距也就越大。所以，企业内部职位的晋升实际上能够得到与锦标赛制中薪酬奖励同样的效果。而且，企业职位的结构也是一种金字塔式的结构分布，越往上晋升，职位越少，胜出者所占比例越低，也就越能够起到激励的作用。

2. 内部职务晋升是一种长期的激励机制

锦标赛制下的内部晋升激励的有效性与雇佣合同期限的长短密切相关。如果雇佣合同较短，则单个经理人或雇员有可能因为偶然性的因素成为某次竞赛中的成功者而获得晋升。这样就会扭曲内部职务晋升的激励机制。在内部晋升的过程中，雇佣合同的时间越长，经理人或雇员因为偶然性因素被提升的可能性就越小，真正有能力的人在长期竞争中胜出的可能性就越大。在此过程中，为了不断获得晋升和更高的工资待遇，雇员就会付出更多的努力以超过别人，从而强化其激励效果。因此，内部职务晋升激励机制是一种长期的激励机制，有利于克服经理人和员工的短期机会主义行为。

3. 隐性的激励机制

与薪酬契约这种正式契约下的显性激励机制不同，内部晋升激励机制无法通过委托人与代理人之间签订正式契约的形式来实施。因为其对代理人的评价基准是对多个代理人之间的相对业绩作比较，而不是单个代理人的绝对业绩水平。因此，在每一次的职务晋升竞赛中，谁将成为胜者是不确定的。在企业内部，各代理层级关系中的委托人只能通过这种竞赛制的规则来使内部职务的晋升发挥激励的效果。正因为如此，内部职务晋升激励机制是一种隐性的激励机制，属于第三配置调节的范畴。

（三）内部职务晋升的激励功能

内部职务的晋升既包括将经理人和员工分配到特定岗位的工作指派（静态的职务晋升），也包括随着时间的推移，对经理人和员工进行攀登工作阶梯式的晋升（动态的职务晋升）。这两种不同的职务晋升机制分别发挥着不同的功能。

静态的职务晋升将经理人和员工的能力与其相适应的岗位相匹配，使不同岗位的管理者和雇员都能够最大限度地发挥自己的才能。因此，静态的职务晋升在企业内部发挥着人力资本有效配置的功能（姜树林、颜燕、阮杨，2002）。

动态职务晋升对经理人和员工的努力水平发挥着激励的功能。吉布斯（Gibbs，1991）认为，晋升一旦实现了资源的最优配置，必然会对获得晋升的员工产生激励，因为不同岗位上的工作将产生不同的边际产出，边际产出高的岗位，其岗位工资水平也高，而高工资将激励员工做出更大的努力。另外，晋升作为激励手段，还可以激励员工进行更多的人力资本投资。事实上，内部职务晋升机制中还存在一个委托人和代理人的双向激励问题。由于内部晋升是一种隐性激励机制，缺乏正式契约的保证，作为代理人的经理人和员工为晋升而作的事前努力有可能在事后不被委托人所承认或认可，即存在着委托人事后道德风险的可能，其事前可能会放弃努力。因此，如果委托人事前承诺经理人或员工自身进行人力资本投资使其努力水平得到提升后就予以晋升，并且该承诺可信，则可以解决双向激励问题。普林德加斯特（Prendergast，1993）的研究表明，当不同工作对人力资本的要求不同时，企业承诺培训后晋升员工可解决双向激励问题。一方面，培训可以提高员工晋升的概率，这使得员工愿意接受培训；另一方面，当每个工作对人力资本的要求不同时，资源配置的收益就会超过工资成本的上升，企业的晋升承诺就是可信的；反之，则不可信。

三　控制权激励机制

不完备契约理论认为，企业的所有权包括企业的剩余索取权和剩余控制权。剩余索取权是企业收入扣除合同中规定的固定支付后的剩余收益的支配权。而剩余控制权是指那些未被初始契约中规定的或然事件出现时对契约如何执行的决策权。剩余控制权是一种排他性的决策权，天然地归非人力资本所有者所有。因为，从法律上看，非人力资本所有者拥有剩余控制权是必然的。所有者拥有企业物质资产的所有权，进而间接地拥有对企业人力资产的控制权。如果员工必须结合某种资产才进行生产，其将按照资产所有者的利益行事，以便在今后与雇主谈判时取得更有利的地位。正是这种非人力的物质资产成为拴住企业雇员的某种黏结物，并赋予雇主指挥雇员的权威来源。因此，从理论上看，企业的剩余索取权和剩余控制权都应归属于企业物质资本的所有者股东。这种剩余索取权和剩余控制权在现代股份制企业中表现为，法律上股东拥有企业股息和红利的收益权，以及通过股东大会对企业重大事项进行决策的权利。

但是，在现实的企业运行中，由于股权分散所导致的企业所有权和经营权的高度分离，使得股东实际上只拥有企业的剩余索取权，而将企业日常经营中的控制权交给了企业经营管理者，这实际上也是企业的一种激励机制安排。

在拥有企业控制权的情况下，经理人所获得的收益就包括金钱的收益和非金钱的收益两个部分。金钱的收益主要由薪酬契约中规定的收益构成，而非金钱的收益主要来自经理人拥有企业控制权所获得的各种私人利益。与控制权相关联的私人利益包括拥有控制权所带来的权力和自我实现的满足感、对各种有形和无形在职消费的享受、通过资源的使用和控制所得到的各种个人好处等。

经理人拥有控制权所得到的私人收益具有排他性、不可转让性和不确定性的特征。所谓排他性是这种控制权收益伴随着控制权的使用而产生的，只有拥有控制权的经理人才能够获得这种收益，经理人也不能与所有者和其他利益相关者分享这种收益。控制权收益的非金钱性特征决定了其不可转让的特征，因为其收益的大小无法衡量。不确定性则表现为经理人的控制权来自于股东的授权，股东随时可以依据经理人表现的好坏决定继续给予或终止经理人拥有的控制权。控制权收益的排他性和不可转让性提升了经理人控制权的价值，而不确定性则使得经理人更加珍惜其所拥有的控制权。正因为如此，控制权作为一种激励机制，能够给予经理人长期的激励。

第三节　终身雇佣制与日本企业激励机制中的第三配置机制

在战后日本经济高速增长过程中，被普遍采用的终身雇佣制是现代日本企业激励机制中最为核心的组成部分。终身雇佣制是包含长期雇佣、年功序列和内部晋升等在内的一系列日本企业员工雇佣和激励机制的总称。终身雇佣、年功序列和企业内工会被称为战后支撑日本经济高速增长的三大"神器"，并成为日本社会普遍认可和共同遵守的信念。与市场竞争下的企业雇佣和激励机制不同，以长期雇佣、年功序列和内部晋升为主要内容的终身雇佣制度并非一种正式的法律制度，而是建立在日本企业的集团主义文化、企业和雇员之间相互信任和声誉机制基础之上的一种非正式的隐性契约关系。正因为如此，日本企业长期实行的终身雇佣制度更应该看作是企业雇佣和激励机制中的一种第三配置机制，其通过年功序列下的薪酬福利机制和内部晋升下的内部劳动力市场竞争机制为经理人和员工提供了充分的激励，并促进了企业内部人力资源的有效配置。

一　日本企业终身雇佣制度体系的构成和内涵

（一）终身雇佣制

终身雇佣制是日本企业与员工之间雇佣关系和激励机制的基础。所谓终身雇佣是指年轻人大学毕业后，一旦被某企业录用为正式职员，就与企业之间形成长期、稳定的雇佣关系。只要员工不发生严重违反工作纪律和损害企业利益的行为，就保证不解雇。即使是经济萧条时期，企业也不会解雇员工，而是通过员工轮休、培训等方式将员工留在企业内，直至经济回升，而很少单方面解雇员工。雇员也尽力在就业时找到自己适合的企业，一般中途不跳槽。因此，只要企业不发生重大的经营危机，雇员不出现重大的工作失误，其在企业可以一直工作到退休为止。当然，终身雇佣制度的实施有一定的适用范围，并不是所有的员工和企业都严格实施和执行这种制度。在企业内部，终身雇佣只适用于长期正式员工和男性骨干员工，临时招聘的临时工、合同工、钟点工以及女性职员不在终身雇佣的适用范围之列。从企业之间来看，严格地实施终身雇佣制的企业大多为大型企业，而中小企业则因各企业的状况而定。基于终身雇佣制度的长期、稳定的特点，日本企业的员工主要从应届毕业的学生中招聘。招聘时，企业更看重的是个人的道德修养、对企业的忠诚度、勤奋度、耐心和团队精神以及基本能力，而员工的工作和专业能力则主要是通过企业内部培训和岗位轮换来积累。

（二）年功序列制

年功序列制是与终身雇佣制相配套的薪酬激励制度，是终身雇佣制在薪酬制度中的体现。年功序列是指雇员的薪酬和职位晋升随其在企业工作的年限而增长和上升。日本企业雇员的薪酬由基本工资加各种津贴构成。基本工资根据雇员的学历、工龄和职位而定，津贴则因家庭成员构成和通勤情况的差异而不同。为了增进雇员的健康，改善其生活条件，促进雇员之间友好相处，提高雇员对企业的忠诚心，日本企业设立了许多福利计划和措施，以增强雇员对企业的所属和归属意识。

（三）内部晋升

终身雇佣制和年功序列制使日本企业的人力资本配置与外部劳动力市场的竞争相隔离，外部劳动力市场和经理人市场的竞争机制难以发挥有效的作用。为弥补这种缺陷，在日本企业内部存在着激烈的内部劳动力市场竞争机制，即内部晋升机制。内部晋升，是指日本企业在对所雇用的员工进行旨在提高其岗位工作能力的各种教育培训的同时，有计划地定期将员工在各种不同的工作岗位轮岗，使其在轮岗的过程中，学习和熟悉各种岗位所要求的知识、技术和技能。通过轮岗，雇员一般被升任更高一级的职位。这种在轮岗过程中职位得到晋升的制度也被称为"轮换人事"。内部晋升以严格的业绩考核为基础，日本企业的业绩考核不仅考核雇员的显在和潜在能力，对其实际履行职务的情况做出评价，而且更重视对雇员协调能力、对企业忠诚度的考察，并使之序列化。同时，日本企业的职务体系呈金字塔形，职位数随着员工岗位的升迁而逐渐减少，最后只剩下处于公司顶层的董事职位。因此，这种金字塔形的职务体系使得企业内部的职务竞争异常激烈，发挥着有效的激励作用。

（四）企业内工会

企业内工会是终身雇佣制的制度保障之一。欧美等国的工会一般属于跨企业的行业或产业工会，以劳资对等的姿态就工资和其他劳动条件与资方进行谈判。但在日本，工会是按企业组织起来的企业内工会，工会会员只包括本企业内职工。受雇员工一旦成为某企业的雇员也就自动成为该企业工会的会员。若雇员中途离职或被解雇，也就自动丧失企业工会会员资格。在各企业成立企业工会的基础上，按照不同的行业，各企业工会组成联盟。

日本企业的经营者或管理者在升迁之前，大多都是工会的会员或工会领导人，对企业工会存在的意义都比较了解，因此，对于工会的合理要求一般都会予以支持。工会会员也会因终身雇佣、年功序列及其他福利制度而对企业存有忠诚心，其提出的要求也会考虑企业的具体状况。正因为如此，日本企业内工会所关注的是维持雇员工作的稳定和企业的就业水平，不会过多地在工资薪酬增加方面提出要求。其发挥功能的核心是进行劳资关系协调而不是在对立的基础上不断地提出增加工资的要求。企业内工会的存在为终身雇佣制和年功序列制的有效运行提供了保障和基础。

二 日本企业终身雇佣制的资源配置功能

包括终身雇佣制、年功序列制、内部晋升和企业内工会在内的日本企业的雇佣和激励体系在战后日本经济的发展中发挥了重要的作用，也是日本企业经营中最为典型的特征之一。作为一种非正式的隐性契约激励机制，其在日本企业的人力资源配置中发挥着以下几个方面的功能和作用。

（一）促进企业组织内部的稳定，提升企业和雇员之间的信任度

终身雇佣制的形成和普遍推广与日本独特的社会文化意识和文化观念有关。"家"文化、"和"文化、"集团主义"意识、"忠诚"观念等构成了终身雇佣的社会文化基础。在"家"文化和"集团主义"意识下，家庭和集团的兴衰荣辱与每个成员的切身利益息息相关，每个成员都应当把自己所属的家庭和集团视为安身立命的生命归宿，竭力效忠所属的"生命共同体"。而"忠诚"观念则强调了专一、笃实的效忠。在终身雇佣制下，企业员工一旦受聘为正式员工就终身与企业建立了一种长期稳定的关系，员工也就获得了较强的集体归属感；企业也不必担心因雇员跳槽而给企业带来内部劳动力资源配置的不稳定。这样，企业和雇员双方在信守承诺的基础上相互信赖，共同获得双方守约承诺的安全感，从而创造相互合作的和谐组织管理氛围。同时，由于终身雇佣是一种长期、稳定的雇佣制度，企业和雇员双方之间存在一种长期的重复博弈关系，企业和雇员双方都会为维持这种雇佣关系而坚守承诺，因此，其有利于双方声誉的维持和提升。

（二）有利于企业技术革新和新技术的引进

在依靠外部劳动力市场竞争的雇佣和激励制度下，由于新技术的革新、进步和引进会导致企业内部技术革新部门劳动力过剩和自然淘汰的现象发生，会遭到企业内部员工的抵触和反对。但在终身雇佣制度下，企业会通过内部培训和岗位调整来消化因技术进步带来的过剩人员，企业内部员工会以更加积极的态度来对待企业的技术革新。同时，由于雇员的长期利益与企业的发展紧密相关联，雇员深知企业技术进步带来的竞争力的增强和利润的提高将会增加自身的未来收益，所以，员工也就具备了自觉采用新技术和新工艺，并为企业的技术改造和创新提供合理化建议的动力。再者，终身雇佣制有利于避免因企业核心部门雇员的中途辞职而导致的技术外流，保护了企业技术的先进性和竞争性。

（三）保护企业和雇员进行专用性人力资本投资的积极性，提高专用性人力资本投资的水平

交易成本经济学的理论研究表明，在交易参与方有限的情况下，资产的专用性程度越高，拥有专用性资产的交易方在事后被"敲竹杠"的可能性越大。因此，为确保交易的顺利进行，需要一种长期的承诺机制来保护和提升交易双方事前交易的积极性。在终身雇佣关系中，企业不必担心

事前对员工进行的岗位技能培训、岗位轮训等专用性投资在事后因员工的跳槽而成为"沉没成本"①，因而有动力对员工进行专用性人力资本投资；从雇员的角度来看，从企业培训和轮岗中所得到的专用性人力资本因只能用于本企业，所以也不会轻易跳槽。此外，年功序列下的薪酬和岗位竞争机制使得员工能够合理预期到专用性人力资本投入会在事后得到回报，因此，事前也就具备了进行专用性人力资本投资的积极性和动力。这样，专用性人力资本投资与终身雇佣制相互促进，形成有效的良性循环。

（四）降低企业雇佣成本和培训成本

在终身雇佣制下，在经济不景气时，企业可能会因培训暂时过剩的员工而增加培训和教育成本，但在经济繁荣时期，企业不会遭遇因人手短缺而带来的招工成本的上升。在员工培训和教育方面，企业是有计划地进行的，而且，培训的内容和方式随工作年限的变化而变化，许多工作能力、知识、技能的培训是在岗位轮换中完成的，因而，从总体上看，员工的培训成本较低。企业也不必为新员工的不断到来而对相同的培训内容重复进行。再者，终身雇佣也大大降低了员工自身的求职成本。员工一旦成为企业的正式职工后，就终身服务于该企业，无须为寻找新的工作而增加培训成本和求职成本。

（五）提供长期的声誉激励机制

终身雇佣制下的内部职务晋升制度，使得金字塔形职务体系下的职务晋升不仅意味着收入和管理权限的改变，而且更意味着地位和在企业所享有的荣誉的改变。而日本企业也往往将更高一级的职位当作是对职工努力工作的奖赏，以激励其进一步努力工作，而员工也将更高一级的岗位看作是在企业中声誉、地位的象征。如前述表明，日本企业董事会的规模通常较大，许多董事由企业内部管理者兼任。这主要是由于董事是企业职务晋升的最终职位，大多数员工都将其作为终身追求的目标。一旦晋升董事也就意味着进入了高级管理层，相应地，也就具有了较高的地位、声望和荣誉，并享受相应的待遇。例如，可以出席董事会议、避免因退休年龄的限制而强制退休等。因此，在日本企业，董事的职位往往是作为一种社会地位和身份的象征而作为一种激励手段被企业所采用。

---

① 所谓"沉没成本"是指在交易对手有限的情况下，企业签订和执行后，因交易对方不履行契约而导致的前期投入损失。

三　终身雇佣制下资源配置的低效性

终身雇佣制对于人力资源配置功能的发挥取决于一定的经济和产业环境。如它要求整个宏观经济环境稳定，企业发展前景较好，员工对企业发展有比较稳定的预期；同时，这种制度比较适合于能够提供多种职位的多部门、多岗位的大型制造业企业。当经济条件和企业环境发生变化时，终身雇佣制下的资源配置效率低下的缺陷也就会显露出来。

（一）导致企业规模不断扩大，无法根据经济形势和经营状况灵活调整，削弱了企业的竞争力

终身雇佣制、年功序列制和内部晋升导致了企业对劳动力和管理职位的刚性需求，迫使企业不得不采取规模扩张的战略，并通过规模扩张来增加职位。同时，这种雇佣制度以良好的经济形势和盈利前景为前提条件。一旦整体的宏观经济形势发生变化或企业经营状况不佳，则终身雇佣就会成为企业沉重的负担。而金字塔形职务结构下的内部晋升导致了企业董事会规模的扩大，管理机构也越来越多，企业经营决策的效率低下。在经济长期低迷和企业经营业绩长期不佳的情况下，这些因素都会削弱企业的市场竞争力。

（二）不利于企业产业结构的升级，抑制了年轻员工的创新精神，降低了企业发展的活力

在终身雇佣制下，企业员工能够在企业内部通过培训获得熟练的专业技能，并通过信息分享和参与企业决策而得到协调收益。这种雇佣模式比较适合于传统的制造业企业。但是，在互联网、信息技术得到广泛应用，人类社会进入以IT技术为主的新经济时代，信息产业下的决策体制不再是一种集权决策体制，而是需要以快速高效的分权决策体系为支撑。显然，终身雇佣下雇员与企业、雇员之间的关系协调已难以支撑企业的产业结构升级和换代，也难以满足信息产业对于灵活的雇佣体系的要求。另外，信息技术时代需要员工能够具有创新活力和创新精神。但在终身雇佣制度下，年轻员工创新的活力和精神受到制约，企业的发展活力也就会受到影响。

（三）在经济前景和企业经营充满不确定性时，终身雇佣的激励效果会非常有限

前述表明，终身雇佣对员工的激励效果取决于员工对经济前景和企业经营良好的长期预期。当企业经营和经济前景不明而充满不确定性时，短

期激励也就显得尤为必要；通过短期激励使企业摆脱困境之后，再采取长期的雇佣政策，其效果比单纯地采取终身雇佣的长期激励的效果可能会更为显著。

（四）使企业免予并购的威胁，在保护的情况下低效运行

为维持较高的就业率和终身雇佣，企业内工会大多会反对被其他企业收购或兼并。而终身雇佣也使企业雇员对企业产生了较深的依赖感和归属感，也不太愿意接受企业被其他企业兼并和收购的事实。所以，他们也会尽可能地阻止并购行为的发生。

正因为终身雇佣制在资源配置方面存在上述缺陷，当日本经济自20世纪90年代陷入泡沫经济破灭后的长期低迷状况时，日本企业也纷纷开始改革包括终身雇佣制、年功序列制、内部晋升等在内的雇佣和激励机制。如缩小终身雇佣适用范围、采用新的更加灵活的雇佣方式、在薪酬激励方面导入以能力业绩为主的职能工资制、允许员工自愿离职等。

第七章　日本企业外部治理中的
第三配置机制

现代公司治理理论的研究表明，企业的公司治理机制由内部治理机制和外部治理机制构成。外部治理机制由企业外部各种要素市场上的竞争机制和各种法律、法规和管制机制构成。外部治理机制的功能主要在于通过外部各种要素市场的竞争和法律法规制度的约束来对内部经营者产生压力，迫使内部经营管理者规范经营，实现企业价值和股东财富价值的最大化。但是，外部治理机制的效率取决于要素市场竞争的有效性和法律法规制度的完善和执行机制。在外部要素市场竞争不完全、法律法规机制不完善的现实情况下，外部治理机制的作用也是有限的。因此，现实的公司外部治理机制中还存在着一系列有别于市场竞争机制和法律法规制度的第三资源配置机制，如行业自律机制等。这类机制对外部治理中的市场竞争和法律法规机制起着补充和促进的作用。

本章在理论分析企业外部治理机制中第三配置的表现形式、作用和功能的基础上，重点对在日本企业外部治理中发挥了重要作用的日本各种行业协会的第三配置的作用和功能进行分析。

第一节　企业外部治理机制的资源
配置功能及其局限性

一　外部要素市场竞争的资源配置功能及其局限性

企业外部治理中的要素市场竞争主要包括资本市场上的企业控制权争夺、产品市场竞争和经理人市场竞争三个方面。三者分别从不同的角度发挥着资源配置的功能，但也都存在着一定的局限性。

（一）企业控制权市场

资本市场的治理功能不仅表现是为投资者提供了"用脚投票"的机制和关于企业经营业绩的市场信号，而且创造了企业控制权市场。控制权市场上的并购与反并购机制的存在不仅为股东提供了淘汰劣质的经理人、选择优秀的经理团队的机制，而且对现任经理层产生了巨大的潜在压力。

1. 企业控制权市场的资源配置功能

企业控制权市场上的竞争机制主要包括收购、接管以及反并购等一系列控制权争夺机制。长期以来，包括古典和新古典经济学家在内的大多数市场主义经济学家都对控制权市场竞争的功能推崇备至。他们认为，收购、接管以及随后的解雇能够确保经理人努力工作以追求股东价值的最大化，从而有效地解决股东与经理人之间的代理问题。但是，制度学派的经济学家则从不同的角度分析和探讨了企业控制权市场在资源配置方面的治理功能。

Manne（1965）认为，公司控制权市场作为一种外部接管市场，其作用主要体现在两个方面：（1）敌意接管作为一种外部威胁，会随时约束现任管理者无节制的自利行为；（2）一旦经理人的无能导致公司走向经营失败，资本市场的价格下跌信号会促成敌意接管的实施，并淘汰和清除原有的低能劣质的管理团队。Jensen 和 Ruback（1983）认为，接管市场是备选管理团队竞争公司资源管理权的竞技场。在争夺控制权的角斗中，敌对的管理团队通过接管控制权，对公司资源进行更有效率的配置，并通过这种资源的配置带来协同效应。

在控制权市场中，竞争的管理团队是最基本的活动主体。管理团队之间对公司资源的竞争，迫使现任经理层的行为服从于股东价值的最大化，并在竞争中使公司资源得到有效配置，从而获得规模经济和协同效应。Jensen 和 Ruback（1983）有关 20 世纪 80 年代美国公司接管行为的实证研究表明，公司接管创造了正的收益。在接管过程中，无论是被接管企业的股东还是接管者自身都获得了正的利益；兼并利益并非来自市场力量的创造，而是来自增加的效率或协同效应。

2. 控制权市场的局限性

从现有研究来看，控制权市场在资源配置方面的局限性至少有以下几个方面：（1）控制权市场上的频繁接管不利于经理人和雇员进行专用性人力资本投资，并导致经理人投资决策上的短期行为；（2）敌意接管和控制权交易完成后，往往伴随着大规模的企业资本重组，这种重组会导致被接管企业组织资本的损害；（3）目标企业管理层为避免收购所采取的各种反收购措施，如管理层收购、毒丸计划等容易导致目标企业资本结构的频繁波动，进而增大企业的财务风险；（4）在控制权市场上，接管者通常会在接管公司之后，剥离、分离和出售目标企业，甚至关闭工厂导致大批失业，接管者的这一行为容易对雇员、债权人和社区等企业利益相关者的利益造成损害（Rubach and Sebora，1998）。

（二）产品竞争市场

产品竞争市场对企业资源配置的影响主要体现在以下三个方面：（1）竞争的产品市场可作为一种信号机制，为企业业绩的比较提供标准（林毅夫，1996）；哈尔特（1983）认为，产品市场竞争提供了企业的相关信息（如关于企业的成本结构）并增加了相互比较的机会，作为一种硬预算约束机制，随时对企业的生存构成压力，从而强化了经理人努力工作的激励；（2）产品市场竞争通过降低企业的收益，限制了经理人剥削投资者的机会，并使懒惰的经理人受到惩罚（Schmidt，1997）；（3）作为成本最小化努力的一部分，产品竞争会逼迫企业改善自身的公司治理结构，不能按竞争性价格（或最低价格）满足消费者需求的企业就会被淘汰。

然而，Scharfstein（1988）和Hermalin（1992）指出，竞争对于经理人努力工作激励的强化机制只有当某些条件得到满足时才能成立。产品竞争虽然是提高企业经营效率的一种强有力机制，但单靠竞争能否解决公司治理问题仍值得怀疑。当投资人的资本沉淀后，公司治理机制能够确保投资者收益的回收，而竞争机制虽然能让企业降低收益从而减少经理人所能剥削的部分，但不能禁止经理人剥削竞争后的收益，因此无法提供投资人相应的保证（Shleifer and Vishny，1997）。

（三）经理人市场

经理人市场的存在对现任的经理和董事构成了潜在的威胁和压力，制约了董事和经理们的浪费和无效率。此外，经理人市场如同产品竞争市场一样，其价格机制具有信号筛选功能，价格本身反映了经理人的能力和信誉，有助于评价经理人的质量水准。

对在职的CEO和董事来说，经理人市场上的声誉是一种无形资本，一种好的声誉可以提升自己的竞争力。声誉往往具有溢出效应和路径依赖性。根据科尔和基欧（Cole and Kehoe，1996）的观点，声誉的溢出效应会减少交易双方的不确定性，抑制信息优势方的机会主义行为。而声誉的路径依赖性表现为：一个声誉好的职业经理人会非常关注自身的声誉，并且会为维持和扩大声誉而做进一步的声誉投资；一个声誉差的职业经理人则不得不付出更大的努力去摆脱现有的路径依赖，让自己的声誉进入一个良性循环。

法马（1980）指出，经理市场通过对经理人过去业绩的"事后处理机制"能够有效地控制代理成本。法马和詹森（1983）将这种观点应用于外部董事的人力资本市场。他们指出，外部董事常常关心他们在人力资本市场上的名誉，会努力地监控经理人的行为。

尽管如此，经理人市场功能的发挥也存在一定的局限性。（1）从激励现有经理人的角度来看，企业更依赖于从企业内部劳动力市场来选拔称职的现任经理人，而不是从外部经理人市场来寻找替代者。当现任经理人合理预期到这一点后，来自经理人市场的竞争压力就会减弱。（2）即使是从外部经理人市场寻找现任经理人的替代者，但外部经理人进入企业之后，既需要进行与本企业有关的专有人力资本投资，还需要了解和熟悉企业的状况，时间成本和代价都比较高。

二　法律体系、政府监管对企业资源配置的功能及局限性

Levin 和 Zervos（1998）认为，有效的法律制度和法律环境通过降低融资成本的途径，有助于企业的融资活动，并为企业的成长提供源泉。Demirgfic - kunt 和 Maksimovic（1998）以企业财务预算模型为基础，对30 个国家 1984 年至 1991 年企业融资决策的数据进行了回归分析。他们的结论表明，法律体系越完善的国家，企业实施长期股权和债权融资的比例就越高。

La Porta、Lopez - de - silanes、Shleifer 和 Vishny（1997，1998，1999a，1999b，2000a，2000b，2002）的一系列有关法律渊源与公司治理的研究中，不同法律体系下各国之间的企业财务行为和金融市场结构存在着较大的差异。他们认为，造成差异的原因在于不同法律体系对投资者保护程度的不同。总体来看，英美等普通法系的国家拥有比法国、德国、日本等民法系国家更为完善的投资者保护机制，以及对投资者更友好的法律结构和政府体系。因此，投资者的法律保护程度影响甚至决定了公司的融资选择、股权结构、股利政策、治理结构和公司价值。有效的投资者保护

会导致更完善的治理结构和更有效率的管理行为。

作为企业外部治理的重要组成部分，政府的监管和干预会对企业资源配置产生重要影响。原因在于，作为监管主体的政府和政治体系，会通过行政和立法手段，影响企业公司治理制度和公司剩余的分享安排。

尽管法律体系的完善和政府的监管有利于企业资源的有效配置，但法律体系发挥作用的前提是需要一个高效运行的执法系统，否则，法律的执行成本将会非常高。不仅如此，即使是普通法系下的美国这样法律体系较为完善的国家，大股东或经理人侵害中小股东和其他利益相关者利益的行为也比比皆是。

从政府监管的角度来看，对监管体系的完善面临的最大问题是监管成本的上升。有关监管理论中的俘虏理论明确表明了监管者很容易被被监管者俘虏。相关的实证研究也表明，监管机构的权力与一国的腐败水平呈正相关关系（Barth，Caprio and Levine，2003）。Beck、Demirguc – Kunt 和 Levine（2003）的研究显示，监管机构的权力越强，企业通过向银行行贿获得贷款的偏好也越强。

第二节　行业自律组织与企业
第三配置机制

前述表明，企业外部治理中的要素市场竞争机制和政府监管机制都存在着内在的局限性。因此，需要有一种介于市场竞争和政府干预之间的第三配置机制来弥补两者的不足。现实中，这种机制主要由一些非营利性的行业自律组织来承担。如广泛存在于企业间的行业协会、商会等。这些组织虽然属于非营利性组织，但又有不同于非营利性组织的特点。它们既为企业提供部分公共产品，以弥补政府提供的公共产品的不足，同时也为企业提供俱乐部产品。如商会为企业提供的海外市场开拓、与政府沟通等具有较强的公共产品特征；由商会组织的商品展销会的会员加入商会所获得的声誉和利益协调与维护等，则具有很强的俱乐部产品特征。行业自律组织在企业的资源配置中发挥着信息沟通、协调行动等方面的功能。由于行业协会是最为典型的行业自律组织，且与商会这类组织在企业资源配置方面发挥着同样的功能，因此，在本节我们以行业协会为中心来分析行业自律组织在企业外部治理资源配置中的功能和机制。

一 行业协会存在性的经济学解释

作为一种市场组织，行业协会有其存在的合理性。在经济学理论的发展中，对于行业协会存在性的理论解释主要有非营利社团理论、制度动力学理论和交易成本理论三个方面的理论。

(一) 行业协会的非营利社团理论

行业协会的非营利社团理论将行业协会视为一种非营利性的社团组织。该理论认为，在市场失灵客观存在的情况下，公共产品主要由政府提供，但政府提供公共产品的能力有限，大多数公共产品如学校教育、慈善救济、医疗卫生、市场管理服务以及公共设施的建设与维护，往往需要社区或者民间团体自己来生产和提供。行业协会作为一种非营利组织，承担了部分公共产品提供的功能，以弥补政府的不足。

在市场失灵的情况下，消费者与生产者之间的信息不对称使得生产者（信息拥有者）可能会利用消费者在信息方面的不利地位来获利。此时，消费者可能相信并愿意与另一种可靠或者更值得信赖的组织进行交易。由于行业协会的非营利性社团特征，与追求利润最大化的厂商相比，其利用信息优势获利的激励动机较小。因此，作为市场交易的参与者，行业协会不仅为会员通过提供交流交往的机制和场所，发挥着信息网络载体和沟通渠道的作用，而且可以有效增加会员间的信赖和信任，形成具有正外部性的社会资本。

在有关公共产品的供求上，个人对公共产品存在着多样化的需求，但政府却难以满足提供多样化的公共产品供给，两者之间存在着供求缺口。此外政府提供的公共产品的数量和质量是由政府决定的，其资金来源于政府的预算，缺乏市场竞争机制的约束，因此，大多数公共产品无法按照私人产品的边际收益等于边际成本的原则来定价，公共产品的供给可能在满足或超过了部分消费者需求的同时而无法满足另一部分消费者的需求，导致这些消费者寻找其他体制以满足所需。这种广泛存在的公共产品需求构成了对行业协会这类非营利性组织提供公共产品的动力。

非营利社团理论也注意到了行业协会在公共产品供给方面可能存在的供给不足的困境。由于不拥有强制征税的能力，且无法对享受公共产品的消费者收费，行业协会的公共产品供给能力势必会受到限制。因此，该理论主张，政府应给予行业协会适当的财政补贴，或者授予行业协会对于特定俱乐部产品的收费权。

（二）行业协会的制度动力学理论

制度动力学理论源自新制度经济学家对商会类行业组织的理解。该理论认为，行业协会是一种组织化了的"私序"。所谓"私序"是相对于"公序"而言的，指社会个体基于自动形成的个人关系资源或者自愿加入的组织化团体，在长期交往博弈中以关系合约形式达成的自我约束机制。在一个国家里，"私序"可以上升为普适性的正式法律制度，即"公序"。但在此之前，它们在国家法律制度的约束下，作为"公序"的补充或者局部替代发生作用。市场交易主体在"私序"和"公序"（法律制度）之间的选择，以及在各"私序"（市场、企业、非正式社会网络、行业协会）之间的选择，基本上由各种秩序或制度下的交易成本所决定。

（三）交易成本理论

交易成本理论认为，行业协会通过生产和提供公共产品和俱乐部产品，同时克服了市场失灵下外部性交易成本和政府失灵下的内部性交易成本，从而实现了社会交易成本的最小化。

由于垄断、外部性、信息不对称、契约不完备等市场不完全性的存在，价格机制的调节并不一定能够达到资源配置的最优。相反，还容易导致资源配置的扭曲。单纯依赖市场机制无法保证企业决策时其私人边际成本等于社会边际成本，从而造成公共产品的供给不足等市场缺陷。尽管，科斯提出了通过"产权内部化"的方式来解决企业生产中的外部性问题，但并不能解决所有的外部性问题。因此，为减少市场失灵下企业产品生产中外部性导致的资源配置扭曲，政府监管的引入也就成为必然。

但是，政府的监管并非总是有效的。首先，政府监管往往伴随着高额的成本。监管成本既包括行政成本和奉行成本①等直接的资源成本，也包括监管可能导致的道德风险，以及削弱市场竞争和创新等间接的效率损失。其次，监管机构并非始终代表公共利益，而是保护少数特殊利益集团的利益。尽管监管机构通常是社会公众压力和各利益集团妥协的结果，但分散的公众只能组成一个短暂的同盟，随着时间的推移，被监管者会以各

---

① 监管的行政成本是指监管机构执行监管职能过程中所耗费的资源；奉行成本则是被监管者为了遵守监管条例而耗费的资源。

种手段对监管者施加影响，迫使监管者逐渐迁就被监管者的利益，将其特殊利益置于公共利益之上，从而监管者被被监管者俘虏。

因此，在政府缺乏有效的外部监督（市场竞价机制）与内部监督（公正、民主）的情况下，监管者可能会偏离社会效用最大化目标，转而追求政府内部人员效用的最大化，如提高自己的级别待遇、办公室装潢，或者扩大人员编制，以显示部门的重要性，控制内部信息以增加与其他部门讨价还价的筹码等，导致大规模的交易成本发生。这种交易成本称为内部性的交易成本。内部性交易成本的存在意味着企业或者政府提供私人产品或公共产品的成本和收益很可能支配了公共决策者的决策，扩大了公共机构的供给曲线，并导致了过高的单位成本和比社会效用水平更低的非市场产出水平，这样就产生了政府失灵。

政府生产或提供的产品（服务）的价格是否以及多大程度上由市场竞价机制来决定直接影响着内部性交易成本高低。政府生产或提供的产品（服务）由市场竞价机制来决定其价格（效益）的程度越大，内部性交易成本就越小。但是，政府生产和提供的产品的市场化定价程度和范围是有限的。许多产品是无法进行市场化定价的，如国防、政府转移支付等；同时，即使政府产品和服务的市场化定价能够降低内部性交易成本，但也有可能带来市场外部性交易成本。

正因为在社会资源的配置中客观地存在着市场调节失灵下的外部性交易成本和政府调控失灵下的内部性交易成本，需要一种介于市场组织和政府之间的组织提供产品（服务），以减少总交易成本。行业协会的存在正是这种弥补市场失灵和政府失灵的市场交易组织。

一方面，行业协会作为不同于市场组织（企业）的非市场组织，其收入主要来自会员自愿缴纳的会费、会员与社会各界人士自愿的捐赠等，而不是市场上出售产品的所得。作为一种互利性的经济组织，它在政府的委托或授权下，生产或提供与管理服务经济相关的公共产品，如提出行业规划、提供信息服务、协调会员间的利益、打击非法或恶性竞争，避免市场秩序混乱。通过上述部分政府监管职能的提供，能够有效地减少由于市场组织行为的外部性带来的交易成本。另一方面，作为一种以企业为主体的会员自愿组成的互益性的市场中介组织，行业协会也为会员提供具有低排他性的服务，如举办会员联谊会、酒会和产品展览会，并为会员带来规模效应、声誉、地位等。这些活动有助于行业协会适应市场竞争，提升自身的竞争能力，从而降低行业协会的内部性交易成本。

因此，行业协会是介于纯粹的市场组织（企业）（产品、服务的价格完全由市场竞价机制决定），和政府（产品、服务的价格无法完全由市场竞价机制决定）之间的一种第三配置机制。它既能够减少市场调节中存在的外部性交易成本，又能够减少政府监管中的内部性交易成本，从而达到降低总交易成本的目的。

二　行业协会的资源配置功能

尽管从时间和空间的角度来看，在同一国家的不同历史时期或不同国家之间，行业协会的资源配置功能可能存在着差异。但总体上看，在企业资源的配置过程中，行业协会一般发挥着以下几个方面的功能：

（一）信息收集和提供功能

行业协会的信息收集和提供功能主要体现在：

1. 信息库功能

行业协会的会员在加入协会时需要向协会提交企业的相关信息，而协会在日常的工作中也会定期跟踪和动态收集协会会员的产品、技术和市场等方面的信息，发挥信息收集的功能。另外，协会会员之间进行交易时，可以从行业协会获得交易对手的交易信息，并以此判断交易对手的信用状况。协会会员企业与协会外企业从事交易时，也可以委托行业协会协助收集交易对手的信息。在此过程中，行业协会充当了信息库的功能。

2. 信誉评价中介

保持中立地位的行业协会常常会接受协会会员的委托，从专业角度对相关投诉的真实性进行调查，并将调查结果公布于众。此时，行业协会充当了信誉评价中介和投诉甄别中介的角色。

3. 提供个性化的信息服务

行业协会能够利用其专业化的优势或共同利用外部知识资源，对行业的发展前景、变化趋势做出预测，并针对不同的协会会员个体或群体提供专业化的信息服务。

（二）协调行动功能

行业协会的协调功能主要体现在对内统一协调和对外统一协调两个方面。在对内协调方面，尽管行业内各成员之间存在着某些一致的共同利益，但各成员之间仍是以竞争为前提的。这样，当各个成员之间因竞争而产生利益冲突，并威胁或有损于行业的整体或根本利益时，行业协会就会通过各种手段协调冲突企业的矛盾，促进行业整体的稳定发展。在对外协调方面，作为协会内所有企业整体利益的代表，协会成员企业能够从行业协会所组织的各种一致性行动（如游说政府、抵制不正当竞争、联合诉讼等）中得到直接和间接的利益（如共享税收优惠、享受政府补贴等）。

行业协会的协调行动还表现为其内部惩罚机制对各成员之间协调合作的制约和保证。前述有关企业信誉机制的分析表明，长期重复交易关系是构建声誉和避免"搭便车"动机的重要保证前提。行业协会以一种组织的形式保证各个协会成员在组织内部进行长期重复的交易，并使协会成员彼此之间的信任和依赖关系得以强化。对于违规或不守信用的成员，行业协会则通过制定规约和处罚程序（罚款、停工或开除），实施处罚，从而避免那些只顾及短期利益的机会主义行为造成行业整体利益的损失。

（三）规则创制功能

在长期的商业实践活动中，每个行业都会形成适用于本行业交易活动的一系列交易行为模式，这些行为模式在长期的商业实践中由于其有效性而得到各交易参与方的普遍认同和广泛推广。体现行业整体利益的行业协会将这些行为模式规则化，形成较正式的调整协会成员行为以及成员间关系的交易惯例和规章制度。在此基础上，各国法律部门将这些交易惯例和规章制度以法律的形式固定下来，使其逐渐得到社会各界的普遍承认。

在现实的法律起草和制定过程中，由于行业的专业性和交易的复杂性，与专业性的行业协会相比，政府的法律部门往往不具有信息优势，此时，需要借鉴行业协会已有的规章制度来制定出符合特定行业实际的法律或监管规则。例如，成立于1912年的美国商会在立法方面，对公众政策、法律的制定和结果产生了重要的影响。商会代表常常在国会作证并进行院外游说，与国会议员、政府官员商讨有关法律、公众政策。在司法方面，美国商会通过其下属的全国商务诉讼服务中心（是一个非营利的公众政策法律事务所），在联邦法院和立法机构中代表美国商界表达有关公众政策性的立场。

（四）自律功能

行业自律是行业协会最为根本和基础的功能。行业协会通过组织企业制订并执行行规行约，规范行业企业的行为，促使其遵守市场规则和政府的各项管制政策，推动行业的健康发展。行业自律主要表现为：

1. 自我规范

行业协会通过制定和敦促其成员严格遵守行业规则和行业标准，规范各成员的业务交易活动和市场交易秩序，提高交易效率。

2. 自我约束

行业协会通过其统一的协调行动和内部惩罚机制，约束其成员的行为，使之符合法律法规规则和社会各方面的合理要求。

3. 自我管理

在政府的一定授权下，行业协会对其组织事务和成员间的公共事务，进行自我管理，促进行业协会自身及其成员的发展。

4. 自我控制

通过制定和实施组织内公共政策，规定自治组织及成员的业务发展方向和发展步骤，并将自治组织成员利益与社会整体利益以及相关组织利益合理地协调起来，自觉将自治组织及其成员利益的自我追求限制在社会许可的合理限度内。

（五）管理和服务功能

行业协会通常会得到政府授权而代替政府行使行政管理的职能。如协助政府部门对本行业进行调查研究，为政府部门对本地的产业布局、市场规划、行业管理、结构调整、企业发展等提建议、当参谋，协助政府指导本行业发展等。

服务功能是指除信息服务外，行业协会会为企业提供各种与经营有关的服务，如产品展览、国际商务联络、业务咨询、员工培训和市场调研等。

三　行业协会资源配置的局限性

行业协会在资源配置中的局限性来自其俱乐部组织的特性，表现为非会员企业的共谋、排他性限制竞争和不正当竞争引起的经济效率低下，以及实施犯罪性暴力所导致的社会成本。

由于行业协会拥有协会商品供求双方的信息，而且拥有统一协调和内部惩罚的权力，如果行业与行业之间处于激烈的市场竞争之中，则单边性或区域性的行业协会就有可能将行业内统一的协调行动转化为共谋行动，实施有损于竞争者、客户、消费者以及行业内弱小企业利益的行为。在限制竞争方面，行业协会采取的措施通常包括统一定价、数量限制、划分市场、共同抵制和拒绝同行非成员进入已有市场等，在鼓励不正当竞争方面表现为拒绝交易、价格和交易条件歧视、内部利益团体的歧视等，此外还有对会员活动的限制等（余晖，2001）。

当然，行业协会的共谋、排他性限制竞争和不正当竞争等非效率资源配置行为的发生与其组织的结构有关。如果是全国性的行业协会或者是面临其他行业竞争的行业协会，其中立性的程度较高，采取共谋或限制竞争以及不正当竞争的可能性较小。相反，在单一产品市场或区域性市场拥有垄断权的行业协会，实施共谋、限制竞争和不正当竞争的可能性最大（孙丽军，2004）。

第三节　日本行业协会在企业资源配置中的功能

作为企业外部治理中市场竞争和政府监管机制的补充和替代机制，行业协会在企业资源配置中发挥着重要的功能。但是，由于各国社会组织结构中主体间的相互关系存在着差异，特别是行业协会与企业或市场、行业协会与政府的相关关系不同，各国行业协会在企业资源配置的运作机制和功能上呈现出不同的特点。从发达国家行业协会发展的历史及其在企业资源配置中的运作机制来看，主要有三种不同的模式：（1）以英美等国为代表的完全自由分散的行业自律管理模式。该模式下的行业协会完全由企业自愿参加，自下而上自发形成，政府几乎不予干预和资助，会员之间、行业协会之间、行业协会与政府之间的关系是以横向联系为主要方式，行业协会享有极大的独立于国家以外的自治权。（2）以德法等国为代表的政府和协会紧密结合模式。该模式下的行业协会为公立公益性法人组织，行业协会的成员和行为运作都必须有法律作为依据。该模式下的行业协会具有政府公共管理性质，与政府间存在不同程度的合作关系，经常被当作政府的组成部分和延伸机构，多以政府的助手出现，与政府一起完成对社会成员的管理。（3）以日本为代表的政府积极推进的行业协会自律模式。该模式下的行业协会均按照行业的不同，由企业自愿组成，并依法设立。在行业协会的组建中，大企业发挥着主导作用，中小企业参与，自上而下由政府推动，并在不同程度获得政府的支持和资助，既保证了行业协会的自愿、自主和自律性的特征，又能发挥企业与政府之间桥梁的"官民协调"的功能。因此，日本行业协会的运行和资源配置机制兼具了英美和德法两种模式的优点，具有非常强的典型性意义。在本节，我们以日本行业协会在企业资源配置中的运作机制和功能为例来实证检验行业协会在企业外部治理中资源配置的作用。

一　日本行业协会的运作机制

（一）日本行业协会的组织结构体系

日本行业协会的发展具有悠久的历史。早在明治维新时期，为实施维新政府提出的"贸易立国"的战略，日本政府在内务省专门设立了收集海外市场情报、推销国内商品的劝商局。劝商局成立后，积极促进对外贸易企业的形成和成长。当时，由劝商局"育成"的对外贸易商社主要有起立工商会社、广业商会、开通社和三井物产会社等。在日本工业化形成及战后经济重建和高速发展的过程中，本着企业自愿的原则，在日本政府的积极支持下，日本行业协会获得了快速的发展。行业协会遍及日本各个行业，几乎所有的企业，无论是大型企业还是中小型企业都有自己的行业协会组织。到目前为止，日本行业协会已形成了一个双层制的金字塔式的网络组织结构体系。

处于金字塔底层的是遍布日本企业界的各种专业性和地区性的行业协会。地区性的行业协会以同一地域为联系纽带，以促进地方企业间的横向联系为主要目的，如日本各都、道、府、县、市的商工会议所。专业性行业协会以促进本行业企业间的协作发展和技术进步为目标，代表和维护本行业企业的利益。这种类型的行业协会几乎遍及每个行业，且组织名目繁多。有的称为工业会，如日本电子工业会、日本产业机械工业会；有的称为联合会，如全国银行协会联合会；有的称为联盟，如日本钢铁联盟、日本石油联盟；有的称为协会，如日本证券业协会、日本化学工业协会等。不仅如此，在日本许多大行业内部又细分为若干小行业组织。

处于金字塔顶层的是包括各行业协会在内的全国性、综合性的行业组织。这类行业协会的成员遍及各个产业和行业，但活动范围涉及整个国民经济各个领域，并不局限于某个产业或行业。其中，最有代表性的是日本四大行业协会组织，即经济团体联合会、日本经济者团体联盟、经济同友会和日本商工会议所。经济团体联合会主要是以大企业为中心的企业界团体总部，负责联系经济界的各个部门，广泛了解企业界的意见，并代表企业界同政府就重大政策进行密切磋商；日本经济者团体联盟由各地方经营者团体和各行业团体组成，主要负责调查研究并处理劳资关系问题；经济同友会是日本企业经营者以个人资格参加的协会组织，其功能是从国民经济立场出发提出一些意见和建议，以供政府参考；商工会议所是日本历史最悠久的经济团体，成立于 1878 年，其前身是东京商工会议所，其成员主要为工商业者，是以中小企业为主要成员的商会组织。

（二）日本行业协会的运行机制

日本行业协会的运行机制兼具英美行业协会和德法行业协会两种模式的特征。具体而言，其运行机制呈现出以下特征：

1. 会员自愿入会，依法设立

在会员构成方面，日本行业协会采用了英美模式下行业协会的原则，只要企业有意愿并提出申请，均可加入。但是，与英美模式下行业协会的自由放任不同，日本行业协会均是依照民法、宪法和特殊法律成立的团体，具备财团、社团和特殊法人资格，其活动受法律保护。依法设立、组织并开展事业活动，是日本行业协会存在和发展的一个重要特点。

2. 协会的运行具有相对的独立性、自主性和民主性

日本行业协会的独立性和自主性体现在：其具有独立的法人资格，活动运营受到法律的充分保护；其经费来自会费收入、事业活动收入和各类社会基金的支持，政府对行业协会不给予资助。其民主性则表现为：行业协会的领导人基本在本行业内部选出，一般为本行业内享有较高威望的大企业领导；对行业协会运行中涉及的相关问题的处理也采取民主方式，大多数问题的解决都以会员企业间相互协商的方式进行。

3. 接受政府指导，与政府保持密切的联系

日本行业协会在保持相对独立性的同时，也积极与政府合作，同政府之间保持着良好的关系。行业协会在组织内部就一些重大问题进行协商并达成一致意见后，还要与政府进行沟通，争取政府的支持。另外，政府对行业协会的发展也给予高度重视并从政策上予以支持和引导。在对待行业协会的态度上，日本政府采取了"官民协商"的原则，给予民间组织与政府对话的渠道，甚至明确在政府部门内安排适当的部门以对民间组织进行指导。在日本政府设置的各种政策咨询机构中，如恳谈会、审议会和座谈会等，行业协会通常是固定的参与者。特别是日本四大行业协会组织，其领导人常常是日本首相或政府各部门设立的咨询机构的领导人。同时，政府也邀请行业协会出面调研、出面参与恳谈会以了解更多的行业实际状

况，甚至将一部分政府职能交给行业协会去做。此外，政府也会要求不同的政府部门负责与行业协会保持固定的联系。例如，日本自动车工业会每年都承担着行业生产、销售、进出口等数据的统计工作，并将有关信息定期向经济产业省报告。行业协会通常会比一般企业更早得知关于政府项目、制度变化、产业政策的信息。政府通过行业协会渠道将信息传递给企业，并通过行业协会收集反馈意见，形成经常性的与政府的对话和磋商机制。

二　日本行业协会的资源配置功能

在日本经济的发展过程中，行业协会的资源配置功能主要体现在信息的调研和收集、企业间协调行动、管理咨询和指导服务、为政府提供政策和施政建议四个方面。

（一）信息的调研和收集

为克服企业生产和经营过程中存在的信息不对称，日本行业协会经常在行业内开展有关本行业企业生产、流通、消费、经营、技术开发、出口贸易、国外产业和市场等方面的调查研究，为行业发展提供预测，为政府制定政策提供依据。调查的内容包括行业基础、动态、动向和市场等。以出口产品为主的行业组织则经常为企业提供国际市场信息调查和信息收集等服务。除此之外，行业协会还通过国内外市场调查、收集情报、出版协会刊物、发行广告和举办国内外展览会等形式传播信息，沟通渠道，积极为本行业企业推销产品，最大限度地占有国内外市场。例如，日本机械工业联合会通过收集国内外经济技术情报，定期进行本行业生产经济形势的调研预测，编制行业出口统计和动向预测以及行业内各种产品的发展前景和展望等。这些服务为企业制订发展规划起到了有益的指导作用。

（二）协调企业间的行动

在市场经济条件下，行业内企业之间不可避免地会存在着激烈的竞争。为维护正常的竞争秩序，避免过度竞争对行业内企业造成不必要的伤害，行业组织的重要功能之一就是协调行业内成员之间的利害关系。在这方面，日本行业协会主要通过推进企业间的信息交流，协调利害关系，解决成员企业间的利益纠纷，帮助成员企业进行合理的经营资源的开发和利用等信息沟通渠道和利益协调机制来避免企业间的过度竞争。例如，日本食品行业工业会经常通过召开恳谈会的形式，协商解决企业之间的重大利益问题，还根据政府的政策、法令对企业实行一定的纪律约束，比如通过洽商合理分配某些需要实行配置的原料和产品，以保护中小企业利益，促进经济的均衡发展。

日本行业协会对企业间行动的协调还表现在对企业间资源配置的定价机制协调上。在典型的市场经济下，资源的配置由市场竞争形成的价格机制来完成，而价格是依赖于市场上资源的供求关系自发形成的，企业产品的定价采用成本加利润的方式。但在日本，由于众多的行业协会等中间性组织的存在，使得产品的市场竞争结构和定价机制都得以改变。日本企业在定价时，首先考虑的是与行业内其他企业间的竞争关系，在考虑市场需求和交易对象购买力的基础上，测算以何种价格定价才能销售。在价格设定之后，日本企业通过削减成本以确保利润。这种定价方式被称为"预先考虑需求"的定价方式。建立在这种定价方式基础之上的日本企业在生产过程中减少了生产和定价的盲目性，提高了经营效率。

此外，日本的雇主协会、大企业组成的工业俱乐部等是专门从事劳资关系处理的行业组织，其主要工作是协调成员企业对熟练工人的无序争夺、防止罢工和对工人的管理，如工作环境和工资待遇等。由于日本行业组织在劳资问题上采取在企业间进行协调的"怀柔政策"，因此，有效缓和了劳资矛盾，提高了劳动生产率，这也是20世纪六七十年代日本经济飞速增长的重要原因之一。

（三）管理咨询和指导服务

在日本经济的发展过程中，中小企业无论是在提供就业机会、技术创新，还是在为大企业提供服务等方面，都发挥了重要的作用。但由于市场经济固有的垄断和外部性等市场失灵的存在，加上中小企业规模小、研发投入不足等特征，中小企业在市场竞争往往处于不利的地位。在此背景下，日本行业协会的存在为中小企业的生存和发展提供了重要的依存环境。日本行业协会通过为中小企业提供资源、资金、人才、信息、管理和其他服务，弥补了市场的缺陷，起到了政府和市场无法替代的作用。

日本行业协会为中小企业提供的管理和指导服务主要涵盖几个方面：（1）组织中小企业进行联合生产、加工、销售、购买、保管、储运等，促进中小企业的组织化生产。（2）为中小企业提供管理诊断、咨询和指导。（3）研究和制定本行业产品的统一规格和技术标准，并为中小企业提供行业发展前景预测。（4）为中小企业提供信贷支持。中小企业由于自身规模较小，缺乏必要的信贷担保和信用基础，单个企业获得银行信贷资金支持非常困难。在此背景下，日本行业协会往往采用某种集合性的制度安排，由其出面为成员企业向银行申请贷款或为成员企业提供担保，以提高成员企业信贷资金的可获得性。此外，行业协会承担了成员企业信贷资金的部分风险，从而激励行业协会强化对成员企业的信用监督。
(5) 为中小企业提供人才培训、设备等。

日本行业协会为企业提供管理咨询和指导服务还体现在充当企业与政府联系的桥梁，积极反映本行业企业的愿望和要求，使政府在制定政策时能考虑到企业尤其是中小企业的利益。在日本经济发展过程中，政府制定和实施产业政策以及企业对政府政策的需求大多都是通过行业组织与政府各省厅和企业之间进行交涉来实现的。行业协会等中间性组织一方面将行业发展和需求的各种信息反馈给政府，供其制定政策时参考；另一方面，也将政府的各项政策、法律贯彻到行业内企业，从而发挥着企业与政府之间沟通桥梁的作用。

（四）为政府提供政策和施政建议

日本企业行业协会最大的特点是在保持相对独立性的同时，积极与政府合作，为政府各种经济政策的制定和实施提供建议和帮助，同政府之间保持着良好的合作关系，从而形成了独具日本特色的"官民协调机制"。

无论是在明治维新时期还是在战后高速经济增长时期，产业政策在日本产业和经济发展中发挥了重要的作用。在日本产业政策的制定和实施中，日本各产业行业协会特别是四大行业协会组织，通过与政府、企业之间建立有效的协调和沟通机制，为产业政策的制定和实施提供咨询意见和建议等，保证了产业政策的合理性和有效实施。日本行业协会与政府进行协调沟通的渠道和途径如下：

1. 通过各种正式与非正式的渠道，主动参与政府经济计划和产业政策的制定

日本政府在制定和实施经济发展规划和产业政策前，通常都会向产业界征求意见，在政府和产业界双方未能达成一致意见之前，任何一方都不能单独行动。因此，为使政府的发展规划和产业政策能够得到产业界的支持，日本政府往往会寻求行业协会的帮助，在制定经济发展规划和产业政策的过程中，广泛征求行业协会的意见。在参与咨询的过程中，行业协会领导人会积极向政府行业主管部门提供行业信息，反映行业企业的利益诉求，并通过反复与政府部门的沟通与协商，寻求政府和企业双方都能接受

的方案。与此同时，如果行业协会的成员企业或领导人对政府已实施的产业政策存在意见，也可以通过行业协会向政府主管部门反映，敦促政府加以改进。

2. 积极推动政府政策的实施

在行业协会组织与政府就某一行业的发展规划和产业政策达成一致性的共识后，行业协会就会积极促成政府政策能够在企业间得到有效实施。日本各行业协会内部都设有研究政府政策的委员会，在政府政策颁布后，该委员会就会针对政府的政策，研究政策实施的具体化措施，并提出本行业的实施对策，以便更好地贯彻执行政府的政策。如 20 世纪 70 年代，根据"技术立国"的方针，日本政府在 1978 年制订了《特定机械情报产业振兴临时措施法》，提出了机械产业知识集约化和发展新技术的政策。在此背景下，日本机械工业联合会等行业组织对产业和技术战略研究开发提出一系列的发展对策，如创设新技术开发扶植制度、改善委托研究制度、培育风险企业和工程咨询企业等。

第八章　日本企业第三配置
的思想源泉

  日本现代企业制度始于 19 世纪 60 年代的明治维新时期。在此之前，日本是一个地方势力割据、商品货币市场经济获得初步发展，但仍以传统农业经济占主导地位的封建农业国家。1868 年，经过明治维新改革，日本建立了统一的中央集权的民族国家，为日本经济向近代工业化社会发展奠定了政治基础。随后，通过明治维新改革中的"富国强兵"、"殖产兴业"、"贸易立国"以及"文明开化"等一系列推动近代经济发展的政策措施的实施，日本建立起了适应现代经济发展的资本主义经济体制和制度。从 19 世纪中叶的明治维新开始到 20 世纪初的第一次世界大战前期的 40 多年时间内，日本实现了近代经济的成长和产业工业化的起飞。

  日本经济的近代化发展和产业工业化的起飞是在市场经济发展所需要的人口、技术、资本等基础条件比较薄弱的情况下，通过明治维新借鉴和移植欧美资本主义制度而完成的。明治维新时期是日本由传统农业社会向近代工业社会转型的时期。明治维新时期日本产业革命的形成和发展，使机械大工业逐渐成为社会经济中的主导产业，并使日本社会在极短的时间内完成了由农业社会向现代工业社会的转变，西洋之风盛行于日本社会的各个领域。经济社会领域的深刻变化必然带来思想领域的革命。在由幕府时期的农业社会向明治维新之后的工业社会转型过程中，一批受过日本神道教、中国佛教和儒教思想熏陶和西方启蒙思想影响的日本政治家、学者和企业家也在不断地思考和探讨日本经济变革和社会发展的目标和途径，提出了各种不同的经济发展思想。尽管在当时来看，这些思想主要体现为重商主义与重农、重工主义、自由主义、保护主义之间的争论，但从内容来看，各个思想家的目的仍是探讨如何使欧美等西方的商品经济制度与日本农业社会的"土壤"相结合，以促进日本商品经济的快速发展。因此，在日本明治维新前后的经济发展思想中包含有诸多结合日本现实探讨商品经济与伦理道德的经济伦理思想。这些经济伦理思想不仅对当时日本农业社会与西洋文明的融合发挥了重要的作用，而且对明治维新以后直至今日的日本经济社会的各个领域都产生了持久的影响。战后日本企业中普遍存在的系列持股制、终身雇佣制、年功序列制、内部晋升制等第三配置机制等无不与明治维新时期所形成的经济伦理思想有关。

第一节　日本重商主义中的第三配置思想

尽管日本近代工业化开始于明治维新时期，但在明治维新之前的幕府中后期已出现了重视工商业发展的重商主义思想。从江户时代中期开始，日本社会已开始出现商品货币经济的萌芽。在幕府时期，在幕藩体制的纳米年贡制度下，日本国内形成了多方面对商品市场经济的需求。幕府后期，东京、大阪、京都等全国性大城市市场逐渐形成，藩内贸易和诸藩之间的贸易已比较发达，商品货币经济的重要性日益显现。随着商品货币经济的迅速发展和商人商业地位的增强，反映到思想领域中出现了要求对商人、商业利益进行肯定和保护的观点和主张，一批学者提出了重视和发展商品经济、保护商人利益的重商主义思想，也对商人应具有的商业道德进行了阐述，体现出日本重商主义者对第三配置思想的重视。其中，最具代表性的是石田梅岩（1865—1744）的"商人之道"论。

一　日本重商主义的基本思想

日本重商主义分为早期重商主义和晚期重商主义两个阶段。早期重商主义的经济思想主要形成于幕府中后期，其主要代表人物有石田梅岩（1865—1744）、海保青陵（1755—1817）、佐藤信渊（1786—1850）和横井小楠（1809—1869）等；晚期重商主义产生于幕府后期及明治维新期间，其代表人物和理论有神田孝平（1830—1896）的以商立国论、福泽谕吉（1835—1901）的商工立国论和加藤弘之（1836—1916）的重工主义理论等。

（一）日本早期重商主义的主要思想

幕府中后期日本商品货币经济已获得初步发展，但德川时代幕府幕藩体制下的"石高制"、"兵农分离制"、"士工农商分离"等土地年贡制和身份统治制度①下，商品货币经济的发展面临着一系列观念、制度的阻挠。在此背景下，以石田梅岩、海保青陵、佐藤信渊和横井小楠等为代表的重商主义者提出了一系列旨在推动当时日本工商业经济发展的主张和观点。综观他们的观点，主要包括以下几个方面：

1. 充分肯定商业和商人在社会经济发展中的地位和作用，主张通商交易的必要性和商业利润的合理性

石田梅岩认为，由于商业的存在，人们方可"以其有余，易其不足，互通有无"。商业的基本作用在于"通天下之财宝"，其作用是不可能为其他职业所替代的。佐藤信渊则认为，通商交易是发展国家经济的最大事业，是国家实施政策措施的根本前提。人们如不通商交易，就不能互通有无、满足各方面生活需要。在论证商人的地位和作用方面，石田梅岩认为，商与士农工一样，均为"天下百姓"，相对于君主而言，均处于"臣"的地位，区别只在于各自所司职责不同而已。"士，既位之臣；农，草莽之臣；商工，市井之臣。""士农工商，其职虽异，然却通于一理。"②"士农工商相助以治天下"，其地位应该平等，而不应有高低贵贱之分。在论证商业利润的合理性方面，海保青陵则将商业利润与自然界的物物相生现象相对照，认为商人获取商业利润是符合自然法则的。而石田梅岩则认为，商人从事商业经营活动获得利润，如同工匠做工获得工钱、农民种地获得收成、武士供职获得俸禄一样，是天经地义的事情。此外，商人获得利润需要承担风险，所以，商卖之利更值得肯定。

2. 主张大力发展藩与藩之间的自由贸易和对外贸易

幕府统治时期，地方各藩面临财政危机，当时，各藩的对策是采用节俭的办法来应对。面对这种情况，海保青陵主张通过增加收入来满足消费。增加收入的方法是实行藩专卖制。各藩鼓励适合本地区的农作物生产，将民间农作物收集至藩之手，然后卖往外藩，改变以往完全由小商小贩经营的状况，以降低成本，获取商业利润。同时，海保还认为，要发展

①　"石高制"是指不用面积而用法定标准的米谷收获量来表示封地或分地数量或年贡量的制度。在幕藩体制下，对领主、武士而言，"石高"是授受封地和承担军役的基准。对农民而言，"石高"则是农民持有份地和担负年贡赋役的基准。"兵农分离"制度是指禁止武士耕农和农民持有武器。商工农分离制度的核心是固定身份和职业，区别"士农工商"，确立由"士"统治"农工商"的"武家统治"。

②　石田梅岩：《俭约齐家论》，《石田梅岩全集》上卷，第23页。

藩与藩之间的贸易，必须废除诸侯国之间的经济封锁，做到"物畅其流"，使商品在各藩之间可以自由流通。海保青陵认为，"一国欲于己有利而吸取他国之金，物畅其流，其机密所在也。……上有助于物畅其流，则民皆有利于己而吸取他国之金也。"在对外贸易方面，佐藤信渊认为，日本是洋中大国，在航海通商方面处于最有利地位，因此，日本应大力发展航海业，以收国际贸易之利。横井小楠则主张开国和进行对外贸易是创造富裕国家即"富国"的题中应有之义。在其 1860 年所著的《国是三论》中明确指出，对外贸易会带来多种经济利益，缔结贸易关系也是世界秩序的一部分，日本不能一直置身其外。当然，横井小楠也认识到，开放国家、无限制地进行对外贸易势必招致灾难，日本将来要从与世界的自由贸易中受益，必须进行完全废除禁止职业流动和藩际贸易的封建限制等经济制度和政治制度改革。

3. 主张国家经营商业，直接控制流通，反对商人自由流通

佐藤信渊认为，"所谓经济，就是经营国土、开发物产，是国家富饶和救济万民。对于统治国家的君主而言，这是不可须臾懈怠的任务。如果忽视了对经济的管理，国家必定衰弱，统治者和百姓都将财用困乏。"①因此，整个社会的应急事务应由国家统一管理，而在商业流通方面，由国家设立"融通府"进行管理。若放任商人自由流通会导致兼并现象发生，致使贫民流亡，带来严重的社会问题。

（二）日本晚期重商主义思想

幕府末期和明治维新初期，是日本新旧体制交替、文明开放的时期。在西欧列强的武力威慑下，日本被迫实施开国政策。开国和明治维新后实施的一系列开放政策，带来了商品经济的繁荣和发展。贸易和商品经济的重要性越来越受到重视和认同。在此背景下，以神田孝平、福泽谕吉和加藤弘之（1836—1916）等为代表的经济思想家进一步从理论和政策上论证了发展商业和工业对日本的重要性。概括起来，他们的主要观点为：

1. 工商立国

神田孝平从商业可以增加政府财政收入的角度提出了"以商立国"的理论。他认为，商业比农工业会提供更多的利润，国际贸易可以增加商业盈利，这两方面都可以增加政府的税收；同时，"以商立国"可以减免

---

① 佐藤信渊：《经济要略》，《日本思想大系》第 45 卷，岩波书店 1977 年版，第 522 页。

农业租税，促进农工业的发展。福泽谕吉则认为，"何为我立国之大政方针？今日本之农业已不足以支撑国家，不能供养国内现今之生存人口。此明白之事实谁也不予否认。如此，则应彻底放弃农业立国之旧观念。极而言之，应意识到医食住等一切必需品均需从国外输入。国民全力以赴，投身工商业，专以制造贸易立国。下此决心，至关重要。处今日之世界而欲国之富强进步，千思万虑，如何讲求工业风尚，我辈敢断言而毋庸置疑者，商工立国外无他路。"① 由此可见福泽谕吉的"以工商立国"的思想。

2. 强调放任工商业自由发展，主张在社会上形成崇尚工商、肯定工商业者地位的新风尚

针对当时日本社会存在的片面强调发展农业、抑制工商业的观点，加藤弘之认为，这种观点是"腐儒之愚见"，政府不应该去做这种蠢事；在工商政策上，政府应"重三者共盛之事，大抵任之于自然之势，不帮倒忙，为须注意排除其障碍而已"。因此，政府用放任和扶助的政策，农工商业不仅能自发发展，而且三者的比例也会自发调节。福泽谕吉认为，"使天下形成尚商之风，使商在社会上获得上层之地位。不仅商卖之事，而且是支配人间万事以立国的尚工之风也得以形成。"② 福泽还认为，"争利，固然为古人所讳言，但是，要知道争利就是争理"③。人们从事的各种活动，包括政治活动从一定意义上说都是交易活动，既然都是"商卖"活动就应该得到尊重。

3. 大力发展对外贸易

福泽谕吉以当时的中国为例，分析了中国鸦片战争惨败的原因在于墨守成规，盲目排外。而当时的世界趋势是，欧美先进国家"不断繁昌，学问、武术尤为精达，炮术训练之盛勿论。此外，制造蒸汽船、蒸汽车等便利之具，不费人力，既为战争之备，又供平日之用，安乐而国强"。因此，他主张注重对外贸易，以促进国内资金融通，刺激工农业生产的发展，使国家趋于强盛。福泽认为，要使日本成为文明富强之国，就必须适应世界发展形势，大力发展贸易实业，将对外贸易放在头等重要的位置。日本成为富强之国的办法不外乎致力于扩大贸易以向世界市场求富。而神

---

① 福泽谕吉：《商工立国外无他道》，《福泽谕吉全集》第16卷，岩波书店1971年版，第257页。

② 福泽谕吉：《尚商立国论》，《福泽谕吉全集》第16卷，岩波书店1971年版，第239页。

③ 福泽谕吉：《劝学篇》，商务印书馆1982年版，第71页。

田孝平则认为，拓展国际贸易业务可在原有商业利润的基础上进一步获得更多的盈利从而增加政府的税收。

二 日本重商主义与第三配置思想

前述表明，无论是日本前期重商主义还是后期重商主义的思想家都强调了工商业发展和立国的重要性，并且提出了通过发展贸易、政府加强管理等发展工商业的政策建议。在主张工商业重要性、尊重商人地位、承认商业利润合理性的同时，日本重商主义的思想家也指出了工商业者在追求商业利润的同时应遵循应有的职业道德的观点。持这一观点的代表性人物是石田梅岩和福泽谕吉。

石田梅岩认为，商人在从事商业活动和追求商业利润时应讲求"商人之道"。所谓"商人之道"是指商人所应具有的职业道德。这包括三点：（1）商人应有正直之心。即商人应堂堂正正地经营商业，堂堂正正地获取商业利润。"商人以直取利为生，以直取利乃商人之正直。"[1]（2）正当的利润应是建立在诚信基础上的利益，而诚信无非是"生来就有的一种天性。"[2]（3）商人应该诚实无欺，平等交易。在商业社会中，每个人都与他人处于对等交易的地位，每个人都应本着"彼此通用万事"的心态对待交易活动，不可有害人之心。当领悟到"商人之道"的真谛时，商人就会理解真正的利益不是贪欲的一时满足，而是勤勉、节俭，或在所有的交易中既提供也要求得到最大限度的价值。

石田梅岩进一步认为，"商人之道"与商人追求"商卖之利"是不冲突的。商人获取正当的商卖之利，不仅不违背商人之道，而且是商人之道的重要内容。但商人不能将追求商卖之利作为唯一的目标，违背商人之道单纯追求商卖之利，就会变得贪得无厌、不择手段，给他人带来痛苦。

在探讨商人如何保守商人之道时，石田梅岩强调了"商人之学"的重要性。石田认为，要使商人尽商人之职，守商人之道，必须依靠学问的力量，使商人知道自己应做什么以及如何做。石田指出，"无学问之力，则有所适从"，"我实知此制意味，故相应使之尽心而后知"，"商人一人学问即可知其然。"[3] 而对于不遵守商业之道，在商业活动中进行欺诈等活动的"不正商人"，石田认为，也只有靠学问的力量才能驱邪从善，净

---

[1] 石田梅岩：《俭约齐家论》，《石田梅岩全集》上卷，第217页。
[2] 山崎益吉：《日本经济思想史》，高文堂出版社1981年版，第94页。
[3] 石田梅岩：《石田先生语录》卷22，《石田梅岩全集》下卷，第283页。

化商业社会的道德风尚。

福泽谕吉在探讨工商立国论时强调了自由、平等和独立的重要性。福泽谕吉指出，"'天不生人上之人，也不生人下之人'。这就是说天生的人一律平等，不是生来就有贵贱上下之别的。人类作为万物之灵，本应凭身心的活动，取得天地间一切物资，以满足衣食住的需要，彼此自由自在、互不妨害地安乐度日。"①"就这些人的基本权利而论，则是完全平等、毫无区别的。所谓基本权利，就是人人重视其生命、维护其财产和珍视名誉。因为天生人类，就赋予了身心的活动，使人们能够实现上述权利。"②福泽谕吉同时指出，"在亚洲各国称国君为民之父母，称人民为臣子和赤子，称政府的工作为牧民之职，在中国又是称地方官为某州之牧。这个牧字，若照饲养畜类的意思解释，便是把一州的人民当作牛羊看待。把这个名称公然标榜出来，真是天理之极。"③福泽还特别强调个人的独立。他在《劝学篇》中反复论证个人独立的重要意义。他认为西方人民独立不羁、自由活泼的精神很值得学习，认为这种精神才是"文明的精神"。福泽把人际的自由、平等、独立扩展到国际的自由、平等和独立，即认为国与国之间应该是平等的、独立的。

第二节　日本明治维新时期的第三配置思想

明治维新初期，在维新派的支持下，日本大量移植欧美政治、经济和文化制度，如在政治上经过改革，废除了幕藩体制，建立了君主立宪制，并废除封建等级身份制度，实行"四民平等"，建立常备军，建立警察制度；在经济上，推进土地改革，废除了封建土地所有制，实行地税改革；在产业政策方面，提出并实施了"殖产兴业"政策，兴办了大批国营企业和扶植私人企业；在文化上，推行"文明开化"政策，对社会习俗进行变革，设置大学，派遣大批留学生赴西欧各国学习，传播西方的启蒙思想等。通过一系列改革，日本在政治、经济、军事、文化上都对西方文化进行移植，加速了其近代化的进程，使日本文化打上了"洋化"的烙印。

---

① 福泽谕吉：《劝学篇》，商务印书馆 1982 年版，第 2 页。
② 同上书，第 9 页。
③ 同上书，第 61 页。

明治政府革除旧弊，移入西方文明，大力推行文明开化政策，使得西洋之风在当时日本甚为流行，形成了所谓的"脱亚入欧"运动。但是，在这一过程中，面对文明开化政策推行中大量西洋文化的"传入"，许多日本思想家在宣传西欧近代文明、论证日本文明开化的必要性时，也强调了继承和发扬日本传统道德和伦理的重要性，并形成了对日本未来经济社会发展产生重要影响的经济伦理道德观。其中，比较有代表性的是佐久间象山（1811—1864）提出的"和魂洋才"论和涩泽荣一提出的"论语加算盘"论。

一　"和魂洋才"与第三配置思想

"和魂洋才"的原型是"和魂汉才"。"和魂汉才"的含义是指在坚持日本固有传统精神的基础上，去取舍和有效利用中国先进的文明。"和魂汉才"流行于日本平安朝时代（794—1192），并延续至日本整个封建社会时期。在中国隋唐时期，日本向中国派遣了大量的遣隋使、遣唐使以及留学生，其目的是学习当时中国的先进文化和制度。通过学习，日本模仿唐律令，先后制定了《近江令》、《飞鸟净御原令》、《大宝律令》和《养老律令》四部律令，在内容上大多与唐律令相仿，在执行的细节上也仿照唐律令做法。在官制上，日本仿唐制建立中央集权的行政制度，将三省六部改为二官八省，职能相似。军事上也仿照唐朝的府兵制。在文化方面，中国的佛教和儒学也引入日本，唐诗、唐乐、绘画艺术等均在日本受到欢迎。中国的许多传统习俗和节日也被原封不动地引入日本，如中国的元旦、七夕、重阳节等。中国文化和各种制度的引入使得日本社会具有了明显的"汉才"特征。但是，日本在引进汉文化时并非全盘照搬，而是将其与日本文化相结合，加以改造，形成具有日本民族特色的制度和文化，以嵌入日本"和魂"的特征。如在宗教方面，日本引入中国佛教和儒教后，将佛教与日本神道教相结合后异变为"现世祈祷教"，将中国儒学打上日本特色，形成日本特色的儒学。

19 世纪中期，受幕府后期西学东渐的影响，日本认识到了中国封建文明落后于西洋文明，开始重视引进西洋文明，对"和魂汉才"加以改进，提出了"和魂洋才"的口号和思想。最早提出"和魂洋才"的是幕府末期的思想家佐久间象山。1854 年，佐久间象山在《省愆录》中率先将"东洋之道德，西洋之艺术"提出，认为两者并举便可"精粗无遗，表里兼该"，两者并用能产生出"泽民物，报国恩"的强国富民效果。佐久间象山提出"和魂洋才"后，经过西周、津田真道以及森鸥外等思想家的发展而成为日本推行对外开放、吸收西洋文化的重要思想。概括起来，"和魂洋才"的主要思想及观点包括以下几个方面：

1. 充分肯定西方科学技术的先进性和优越性，强调学习和了解西方先进技术的必要性

佐久间象山指出"方今之世，仅以和汉之学识远为不足，非有总括五大洲之大经纶不可。全世界之形势自哥伦布以穷理之力发现新大陆、哥白尼提出地动说、牛顿阐明重力引力之实理三大发明以来，万般学术皆得其根底。及至蒸汽船、电磁体、电报机等之创制，实属巧夺造化之工，情况变得惊人。"①"宇宙实理无二。斯理所在，天地不能异化，鬼神不能异此，百世圣人不能异此。近年西洋所发明许多学术，总之皆实理，祇足以资吾圣学。而世之儒者，类皆凡夫庸人，不知穷理，视为别物"。②

2. 不仅要学习西方先进的科学技术等物态文化，而且要学习西方先进的政治、法律和教育制度等意识形态文化

在佐久间象山看来，"洋才"仅限于西洋文明中发达的科学技术，但在西周看来，日本不仅要学习西洋先进的科学技术，而且要学习和引进西洋先进的思想和制度。在给津田真道所著的《性理论》跋文中，西周肯定了津田真道打破了日本长期以来认为西洋穷理即形而上学的偏见。他指出，"西土之学传之已百余年，至于歌舞、舍密、地理、器械等科，有尽窥其室者。独哲学一科则未见其人，遂使世人说西人论气则备，论理则未为"。在给朋友的信中，西周进一步肯定了英美文明制度的优越性。他写道，"小生进来所窥西洋性理之学（形而上学）又经济学之一端，实在是惊人的、公平正大之论，而相觉与从来所学的汉说颇呈异端之处亦有之哉……仅于哲学一门，相觉说性命之理过于程朱，基于公顺自然之道。建经济之大本亦胜于所谓王政。彼方美英等国之制度文物亦超过尧舜官天下之意和周召制典之心"。在批评封建道德观的基础上，西周提出了"人世三宝说"，即健康、知识和财富是人世"三宝"，是天赋予人的，追求"三宝"乃"理之当然"。他指出，"人欲修道德，则必始于尊重自己的'三宝'，而尊重'三宝'不仅是个人行动上及与他人交往上的道德之大本，同时也是政府

① 高桥龟吉：《洋学思想史论》，新日本出版社 1979 年版，第 137 页。
② 同上。

的目的。"日本维新派的代表人物，伊藤博文也认为，"我东洋诸国现行之政治风俗，不足以使我国尽善尽美。而欧美诸国之政治制度、风俗、教育、营生、守产，尽皆超东洋。由之，移此开明之风于我国，将使我国国民迅速步至同等化域。"[①]

3. 在学习西方科学技术和文明制度时，应坚持东方的道德观念，即"东洋道德，西洋艺术"

佐久间象山主张应基于儒学世界观吸收西学知识，并强调二者的融合，但应以儒学为根本。他指出，"道德、仁义、孝佛、忠信等教诲，应从汉土圣人之模训；天文、地理、航海、测量、万物之穷理、炮兵之技、商法、医术、器械、制造等，均应以西洋为主，采五大洲之所长，成皇国之大学问。"[②] 前者为"道德"，后者为"艺术"。"东洋道德西洋艺，匡廓相依完圈模。大地周围一万里，不须欠得半隅无"。"以汉土圣贤道德仁义之教为经，以西洋艺术诸科之学为纬"。[③] 尽管如此，佐久间象山认为，东洋文化（道德）与西洋文化（艺术）两者之间是调和共存的，不存在孰先孰后、孰轻孰重的问题，而应该是经纬交织，相互钩贯的。他指出，"天奏西学艺，术也。孔子之论道，德也。艺术譬如菜肉也，菜肉可以助食气，熟谓可以菜肉而损其味也"。[④] 在佐久间象山提出"和魂洋才"的同时，日本思想家桥本左内和横井小楠也曾明确提出了与佐久间类似的观点。桥本明确指出，"器械艺术取于彼，仁义忠孝存于我"[⑤]。而横井小楠也曾明确指出"明尧舜孔子之道，尽西洋器械之术，何止富国，何止强兵，四海布大义"。[⑥]

当然，必须指出的是，佐久间象山等学者所强调的"和魂"已不是早期"和魂汉才"中"和魂"的含义，而是经过汉化后包含了中国文化在内的日本民族精神，即日本人所拥有的伦理观、道德观、审美观和价值观，如强调对领主忠诚的日本佛教理念、"利益两全"的日本价值观等。

明治维新初期，"和魂洋才"口号的提出得到了日本社会的普遍认

---

① 武安隆：《日本吸收外来文化的历史考察》，《南开大学学报》1987年第4期，第9页。

② 万峰：《"和魂洋才"、"士魂商才"与日本近代的文化战略》，北京日本学研究中心论文集（1992年2月），第3页。

③ 《日本近代思想的形成》，岩波书店1974年版，第36页。

④ 《日本思想大系》（第55篇），岩波书店1971年版，第421页。

⑤ 《日本近代思想的形成》，岩波书店1974年版，第92页。

⑥ 同上。

同，对维新政府文明开化政策的实施起到了重要的推动作用。在明治政府颁布的五条誓文中，就有"破除旧有陋习"、"求知识于世界"的条文。这使得短期内西洋之风吹遍日本，介绍宣传西洋文明、论证文明开化的出版物大量涌现。但是，随之而来的是片面强调"西洋"，忽视"和魂"的现象也比较普遍，从而导致了部分思想家对这种过度欧化现象的批评。如当时思想较为激进的幸德秋水（1871—1911）就认为，从道德上看，明治社会已"腐败堕落"①；另一思想家德福苏峰（1863—1957）更加明确地指出"明治之世界，乃批评之世界，怀疑之世界，无信仰之世界"。封建社会的道德虽"不完全"，"然社会之秩序井然，有条不紊，尚着不完全之衣装"②，而今日却"尽脱旧衣，未着新装"。"今我明治之社会，若从道德上观察，乃裸体之社会"。③思想家元田永孚（1818—1891）也对当时日本社会只重视"艺术"而忽视"道德"的现象进行了批评。元田永孚推崇孔子的"道德之学"，主张"以祖宗训典为基"。另一位思想家井上哲次郎（1855—1944）则进一步对日本过于重视"艺术"而忽视"道德"的现象进行了批评。井上指出，"我邦人采欧洲之事物，不问长短，以为彼国之事物尽善之，东洋之事物尽陈腐"，以致，抛弃东洋之德教"，结果"民心四分五裂，呈可悲之状，如此岂可图国家之富强。"④

由此可见，无论是佐久间象山，还是后来的其他学者，都认为日本不仅要努力学习和吸收西洋国家先进的科学技术和制度，而且在引进的过程中要结合日本实际，将其与日本国民固有的伦理观、道德观和价值观结合起来。

二　"论语与算盘"说与第三配置思想

"论语与算盘"是日本著名思想家和企业家涩泽荣一（1840—1931）所提出的有关日本资本主义发展和企业经营的经济伦理学说，也被称为"道德经济合一论"、"利义合一说"或"士魂商才"说，是日本经济伦理观中最具代表性的理论，也是对明治维新以后日本企业经营管理理念和

---

①　大河内一男等编：《鹅德秋水全集》，《明治文丛》第2卷，1968—1973年版，第150页。

②　植手通有编：《明治文学全集》第34卷，《讼福苏峰集》，筑波书店1974年版，第117页。

③　同上书，第121页。

④　渡边和靖：《明治思想史》，鹈鹕社1978年版，第132页。

文化产生影响最大的学说。

涩泽荣一是近代日本著名的实业家、社会活动家和思想家，被称为"日本近代资本主义之父"、"日本实业之父"、"日本产业经济界的最高指导者"、"儒家资本主义的代表"等。涩泽荣一一生有过农民、志士、武士、幕臣、明治政府官员、企业家和社会活动家等多种职业和身份，参与过明治维新初期的改革设计，将股份制引入日本，创建了日本第一家股份制企业——第一国立银行，从而奠定了日本股份制企业组织模式，其一生直接或间接参与创办和经营的企业多达 500 余家，涉及几乎所有的近代企业和产业部门，是近代日本工业化运动的组织者和指挥者；在社会活动方面，其创办或参与支持的孤儿院、国际友好公益事业 600 余项。更为重要的是，在从事实业经营活动的同时，涩泽荣一形成并提出了一整套完整的实业经营思想，并在晚年将其毕生的实业经营理念和思想整理在其著作《论语与算盘》之中。在《论语与算盘》中，涩泽荣一从处世与信条、立志与学问、常识与习惯、仁义与富贵、理想与迷信、人格与修养、算盘与权利、实业与武士道、教育与情谊、成功与命运 10 个方面，将中国的儒家精神与欧美的商业伦理相结合，提出了既讲精打细算赚钱之术，也讲儒家的经营理念和儒商经营之道的"道德经济合一"说，从而奠定了日本企业经营思想的伦理基础。《论语与算盘》也被誉为日本商业经营的"圣经"。

（一）"论语与算盘"说的提出

尽管《论语与算盘》一书完成于涩泽荣一已迈入古稀之年（70 岁）的 1909 年，但实际上，代表"论语算盘说"核心内容的"士魂商才"、"道德经济合一"、"利义合一"等思想和观点却形成于明治维新初期，即日本由封建社会向近代资本主义社会转型的初期。因此，要了解涩泽荣一"论语算盘说"的精神实质，必须对其产生和形成的社会历史背景及涩泽荣一的人生价值取向有所认知。

明治维新初期，经过"版籍奉还"、"废藩置县"、废止士农工商身份制度等一系列的政治制度改革，日本建立了以天皇为最高统治者的中央集权制。尽管如此，在社会人身等级制度方面的改革并不彻底，虽然在幕府统治下的阻碍社会各阶层流动的士农工商身份制得以废除，但取而代之的是以华族（原公卿、诸侯）、士族（原藩士）、卒族（原下级武士）、平民（农工商）为等级区分的新的"武（武士）尊町（商工）卑"的身份制。当时维新政府中的大多数出身于原来武士阶级的官员，并未从根本上摆脱传统的"士农工商"等级观念，整个社会贱商意识强烈，即使是开明的明治政府官员和思想家也只是将工商业利润看作是政府财政收入和军费开支的来源，而不是将商人看作是资本主义发展的中坚阶层。日本要发展资本主义，建立资本主义社会，就必须确立商人阶级的社会地位和主人翁意识。因此，承认商人的社会地位也就成为当时日本社会思想领域必须解决的问题。

另一方面，明治初期，在富国强兵、殖产兴业和文明开化政策下，日本政府确立了"工商立国"的方针，相应地也确立了"大力崇尚金钱，使日本成为金钱之国"① 以及通过殖产兴业以积累产业资本为目的的功利主义价值伦理。大久保利通等政治家提出以"民富充实、财用充足"为急务，福泽谕吉等思想家主张的"大力崇尚金钱"，"断然改变农业立国的旧思想，下决心使国民的全部力量倾注于商工业，专以制造、贸易而立国……除商工立国外别无他路"② 等观点均可说明这一点。在此背景下，思想领域必须尽快提出与此相适应的经济伦理观念，摒弃传统的农本主义、"贵谷贱金"、权力本位、"重义贱利"等价值伦理，构建重商主义、"以金钱为贵"、"以营利为善"的经济伦理价值观。

与此同时，明治初期商业活动得不到重视和尊重也与当时整个社会的商业道德有关。在由幕府时期向明治近代资本主义转型的过程中，整个社会商业道德低下，存在着"为富不仁"、"无商不奸"的理念，在工商业活动中，不讲信用、弄虚作假、欺诈等不道德的行为较为普遍。此外，受洋化运动的影响，日本出现了过度洋化的倾向，部分学者甚至提出了日本"脱亚入欧"的观点。

涩泽荣一出生于富裕的农商兼高利贷家庭，年少时开始学习"四书五经"，熟读了《论语》及其他儒家经典书籍。在学习的同时，涩泽从事着小商品的收购和贩卖工作，受到了"以营利为善"的近世商人伦理思想特别是重商主义思想的熏陶。1867 年，28 岁的涩泽作为幕府的"财务担当"赴法国参加巴黎世界博览会，亲自目睹了法国的银行制度、股份

① 福泽谕吉：《使日本成为金钱之国之法》，《福泽谕吉全集》（第10卷），岩波书店1971年版，第278页。

② 福泽谕吉：《商工立国之外别无他路》，《福泽谕吉全集》（第16卷），岩波书店1971年版，第257、258页。

公司以及商人与政治家平等等欧洲资本主义制度，也让其切身感受到了日本商人地位的低下和日本工商业制度的落后，坚定了"商业能立国"，"立志奋权力谋工商业之发达"的信念。回国后，涩泽荣一参照法国股份制企业的模式，成立了日本第一家公私合营企业——"商法会所"，随后在明治政权中担任负责租税事务的官员，在租税改革、兴办银行和商社、拓殖公司等方面做了大量的工作。尽管如此，涩泽荣一仍深刻地感觉到商人和商业在日本社会中的地位没能得到应有的重视，日本资本主义经济仍掌控在明治政府的官员手中，官员也缺乏建立资本主义经济的意识和自觉性。要打破政治对经济的控制，唯有像欧洲一样，通过设立股份制企业、设立银行建立金融体系，大力发展工商业等。于是，涩泽荣一辞去公职，身体力行地开办实业企业，走上了"一手拿算盘，一手拿论语"，"按照论语的教谕经商牟利"的近代企业家之路。①

涩泽荣一"论语与算盘"说的提出，改变了德川社会朱子学遗留下来的"轻商贱利"、"盖求利者必害人"、"将仁与富、义与利相互睽离的陋习"，以及明治官员和社会意识形态中"权力本位"和贱视商人的风气，同时，也在一定程度上纠正了当时日本商业社会中存在的"道德颓废"问题，建构了适应日本近代资本主义发展需要的近代经济伦理。

（二）"论语与算盘"说的核心思想和内容

涩泽荣一《论语与算盘》是其终身从事实业经营理念和思想的总结，涉及的内容十分广泛，但其核心思想是从经济与道德合一、公利与私利合一、利与义合一的角度来论证商业立国的合理性，从而打破当时在日本流行的"士尊商卑"观念，为近代日本资本主义殖产兴业政策的实施和经济的发展提供了经济伦理基础。

1. 主张商业兴国和重视殖利、金钱的价值观

对法国工业和文明的考察，特别是法国人的谚语"强者的辩解永远是对的"使涩泽荣一深刻地认识到，日本必须走向国富民强。若要达到这个目标，政治、法律的改革非常必要，而振兴工商业则更必要，是当时日本的当务之急。不仅如此，从道德的自我实现角度来看，圣人要做到"博施于民而能济众"必须有物质财富作为基础，而要创造物质财富则必须大力发展工商业。

---

① 涩泽荣一：《传记资料》第 41 卷，涩泽青渊纪念财团龙门社 1965 年版，第 337 页。

对于当时日本社会普遍存在的轻商和贱商观念，涩泽荣一认为，主要是日本社会存在着对儒家思想和利义观的误解。涩泽荣一认为，"自古以来，信奉儒家的学者对孔子的学说一直存在着误解，在这当中对孔子的富贵观念和殖货思想的误解是最为严重的。按照他们对论语的解释，仁义王道与殖货富贵两者犹如水火互不相容，可实际上翻遍《论语》20 篇，根本找不到诸如富贵者无仁义王道之心，而要做一个仁义的人，就必须抛弃富贵观念之类含意的话。事实上与人们的误解相反，孔子恰恰是主张人们走殖货之路的。"① 在《论语》中，孔子并非鄙视富贵而是主张经商求富的。如在《论语·里仁》中就有"富与贵，是人之所欲也，不以其道得之，不处也。贫与贱，是人之所恶也，不以其道得之，不去也。"② 在《论语·述而》也有"富而可求也，虽执鞭之士，吾亦为之。如不可求，从吾所好。"③ 针对《论语》中"君子喻于义，小人喻于利"一直被后人当作商人品格低下，理应遭到歧视的经典依据，涩泽容一认为，"君子和小人的心术是不一样的，君子平生志向于做善事，无论遇到什么事情，首先想到的是必须符合义的要求，然后再决定是否去做，也就是说处人待事是以义为出发点的。相反，小人平生总是不忘谋取私利，无论做什么事情，都以私利为原则。也就是说，只要有利可取，即使有悖于义也要为之。因此，即便是做同样的事情，君子和小人想的并不一样，君子想的是如何行义，而小人想的是如何获取私利，两者之间有着天壤之别。"④ 因此，孔子反对的是不正当的富贵和不合道义不守信用的行为，并不反对可贵可富本身。通过对《论语》的重新阐释，涩泽荣一抨击了将富贵抽离道德而鄙视的传统观念，发掘出了《论语》中以仁义之道谋取富贵的真精神，在工商人士心中树立了追求利润的合理动机，为工商文明在日本的兴起做好了心理准备。

涩泽荣一是在批判中国儒学中的朱子学观点的基础上，建立其以《论语》为中心的工商兴国论。涩泽荣一认为，朱子虽然博学多才，而且热心于讲学，但是朱子之学并没有发挥实际的效用，朱子学的特点是"以学致道"，知行分离，把货殖经济视为人欲，排斥在"仁"与"圣"

---

① 涩泽荣一：《论语与算盘》中译本，九州图书出版社 1994 年版，第 81 页。

② 程昌明译注：《论语》，山西古籍出版社 2000 年版，第 39 页。

③ 同上书，第 82 页。

④ 《论语讲义》，二松舍大学出版部 1975 年版，第 13 页。

之外。朱子的"学问与实际完全隔绝，经学到了宋代尽管有了很大的振兴，但并没有把它运用到实际中。"① 只有志在"博施济众"的孔子的理论，才是"经世济民根本义"，才能够服务于以无限追逐利润为特征的资本主义经济。

2. 经济与道德的合一

涩泽荣一极力反对所谓经济活动与伦理道德（"富与仁"、"义与利"）不相容的旧观念，主张伦理道德与经济的统一（即"富而仁"、"义而利"）。他认为，儒家伦理道德观念并不否认人的求利欲望，这是由人的生存需要本能决定的。人的衣食住等基本需要只能通过经济途径才能满足。当人的基本生存需要得到满足后，才能讲仁义讲道德。但是，取得利益的途径和方法并不一样，只有符合道德要求、用正当的手段取得的利才是合理的利。因此不应当反对人的求利欲望，而应当提倡用道德的方法去追求利益。"论语与算盘的关系是咫尺天涯，看起来很远，实际上很近，也即算盘要靠《论语》来拨动，同时《论语》也要靠算盘才能从事真正的致富活动，也就是只有依据仁义道德和正确的道理而去致富，其富才能持续下去"。② 在涩泽荣一看来，道德与经济不是相互对立和互不相容的，而是互为条件、不可分离的，不存在脱离经济的道德，也不可设想背离道德的经济会给日本社会带来好处。他指出，"抛弃利益的道德，不是真正的道德；而完全的财富、正当的殖利必须伴随道德。"③ 中国的儒家是"以格物致知为明德的根源的，而古之格物致知今日之物质性学问……以此例可推知，生产殖利本可含蓄于道德之中。"④

涩泽荣一认为，经济与道德之所以产生分离和矛盾，原因在于"实行之人未必为仁义道德教师，仁义道德教师未必为实行之人"，而日本武士道与殖产功利之道两者之所以相背驰，是受中国宋代儒家偏于说性论理影响的结果，而这种将道德和经济分开的倾向必然给国家带来危害。因此，要在人们的思想中树立起一种新的思想，即道德是经济生活的产物，离开经济生活来讲道德对国家的命运是不道德的。

---

① 涩泽荣一：《论语与算盘——人生·道德·财富》，王中江译，江西人民出版社 2007 年版，第 98 页。

② 涩泽荣一：《论语与算盘》中译本，中国青年出版社 1996 年版，第 3 页。

③ 《涩泽荣一》第 1 卷，第 507 页。

④ 同上书，第 508 页。

由此可见，涩泽荣一的经济道德合一论强调的仍是商工立国的重要性，是其批判日本封建社会轻商和贱商观点的深化和发展。

3. 利与义的合一

针对商工立国的过程中如何做到经济与道德的合一，涩泽荣一提出了"利与义合一"的观点。涩泽荣一用《论语·里仁》中"富与贵，人之所欲也，不以其道而得之，不处也"① 来支持其利义合一的主张。涩泽荣一认为，不应当反对人们的求富欲望，而应当提倡人们去学习和掌握用道德的方法追求利益的本领。他指出，离开义的利必不久长，离开利的义流于空谈。传统儒家思想虽然承认义利统一，却并不从正面来论证求利的正当性，而是认为对求利必须加以限制。由于陈义过高造成了贬低功利的结果，以至于形成义利截然对立的观念和耻言功利的社会心理，对于经济发展具有阻碍作用。对于以往人们对儒家思想中"仁则不富、富则不仁"的误解，他认为，"孟子也主张牟利与仁义道德相结合，只是后来的学者将两者越拉越远，反说有仁义而远富贵，有富贵则远仁义。"② "所谓实业，无疑以谋求利殖为本旨。若商工业无增殖之效，商工业即无存在的意义……但所谓图利，如果全为一己之利，根本不顾他人，那又不然了……真正的利益，若不基于仁义道德，则决不可永续"。③ 涩泽荣一指出，"要通过《论语》来提高商人的道德，使商人明晓'取之有道'的道理；同时又要让其他人知道'求利'其实并不违背'至圣先师'的古训，尽可以放手追求'阳光下的利益'，而不必以为与道德有亏"。他进一步指出，"缩小《论语》与算盘间的距离，是今天最紧要的任务。因为不追求物质的进步和利益，人民、国家和社会都不会富庶，这无疑是种灾难；而致富的根源就是要依据'仁义道德'和'正确的道理'，这样也才能确保其富持续下去。"④ 在涩泽荣一看来，所谓仁义，除忠君爱国、国益为先之外，还应该具有博爱、诚实、信义、节俭、勤劳等品德。

4. 公益与私利合一

尽管在论证"经济道德合一"论和"利义合一"论时，涩泽荣一引

---

① 程昌明译注：《论语》，山西古籍出版社 2000 年版，第 39 页。

② 涩泽荣一：《论语与算盘》中译本，九州图书出版社 1994 年版，第 110 页。

③ 涩泽荣一：《经济与道德》，涩泽翁烦德会 1938 年版，第 1 页。

④ 史少博：《涩泽荣一"论语与算盘"的儒商之道及其启示》，《学术交流》2010 年第 3 期，第 94 页。

用了大量《论语》中具有古典性的"仁、义、利"概念，但是其最大特点是导入了具有近代性的"公、私"概念，将传统的"义利之辨"提升到了"公私关系论"。"论语与算盘"说的"公私关系论"的主旨，在于伸张商业经营及"私利私欲"的"公利性"和"公益性"，以及"公益即私利，私利能生公益"的价值伦理，树立商人（企业家）作为近代国家主人翁的地位和伦理精神。

涩泽荣一认为，应将从事商业活动所获得利益分为公益和私利两种不同的利。"作为工商业者必须时刻牢记一件事情，那就是所说的公益和私利之分"。公益就是"超越私利私欲观念，出于为国家社会尽力之诚意而得之利"①，"世人以为商业源自私利私欲或只有私利，这个解释是错误的……以我之见，真正的商业经营，并非私利私欲，而是公利公益。经营某事业所得的所谓私之利益，实则亦是公之利益，而所行于公有益之事，亦可成为一家之私利，这才是真正的商业之本体。故此我不得不断言，将商业分之为私利与公益而妄加议论是完全错误的，将利益分之为公与私而进行的买卖，并非真正的商业。"② "推动真商业的不是私利私欲，而是公益公利。"③ 因此，在涩泽荣一看来，商业经营表面上是"私益私利"，实则是"公益公利"，资本主义的本质不是"私"而是"公"，所有的利益都应该是"公益"。公益就是国家和社会的利益，以公益为利就是以国家社会的利益为目的从事工商业活动。他指出"所谓公益与私利本为一物。公益即私利，私利能生公益，若非可为公益之私利，即不能称之为真正之私利。商业的真正意义也就在于此。是故我主张，从事商业的人都不应误解其意义，应专营可致公益之私利，因这不仅可带来一身一家之繁荣，且同时可致国家之富裕，社会之和平。"④ 显然，涩泽荣一的公益与私利合一的理论不仅调和了传统的私利与公益冲突的矛盾，而且强调了"专营可致公益之私利"是推动个人和国家富裕和平的动力。

5. 士魂商才

在提出"经济与道德合一"、"利与义合一"和"公益与私利合一"

① 周见：《近代中日两国企业家比较研究》，中国社会科学出版社 2004 年版，第 195 页。
② 涩泽荣一：《青渊百话》25《商业的真义》1912，涩泽荣一传记资料、别卷第六。涩泽青渊纪念财团龙门社 1968 年版，第 59—60 页。
③ 周见：《近代中日两国企业家比较研究》，中国社会科学出版社 2004 年版，第 196 页。
④ 涩泽荣一：《论语讲义》，日本讲谈社学术文库 1977 年版，第 21—22 页。

的观点的同时，涩泽荣一对日本工商业者理想的道德人格提出了自己的标准，这就是"士魂商才"。所谓"士魂"即指兼具正义、廉直、侠义、勇为、礼让美德为一体的武士精神，而"商才"是指具有经商才干的人才。涩泽荣一指出，"士魂商才的真正意义，就是要具有卓立人世间所必备的武士精神，但仅有武士精神而无商才的话，在经济上又会招来灭亡之运，故有士魂尚须有商才。"① "所谓的商才应以道德为本"，它不能背离道德而存在，而"欺瞒、诈骗、浮华、轻佻之商才，实为卖弄小聪明、小把戏者，根本算不得真正的商才。"② 无论是滋养士魂还是培养商才，归根结底都需要从《论语》中得到教诲和启发，统一于《论语》。"士魂商才"的核心是道德的完善，一个商人要想成功，首先要有高尚的品格，才能获得真正的成功。

涩泽荣一将"士魂商才"确定为日本商人的理想人格，为日本商人的经济活动确定了一个高尚的动机：经营商业的目的不是为了满足一己的私欲，而是为了使自己完善理想人格；商业经营的目的不是为了个人，而是为了社会，为了日本国家和民族的兴盛；经商不但同理想人格没有矛盾，而且还是实现理想人格的最佳途径。通过这种论证和阐释，涩泽荣一确立了经济发展在价值观上的合理性。③

（三）"论语与算盘"说中的核心价值观

涩泽荣一的"论语与算盘"说主张工商立国论，强调殖利、金钱的重要性，提出了"经济与道德合一"、"利与义合一"、"公益与私利合一"、"士魂商才"等工商经济发展的思想，从而为日本近代资本主义发展奠定了经济伦理基础。在构建日本资本主义经济伦理思想体系的过程中，涩泽荣一还提出了一系列与其思想体系中的核心内容相匹配的价值观。

1. 敬业观

涩泽荣一的敬业思想源于武士道的忠义思想，武士的忠义思想为敬业精神提供了信念基础。明治维新以前，武士上要效忠天皇、国家，下要忠于幕府将军、大名。"忠义"既是武士必须履行的职责和义务，也是武士

---

① 涩泽荣一：《论语与算盘》，哈尔滨出版社2007年版，第4页。

② 同上。

③ 黄明云：《试论涩泽荣一的经济伦理思想》，《河北学刊》第21卷，2001年9月第5期，第115页。

追求的精神目标和实现其人生价值的出发点和归宿。涩泽荣一认为，在武士向工商业者转变的过程中，武士的忠义心变成爱国心，进而变成民族心。对于武士出身的工商业者来说，投身工商业不是个人的谋生之计而是国事所需，是日本摆脱西方列强控制的出路，是实现其忠君爱国抱负的具体表现。因此，为了能够成功全心全意投身事业，对事业倾注热心、忠诚乃至信仰就是敬业。具体来讲，涩泽荣一的敬业观包括乐业、勤业和精业三个方面：

（1）乐业。即热爱工商业，献身工商业。涩泽荣一认为，一个人对自己的工作一定要有兴趣，要热爱自己的职业，对自己的职业充满深切的希望。在感兴趣的基础上能够自觉地去承担工作中的职责。他引用《论语》中"知之者不如好之者，好之者不如乐之者"来说明他的乐业观。在涩泽荣一看来，所谓兴趣就是对事业的热爱和虔诚，而对事业的热爱又与社会责任紧紧相联系，要用敬业精神培育责任感，用责任感强化敬业精神。

（2）勤业。即怀着责任心和使命感对事业执着追求。涩泽荣一认为，"徒发豪言壮语而不接触到人生的根本，夸夸其谈而不作丝毫的努力，则到百年之后，即便黄河澄清之时，也必以失败而告终，绝无取得最后成功的希望"。[①] 因此，敬业者要有强烈的职业责任感，忠于职守，忠实地履行职业职责，对工作极端地负责。那种不负责任、敷衍塞责、玩忽职守、马虎草率、偷懒耍滑的态度和行为都是极为有害于事业的。

（3）精业。即对事业精益求精。涩泽荣一认为，工商业者要有坚定的信仰，以士魂商才为指导思想，广泛学习历史、地理和商业方面的专业知识，不断提升工作业绩和水平，做到意志、知识和智慧三个方面都圆满。

2. 金钱观

涩泽荣一所处的幕府末期和明治维新前期，日本社会存在着两种相互矛盾的金钱观。一种是过分夸大金钱作用的金钱至上观，认为金钱是万能的，相信"世人结交多黄金，黄金不多交不深"，"有钱佛陀也灵光"、"有钱能使鬼推磨"等；另一种则是过分贬低金钱作用的金钱万恶论，主

---

① 涩泽荣一：《论语与算盘——人生·道德·财富》，王中江译，江西人民出版社 2007 年版，第 98 页。

要是受中国儒家思想中"为仁不富，富者不仁"思想的影响，认为金钱、物质财富与道德是对立的，是万恶之源。

涩泽荣一认为，上述两种过分夸大和贬低金钱作用的观点都是错误的。他认为，金钱是可贵的，因为"金钱是劳动的象征，一般的物品价格都只能通过金钱来衡量。"但金钱是无罪的，"钱的善恶，视其所有者的人格而定"。他赞同明治天皇皇后的金钱观，即"因持有者之心成宝、成仇，此黄金也"。另外，他反对鄙视金钱的观点，认为孔子并不反对富贵，而是反对见利忘义的富贵。"只要合乎道德的富贵、功名，连孔子也会求之的"。

因此，在涩泽荣一看来，金钱本无善恶，但金钱的来源和用途上存在着善恶。如果是通过诚信、勤奋的劳动获得的金钱，且用于对社会和国家有益的用途，那么，这种钱越多越好。"即使你的财富是你自己千辛万苦积累的，但如果把这些财富都视作一人所有，那就大错特错了。人不能只靠自己，他必须凭借国家、社会的帮助才能获利，才能安全地生存"，"由此看来，财富增加得越多，所受到的社会帮助也就越大，为了报答社会的恩惠……每个人都应尽力为社会添一分力……以同样的爱心去爱社会。"①

3. 诚信观

涩泽荣一认为，诚信是"士魂商才"思想对工商业经营者的道德约束。武士精神的核心是重信义、守信用、讲信誉。在武士向工商业者转变的过程中，诚信无欺应该成为工商业者的商业规范和职业道德要求。"商业道德的真正精髓对国家，乃至世界都有直接重大的影响，如何阐扬'信'的威力，全是我等企业家的责任。让我们全体企业家都能了解'信'是万事之本，理解'信'能敌万事的力量，以'信'来强固经济界的根干，是紧要事中的首要事。"②

涩泽荣一进一步认为，工商业者讲求诚信不仅是个人修身的需要，而且有益于实业界和社会财富的增加。"所谓商业道德，最重要的是一个信字。如果不能守信，实业界的基础就无法巩固。""如果诚信被所有的实业家所履行，那么，日本实业界的财富就会有更进一步的增加。同时在人

① 涩泽荣一：《论语与算盘——人生·道德·财富》，王中江译，江西人民出版社 2007 年版，第 62 页。

② 涩泽荣一：《论语与算盘》，哈尔滨出版社 2007 年版，第 178 页。

格方面也将有大幅度的提高。"①

4. 竞争观

竞争是市场经济的特点之一。受中国儒家思想中和谐文化的影响,讲究"和谐"、反对竞争的"和"的思想在日本比较盛行,这在一定程度上阻碍了日本资本主义的发展。在阐述其"论语与算盘"经济伦理思想的过程中,涩泽荣一强调了工商业者应有竞争意识。他指出,不仅国与国之间存在竞争,人与人之间也应有竞争意识。"诚然,要一个国家健全发展,无论在工商业或学术技艺,或外交,都必须有一种与外国竞争且必求其胜的气概和热情。其实,不只国家如此,对一个个人来说也是这样,若无经常为敌包围而受其苦,无与敌相拼而求必胜之心,是绝不可能进步发达的。"②

在强调竞争意识的同时,涩泽荣一认为,竞争应区分善意竞争和恶意竞争。"竞争也有善与恶,这里我把它分为善意竞争与恶意竞争两大类别。比方说,每天早上比别人起得早,发奋学习,在智力和上进心方面超过其他人,这就是善的竞争。但是,如果以仿冒、掠夺的方式,将别人努力所得来的劳动成果拿来当作自己的,或以旁门左道的方式来侵害他人,这就是恶的竞争……我建议,努力从事善意的竞争,尽量避免恶的竞争。所谓避免恶意的竞争,也就是尊重彼此的商业道德。"③ 因此,涩泽荣一的竞争观是一种"其争也君子"的善意竞争观。④

5. 社会责任观

涩泽荣一认为,工商企业者在坚持诚信、善意竞争的同时,还应承担社会责任和义务。他指出,"如果富豪之士妄想漠视社会,以为他离开社会,亦能维持其财富,对公共事业、社会公益弃之不顾,则富豪与社会大众必然发生冲突。不久,对富豪的怨嗟之声就会转化成社会的集体罢工罢市,其结果将给富豪带来更大的损失。所以,一个人在谋取财富的同时,也要常常想到社会对他的恩义,勿忘对社会尽到道德上的义务。"⑤ 这里

---

① 涩泽荣一,《论语与算盘——人生·道德·财富》,王中江译,江西人民出版社2007年版,第74页。

② 涩泽荣一:《商务圣经》,宋文等译,九州图书出版社1994年版,第17页。

③ 涩泽荣一:《论语与算盘》,哈尔滨出版社2007年版,第156—157页。

④ 史少博:《涩泽荣一"论语与算盘"的儒商之道及其启示》,《学术交流》2010年第3期,第95页。

⑤ 涩泽荣一:《论语与算盘》,哈尔滨出版社2007年版,第92页。

涩泽荣一所指的义务，主要是实业家在获得利润后回馈社会和国家，促进社会进步的义务。他指出，"在处世之际，一般既要立身，同时也要为社会尽力，在力所能及的范围内多做些事，谋求社会的进步。因此，为自己谋求发财、地位和子孙的繁荣等都应放到第二位，而把主要的意图放在如何为国家社会尽心尽力。"①

（四）"论语与算盘"说与日本儒教资本主义

马克斯·韦伯在《新教伦理与资本主义精神》一书中，通过对资本主义形成过程的考察和研究，认为近代资本主义的兴起是以一种精神力量的存在为社会前提条件的，而这种力量在西方国家资本主义形成中有着深刻的社会文化基础，是以基督教新教伦理为母体孕育而来的。基督教新教伦理培育了一种人生价值观和精神追求，而这种人生价值观和精神追求就是资本主义经济伦理的思想和心理基础。新教伦理中的尽天职、蒙恩、勤奋、劳动、守信、克制、俭省、节欲的精神是推动近代资本主义经济和社会发展的内在动力。而在《儒学与清教主义》一文中，韦伯认为，儒家伦理是用一套伦理规范去维系既定社会的和谐秩序，而非以理性态度改变世俗、驾驭自然，不仅不能引发改变世俗的社会力量，而且会产生抵抗资本主义的入世信念，从而缺乏产生社会变革的内在动力。因此，中国的儒学具有传统主义、肯定现状的性质，并非与现实的矛盾展开斗争，并产生出内发性的导向"现代"的革新能量的思想体系。

尽管马克斯·韦伯认为东方儒教伦理会阻碍资本主义发展，但是，明治维新以来的日本近代资本主义改革和发展的成功却表明，事实并非如此。日本明治维新改革是在日本社会长期接受中国传统儒家文化影响，儒家文化的许多观念、理念已深入日本社会各个领域的背景下展开的。诚然，在明治维新的文明开化政策下，日本许多思想家大力引进和宣传欧美西洋文明和发达的技术，但是，除少数极端自由主义学者外，大多数学者都强调了在文明开化的过程中要坚守日本的国民精神，而不是全盘"西化"。所谓"和魂洋才"的观点就是一个很好的例证。而真正将中国传统儒家文化加以改造，使其成为有利于日本资本主义发展的精神动力和经济伦理的还是涩泽荣一"论语与算盘"说。在"论语与算盘"说中，涩泽荣一在批判当时日本社会普遍存在的轻商和贱商思想的基础上，从《论

---

① 涩泽荣一：《论语与算盘》，中国青年出版社1996年版，第57页。

语》出发，肯定了从事物质生产和流通的商工业的重要性和必要性。但他同时也指出，只有基于武士精神、满足社会和国家需要的工商业活动才是值得尊重和提倡的商业行为。这样，通过"论语与算盘"说中的"经济与道德合一"、"利与义合一"、"公益与私利合一"以及"士魂商才"等一系列核心思想，从伦理道德上论证了资本主义谋利行为的正当性，使那些一向自负具有社会使命感的武士阶层有可能把投身工商活动看成是一种符合道义的"国事"，进而充满了使命感。也正因为如此，涩泽荣一的"论语与算盘"说也就被称为将儒教伦理与日本资本主义近代化发展成功结合的典范，其本人也当之无愧地被公认为"儒教资本主义之父"了。

第三节　日本企业第三配置中的
经济伦理思想

从幕府后期至明治维新时期，包括石田梅岩、福泽谕吉、佐久间象山、涩泽荣一等在内的一大批日本思想家提出了一系列旨在促进日本近代资本主义发展的经济伦理观。尽管各学者在如何促进日本资本主义发展方面存在着不同的见解，但在坚持日本固有的民族精神和道德规范的基础上大力发展资本主义工商业这一点上几乎所有的学者都是一致的。无论是佐久间象山的"和魂洋才"，还是涩泽荣一的"论语与算盘"，都强调了工商业者所必须秉承的道德在资本主义发展中的重要性。这一时期的经济思想特别是涩泽荣一的经济道德合一的思想，奠定了日本儒教资本主义的经济伦理基础。明治维新以后，特别是第二次世界大战以后，日本企业资源配置中第三配置的许多特征都体现出了对这些经济伦理思想的继承和发展。

在本书第四章至第七章的内容中，我们分析了日本企业在资金资源、董事会治理、激励机制和外部治理等方面的第三配置机制，但其分析是建立在纯经济学的基础之上的，并没有考察这些第三配置机制与日本传统经济伦理之间的关系。基于此，在本节，我们从经济伦理的角度分析日本第三配置机制与日本儒家资本主义经济伦理之间的关系。

一　主银行制、社长会制中的日本经济伦理思想
主银行制和社长会制度是日本企业在资金资源配置和董事会治理中第

三配置机制的表现形式。这两种形式的第三配置机制都与日本企业股权制度安排中的相互持股制度有关，而相互持股制度虽然与战后日本一系列的制度改革有关，但根本的原因还在于维护日本传统财阀制度下的系列企业集团之间的股东稳定。

明治维新至第二次世界大战之前，日本成立了一系列以家族控制的财阀集团，如三菱、三井、住友等。这类财阀集团通过其家族控制的控股公司，支配着一大批垄断大企业，形成以控股公司为核心的财阀康采恩。战后，美国占领军将其强制解散，但财阀企业实力犹存。1951 年旧金山和会之后，美国结束了对日本的军事占领，放宽了对财阀企业重新结合的限制。在这种情况下，旧财阀大企业又重新集结起来，组合成企业集团或系列企业，并在其内部通过相互持股和社长会制度形成企业集团内部的资源共享和对外竞争。无论是战前的旧财阀还是战后的企业集团或系列企业，都带有家族色彩浓厚的命运共同体的性质。这种命运共同体是日本儒家资本主义经济伦理中"和"的思想的具体体现。

中国儒家文化强调"和"的重要性，所谓"和为贵"即如此。但中国儒学中的"和"反映在价值观上则是一种"中庸之道"和"知足心理"，强调的是和谐共存、维持现状。日本在引进中国儒学之后，结合本民族的特点和国情，在"和"的理解和解释上，既吸收了中国儒学中"和谐"的精华，又强调"共同进取"，将"和"定义为"团结和谐的共同进取"。反映在企业组织方面，这种经济伦理体现为强调企业的和谐和共同进取，使企业或组织形成团结一致、内和外争的家族式命运共同体，而这种命运共同体在现实中的表现就是财阀集团和系列企业。在财阀集团或系列企业内部，不同层级企业之间相互协作、相互竞争并和谐共处，在生产、销售、财务、金融服务和人力资本等各方面资源共享；在对外方面，则以集团的形式统一对外竞争。

二　终身雇佣制、年功序列制、企业内工会与日本经济伦理思想

终身雇佣制、年功序列制和企业内工会是日本企业人力资源配置中最为显著的三大制度。三种制度相辅相成，互为一体，从而构成具有日本特色的企业人力资本配置机制。同时，这三种制度也体现了日本儒家资本主义经济伦理中的"忠、孝、家、信、诚"等理念和哲学。

前述分析表明，在日本儒家资本主义经济伦理中，无论是"和魂汉才"、"和魂洋才"，还是"士魂商才"，都强调了"和魂"作为日本资本主义发展的道德基础的重要性，而"和魂"实际上是日本在引进和吸收中国传统文化基础之上，结合日本实际进行改进后的日本化的中国儒家文化。

中国传统儒家文化中强调"忠、孝"的观念。日本在引进中国儒家文化时，也强调"忠孝"观。但是，中国儒家文化中的"忠孝"强调的是对具有血缘关系的家族的"忠诚"和"孝道"。而在日本化的儒家思想中，"忠孝"最初强调和体现的是对君主、天皇和国家的忠诚和服从。后来，随着日本资本主义的发展，"忠孝"进一步演绎为对企业、集团和所在组织的绝对、无条件和义务化的忠诚和服从。因此，日本的"忠孝"观是超越了血缘关系、具有明显的集体主义和共同体属性的伦理观。在这种"忠孝"伦理观下，集体的目标最高，个人及子集团的目标必须严格服从于集体目标。当集体有着明确的目标，且该目标对所有人都明了和有意义时，个人与集体的统一化过程就会变得更为强烈，人们会用对集体目标的强有力和持续不断的支持来表达对集体的忠诚。因此，对日本人而言，出色地完成工作、达成集体目标是履行上天赋予的义务，也是获得社会权利的前提。当这种忠孝观被运用于企业经营管理时，就体现为员工对企业的绝对忠诚，企业与员工成为命运共同体。在这种命运共同体中，员工对企业忠诚；企业对员工给予全面的照顾，从员工努力工作中获得利润和发展，双方共同承担集体的荣辱毁誉。这种命运共同体式的企业文化在制度上是通过终身雇佣、年功序列和企业内工会等来实现的。终身雇佣、年功序列和企业内工会在制度上保证了员工在岗位、职务、收入等方面的稳定性，从而也就有利于提升员工忠诚于企业的责任感和集体主义精神。

终身雇佣制、年功序列制和企业内工会等日本人力资源配置机制也体现了日本化"忠孝"伦理下的日本企业的"家"的观念。日本化的"忠孝"观使得日本企业成为以虚拟的血缘关系为结构基础的特殊社会组织。在这个社会组织中，企业与员工成为命运共同体，而这一共同体就像一个家庭一样通过个人的作用而发挥其功能。在这个家庭中，员工加入之后，只要不被公司开除就会终身留在公司里，如同与企业有了血缘关系一样，如果无故离职就会不被社会接受，也会有悖伦理。这样，在企业这个命运共同体中，员工受"家"的观念的影响，自然与企业之间形成共同的认同感，从而主动为企业努力工作，并将为企业努力工作和做出成绩看作是忠诚于"家"的义务和责任。同时，终身雇佣、年功序列和企业内工会使员工在就业和收入方面享有充分的安全和稳定保障，从而使员工产生满足和归属感，也使得企业具有凝聚力和向心力。

终身雇佣制、年功序列制和企业内工会还体现了日本儒家资本主义经济伦理中的"信、诚"的理念。从终身雇佣制来看，尽管企业与员工之间有雇佣合同，但合同中并没有明确说明双方签订的是终身的合同关系，也没有明确禁止员工辞职，员工也没有权利要求企业终身雇佣。因此，终身雇佣制的实施和推行的基础并非契约关系的约束，而是儒家哲学中的"信、诚"道德力量发挥作用的结果。企业以终身的岗位和资历工资来购买员工为企业服务的"忠诚"；员工以诚实守信地服务于企业作为回报。企业内工会则通过调和员工与企业之间的劳资关系来体现涩泽荣一的善意竞争的经济伦理理念。

参考文献

一 中文文献

1. 陈端计：《中国经济转型中的第三配置范式及其悖论》，《学术研究》2003 年第 8 期。

2. 陈端计、汪信尊：《中国经济转型中的第三配置失效及其制度修正》，《西南师范大学学报》（人文社会科学版）2002 年第 4 期。

3. 陈静：《激励制度中的声誉激励》，《工业技术经济》2005 年第 24 卷第 9 期。

4. 陈珉、秦兴方：《传统晋升制度的博弈分析》，《华东经济管理》2005 年第 19 卷第 12 期。

5. 陈仕华：《连锁董事：理论研究与实证分析》，《东北财经大学学报》2004 年第 12 期。

6. 陈书静：《意识形态的经济功能——诺斯的意识形态理论辨析》，《社会科学》2006 年第 3 期。

7. 陈霞、段兴民：《锦标制度研究述评》，《经济学动态》2004 年第 2 期。

8. 程承坪：《对企业家的精神激励及其机制》，《科学管理研究》2002 年第 20 卷第 2 期。

9. 戴晓芙：《日本主银行制的兴与衰》，《日本研究》2004 年第 1 期。

10. 道格拉斯·C. 诺斯：《经济史中的结构与变迁》，上海三联书店、上海人民出版社 1994 年版。

11. 邓江峰：《第三配置与当代中国民营经济发展》，博士学位论文，武汉大学，2007 年。

12. 邓敏、韩玉启：《两种企业融资模式——保持距离型融资模式与关系型融资模式的比较》，《现代管理科学》2007 年第 3 期。

13. 段海艳、仲伟周：《企业连锁董事研究现状及展望》，《外国经济与管理》2008 年第 7 期。

14. 方爱乡：《日本终身雇佣制的经济合理性与非合理性》，《日本研究》2005 年第 2 期。

15. 方晓霞：《对主银行在企业治理结构中作用的再认识——SOGO 集团破产的启示与思考》，《中国工业经济》2000 年第 9 期。

16. 冯艾玲：《关于日本主银行制的考察与思考》，《财贸经济》1997 年第 1 期。

17. 冯巨章：《商会的性质与治理：近期文献的研究进展》，《经济问题探索》2010 年第 8 期。

18. 冯玮：《论"日本资本主义之父"涩泽荣一的三大贡献》，《江西师范大学学报》（哲学社会科学版）2008 年第 4 期。

19. 付明明：《关系型融资效率研究》，博士学位论文，浙江大学，2005 年。

20. 关永强、谢思全：《嵌入视角下的商会与行业协会治理》，《华中科技大学学报》（社会科学版）2008 年第 1 期。

21. 何韧：《日本的关系型融资评析》，《经济评论》2005 年第 4 期。

22. 何自力：《试论日本的主银行与公司治理》，《南开经济研究》1997 年第 1 期。

23. 胡萌：《发达国家行业组织比较研究》，《世界经济》2003 年第 7 期。

24. 黄群慧：《企业家激励约束与国企改革》，中国人民大学出版社2001 年版。

25. 黄群慧：《报酬、声誉与经营者长期化行为的激励》，《中国工业经济》2003 年第 1 期。

26. 黄群慧、李春琦：《报酬、声誉与经营者长期化行为的激励》，《中国工业经济》2001 年第 1 期。

27. 黄云明《试论涩泽荣一的经济伦理思想》，《河北学刊》2001 年第 5 期。

28. 姜树林、颜燕、阮杨：《资源配置与激励关于晋升的文献综述》，《世界经济文汇》2002 年第 5 期。

29. 康芒斯：《制度经济学》，商务印书馆 1984 年版。

30. 雷鸣：《商会和行业协会在日本经济高速增长过程中的作用》，

《现代日本经济》2006 年第 4 期。

31. 雷小安：《企业纵向一体化理论综述》，《企业管理》2010 年第 2 期。

32. 李博：《日本公司治理契约关系变革研究》，博士学位论文，辽宁大学，2009 年。

33. 李春琦：《国有企业经营者的声誉激励问题研究》，《财经研究》第 12 期（2002 年 12 月）。

34. 李健德、罗来武：《道德行为的经济分析——新兴马克思主义经济学的道德伦理》，《经济研究》2004 年第 3 期。

35. 李娜、周晓唯：《企业的契约理论综述》，《石家庄经济学院学报》2006 年第 1 期。

36. 李双月、张彦敏：《日本企业三大法宝的新变化》，《日本问题研究》2001 年第 2 期。

37. 李维安等：《现代公司治理研究——资本结构、公司治理和国有企业股份制改造》，中国人民大学出版社 2003 年版。

38. 李维安、武立东：《公司治理教程》，上海人民出版社 2002 年版。

39. 李扬：《日本的主银行制度》，《金融研究》1996 年第 5 期。

40. 聂辉华：《企业的本质：一个前沿综述》，《产业经济评论》2003 年第 2 期。

41. 林进成：《世界大公司 100 家》，复旦大学出版社 1986 年版。

42. 林仲豪：《关系型契约的特征、内容及履约机制》，《改革与战略》2008 年第 5 期。

43. 刘昌黎：《论日本的主银行制度及其变化与改革》，《日本学刊》2000 年第 4 期。

44. 刘金才：《论涩泽荣一"论语加算盘说"的思想主旨》，《贵州民族学院学报》（哲学社会科学版）2005 年第 3 期。

45. 刘穷志、严清华：《第三种管理模式与管理哲理》，《学习与实践》2002 年第 11 期。

46. 刘毅：《日本的主银行制与银企关系》，《日本研究》2003 年第 4 期。

47. 刘韵僖：《上市公司间董事会连结之研究》，《管理学报》2003 年第 19 卷第 5 期。

48. 卢昌崇、陈仕华：《断裂联结重构：连锁董事及其组织功能》，《管理世界》2009 年第 5 期。

49. 卢昌崇、陈仕华：《连锁董事：理论和实证》，《发展研究参考》2004 年第 21 期。

50. 卢建新：《内部资本市场配置效率研究》，北京大学出版社 2008 年版。

51. 罗克文：《连锁董事：理论与实证——基于中部六省上市公司的实证分析》，硕士学位论文，武汉大学，2006 年。

52. 罗清：《日本金融繁荣、危机与变革》，中国金融出版社 2000 年版。

53. 马克斯·韦伯：《新教伦理与资本主义精神》，生活·读书·新知三联书店 1987 年版。

54. 马连福：《中日公司内部治理机制比较分析》，《现代财经》2002 年第 3 期。

55. 马连福：《公司内部治理机制研究——中国的实践与日本的经验》，高等教育出版社 2005 年版。

56. 孟令国：《职位晋升的隐性激励效应》，《广东社会科学》2008 年第 1 期。

57. 孟令国：《中国企业管理层隐性激励机制研究——兼论显性激励的不完全性》，博士学位论文，暨南大学，2005 年。

58. 牛立忠：《论日本企业的终身雇佣制》，《国外理论动态》2009 年第 8 期。

59. 潘程兆：《涩泽荣一"利义合一"的经济伦理思想研究》，江西师范大学硕士学位论文，2006 年 5 月。

60. 潘敏：《资本结构、金融契约与公司治理》，中国金融出版社 2002 年版。

61. 潘敏、董乐：《行业特征与商业银行股票期权激励》，《珞珈管理评论》2008 年第 1 期。

62. 潘敏、李义鹏：《商业银行董事会治理：特征与绩效——基于美国银行业的实证研究》，《金融研究》2008 年第 7 期。

63. 潘敏、谢珺：《公司金融理论前沿追踪》，顾海良主编：《武汉大学海外人文社会科学发展年度报告（2008）》，武汉大学出版社 2008

年版。

64. 潘敏、谢龙、范玲玲：《公司金融理论前沿追踪（2009）》，顾海良主编：《武汉大学海外人文社会科学发展年度报告（2009）》，武汉大学出版社 2009 年版。

65. 庞晓鹏、刘凤军：《发达国家行业协会发展模式及其比较》，《国家行政学院学报》2004 年第 3 期

66. 彭文平：《关系型融资理论述评》，《经济社会体制比较》2004 年第 6 期。

67. 秦诗立、岑丞：《商会：从交易成本视角的解释》，《上海经济研究》2002 年版。

68. 秦诗立：《作为市场治理机制的商会：理论和改革》，浙江大学硕士学位论文，2002 年。

69. 钱雪松：《企业内部资本配置文献综述》，《经济评论》2008 年第 3 期。

70. 任兵：《连锁董事的企业间网络与公司治理》，《首都经贸大学学报》2005 年第 1 期。

71. 任兵、区玉辉、彭维刚：《连锁董事、区域企业间连锁董事网与区域经济发展》《管理世界》2004 年第 3 期。

72. 任兵、阎大颖、张婧婷：《连锁董事与企业战略：前沿理论与失证研究评述》，《南开学报》（哲学社会科学版）2008 年第 3 期。

73. 邵科：《管理层激励与银行风险选择》，博士学位论文，武汉大学，2009 年。

74. 盛邦和：《经济文化学的亚洲解读——涩泽荣一的论语讲义解读》，《上海财经大学学报》2005 年第 4 期。

75. 史少博：《涩泽荣一"论语与算盘"的儒商之道及启示》，《学术研究》2010 年第 3 期。

76. 孙丽：《21 世纪日本公司治理结构的变革趋势》，《现代日本经济》2003 年第 3 期。

77. 孙利：《日本企业文化中的儒家管理哲学》，《北京理工大学学报》（社会科学版）2005 年第 1 期。

78. 孙丽军：《行业协会的制度逻辑》，博士学位论文，复旦大学，2004 年。

79. 孙世春：《从当前日本公司治理结构看法人间相互持股的正负效应》，《日本研究》2001 年第 3 期。

80. 孙世春：《日本大企业集团简论》，《日本研究》1997 年第 4 期。

81. 童牧：《关系型融资研究》，博士学位论文，复旦大学，2004 年。

82. 万俊人：《论市场经济的道德维度》，《中国社会科学》2000 年第 2 期。

83. 王键：《日本企业集团的形成和发展》，中国社会科学出版社 2001 年版。

84. 王敏、许启伟：《忠孝伦理与日本企业文化》，《日本问题研究》2007 年第 3 期。

85. 王佩艳：《融资模式效率比较与我国融资模式的选择》，《经济评论》2001 年第 2 期。

86. 王沼凤：《主办银行制与日本经济发展》，《南开学报》2001 年第 5 期。

87. 韦森：《习俗的本质与生发机制探源》，《中国社会科学》2000 年第 5 期。

88. 武安隆：《从"和魂汉才"到"和魂洋才"——兼说"和魂洋才"和"中体西用"的差异》，《日本研究》1995 年第 1 期。

89. 肖传国：《中日在吸收近代西方文化上的差异——以"中体西用"和"和魂洋才"为中心》，《解放军外语学院学报》1995 年第 4 期。

90. 肖群忠：《"论语与算盘"——涩泽荣一的经济伦理观与启示》，《道德与文明》1986 年第 6 期。

91. 谢军：《公司内部治理机制研究》，博士学位论文，厦门大学，2003 年。

92. 熊彼特：《经济发展理论》，商务印书馆 1990 年版。

93. 徐传谌、张东明：《新制度经济学派的主要企业理论述评》，《江汉论坛》2004 年第 7 期。

94. 亚当·斯密：《国民财富的性质和原因的研究》，商务印书馆 1972 年版。

95. 亚当·斯密：《道德情操论》，商务印书馆 1997 年版。

96. 严清华：《日本近代初期的"和魂洋才"思想》，《日本问题研究》1994 年第 2 期。

97. 严清华：《中日近代化之初的两种对外开放观——"中体西用"和"和魂洋才"思想比较》，《经济评论》1995 年第 2 期。

98. 严清华等：《路径依赖、管理哲理与第三种调节方式研究》，武汉大学出版社 2005 年版。

99. 严清华等：《马克思主义第三配置思想研究》，经济科学出版社 2006 年版。

100. 严清华、刘穷志：《第三配置及其路径依赖偏好》，《武汉大学学报》（社会科学版）2001 年第 3 期。

101. 严清华、刘穷志：《市场秩序的诚信维系及其路径依赖偏好》，《武汉大学学报》（社会科学版）2003 年第 4 期。

102. 严清华、赵勇：《儒家经济伦理的新制度经济学分析》，《中南民族大学学报》（人文社会科学版）2002 年第 3 期。

103. 严清华、朱华雄：《传统诚信理念规范市场秩序的机制和效用探析》，《中州学刊》2004 年第 4 期。

104. 闫威、杨金兰：《锦标赛理论研究综述》，《华东经济管理》2010 年第 24 卷第 8 期。

105. 杨海芬：《现代公司董事会治理研究》，博士学位论文，四川大学，2005 年。

106. 杨其静：《合同与企业理论前沿综述》，《经济研究》2002 年第 1 期。

107. 叶光毓：《企业边界理论探究》，《商业时代》2009 年第 5 期。

108. 余晖：《行业协会的制度动力学原理》，《经济管理》2001 年第 4 期。

109. 余晖：《WTO 体制下行业协会的应对策略——以反倾销为例》，《中国工业经济》2002 年第 3 期。

110. 余鑫、陈园：《企业家声誉机制机理研究》，《企业经济》2005 年第 10 期。

111. 张浩帆：《儒家思想与现代日本企业管理的融合》，《日本研究》2008 年第 3 期。

112. 张维迎：《产权、政府与信誉》，上海三联书店 2001 年版。

113. 张维迎：《博弈论与信息经济学》，上海三联书店、上海人民出版社 2001 年版。

114. 张潇雨、曹庆萍：《日本行业协会发展历程研究》，《中国集体经济》2008年第7期。

115. 张雄：《习俗与市场——从康芒斯等人对市场习俗的分析谈起》，《中国社会科学》1996年第5期。

116. 张秀娟：《论职务晋升的激励作用与公正原则》，《南开管理评论》2003年第2期。

117. 张旭昆、秦诗立：《商会的激励机制》，《浙江大学学报》（人文社会科学版）2003年第2期。

118. 赵巍：《涩泽荣一——士魂商才经济伦理思想研究》，硕士学位论文，河北大学，2005年。

119. 赵旭梅：《日本企业集团金融制度研究》，博士学位论文，复旦大学，2004年。

120. 赵永亮、张捷：《商会服务功能研究——公共品还是俱乐部品供给》，《管理世界》2009年第12期。

121. 赵增耀：《日本企业集团的治理特征及其启示》，《江海学刊》2000年第3期。

122. 周宏燕：《现代日本企业制度变迁的路径依赖分析》，硕士学位论文，中国社会科学院研究生院，2003年。

123. 周见：《涩泽荣一的实业思想与日本资本主义精神》，《日本研究》2003年第4期。

124. 周业安、韩梅：《上市公司内部资本市场研究》，《管理世界》2003年第11期。

125. 朱汉民：《略论西方经济学伦理道德观的演变和承继》，《武汉大学学报》（社会科学版）2001年第5期。

126. 邹薇、钱雪松：《融资成本、寻租行为和企业内部资本配置》，《经济研究》2005年第5期。

二　日文文献

1. 安冈重明编：《日本经济史讲座》，日本经济新闻社1976年版。

2. 奥村宏：《日本六大企业集团》，钻石社1976年版。

3. 大河内一男等编：《鹅德秋水全集》，明治文丛1968—1973年版。

4. 渡边和靖：《明治思想史》，鹈鹕社1978年版。

5. 坂本恒夫、佐久间信夫编：《企业集团研究方法》，文真堂1996

年版。

6. 池内秀已：《日本型企业人事制度》，《现代日本经济》1997 年第 2 期。

7. 福泽谕吉：《商工立国外无他道》，《福泽谕吉全集》第 16 卷，岩波书店 1971 年版。

8. 福泽谕吉：《尚商立国论》，《福泽谕吉全集》第 16 卷，岩波书店 1971 年版。

9. 福泽谕吉：《使日本成为金钱之国之法》，《福泽谕吉全集》第 10 卷，岩波书店 1971 年版。

10. 福泽谕吉：《劝学篇》，商务印书馆 1982 年版。

11. 高桥龟吉：《洋学思想史论》，新日本出版社 1979 版。

12. 高桥俊夫主编：《コーポレートガバナンス》，中央经济社 1995 年版。

13. 宫崎義一：《戦後日本の企業集団：企業集団表による分析：1960—70 年》，日本经济新闻社 1976 年版。

14. 《论语讲义》，二松舍大学出版部 1975 年版。

15. Mark J. Roe：《アメリカの企業統治》，北条裕雄、松尾顺介译，东洋经济新报社 1996 年版。

16. 柴田实：《俭约齐家论》，《石田梅岩全集》上卷，石门心学会 1956 年日文版。

17. 柴田实：《石田先生语录》卷 22，《石田梅岩全集》下卷，石门心学会 1956 年日文版。

18. 平田光弘：《日本企业的董事会改革》，《南开管理评论》2004 年第 1 期。

19. 青木昌彦：《日本主银行体制》，中国金融出版社 1998 年版。

20. 青木昌彦：《什么是制度？我们如何理解制度》，《经济社会体制比较》，2000 年第 6 期。

21. 青木昌彦：《比较制度分析》，上海远东出版社 2001 年版。

22. 青木昌彦：《日本经济中的信息、激励与谈判》，商务印书馆 1994 年版。

23. 青木昌彦、奥野正宽：《经济体制的比较制度分析》，中国发展出版社 2005 年版。

24. 青木昌彦、瑟达尔·丁克:《关系型融资制度及其在竞争中的可行性》,《经济社会体制比较》1998 年第 1 期。

25. 日本东洋经济新闻社:《企业系列概览》,1994 年。

26. 日本公正交易委员会编:《最新日本六大企业集团实录》,1992 年版。

27. 《日本近代思想的形成》,岩波书店 1974 年版。

28. 《日本思想大系》第 55 篇,岩波书店 1971 年版。

29. 山崎益吉:《日本经济思想史》,高文堂出版 1981 年版。

30. 涩泽荣一:《经济与道德》,涩泽翁烦德会 1938 年版。

31. 《涩泽荣一传记资料》第 41 卷,涩泽青渊纪念财团龙门社 1965 年版。

32. 涩泽荣一:《青渊百话》25《商业的真义》(1912),《涩泽荣一传记资料》、别卷第六,涩泽青渊纪念财团龙门社 1968 年版。

33. 涩泽荣一:《论语讲义》,日本讲谈社学术文库 1977 年版。

34. 涩泽荣一:《论语与算盘》中译本,九州图书出版社 1994 年版。

35. 涩泽荣一:《论语与算盘——人生·道德·财富》,王中江译,江西人民出版社 2007 年版。

36. 深尾光洋、森田泰子:《企业治理结构的国际比较》,日本经济新闻社 1997 年版。

37. 《同志社商会》第 48 卷第 1 号,1996 年 6 月。

38. 小林义一:《日本的金融体系》,东京大学出版会 1992 年版。

39. 伊丹敬之:《日本的企业体系》,有斐阁 1993 年版。

40. 佐久间信夫主编:《企業統治構造の国際比較》,ミネルヴァ書房 2003 年版。

41. 佐藤孝弘:《论社会责任对公司治理模式的影响》,华东政法大学博士学位论文,2007 年。

42. 佐藤信渊:《经济要略》,《日本思想大系》第 45 卷,岩波书店 1977 年版。

43. 朝日新闻,2000 年 6 月 27 日。

44. 植手通有编:《明治文学全集》第 34 卷《讼福苏峰集》,筑波书店 1974 年版。

三　英文文献

1. Agarwal, S. , V. Souphom and G. M. Yamashiro, 2008, The Efficiency of Internal Capital Markets: Evidence from the Annual Capital Expenditure Survey, Working Paper, Federal Reserve Bank of Chicago, U. S. Bureau of the Census, California State University.

2. Akerloff, G. , 1970, The Market for "Lemons": Quality Uncertainty and the Market Mechanism, *Quarterly Journal of Economics* 84, 488 – 500.

3. Alchian, A. , 1969, Corporate management and property rights, Economic Policy and the Regulation of Corporate Securities, Washington D. C. , American Enterprise Institute.

4. Alchain, A. A. and H. Demsetz, 1972, Production, Information Costs, and Economic Organization, *American Economic Review* 62, 777 – 795.

5. Au, K. , M. W. Peng, and D. Wang, 2000, Interlocking Directorates, Firm Strategies, and Performance in Hong Kong: Towards a Research Agenda, *Asia Pacific Journal of Management*, 17, 29 – 47.

6. Barth, J. R. , G. Jr. Caprio and R. Levine, 2003, Bank Supervision and Regulation: What Works Best? *Journal of Financial Intermediation*, forthcoming.

7. Beck, T. , A. Demirguc – Kunt and R. Levine, 2003, Bank Supervision and Corporate Finance, NBER Working Paper 9620, Cambrige.

8. Berglöf, E. , 1997, Corporate Governance, Financial Systems and the Transition to Capitalism – Towards a Conceptual Framework, in John Roemer (ed.) *Property Rights*, *Incentives and Welfare*, London: MacMillan Press.

9. Berle, A. and G. Means, 1932, *The Modern Corporation and Private Property* (Mac – Millan, New York).

10. Bernanke, B. and M. Gertler, 1989, Agency Costs, Net Worth and Business Fluctuations, *American Economic Review*, 79, 14 – 31.

11. Berger, A. , 1999, The Big Picture of Relationship Finance in "Business Access to Capital and Credit", 390 – 400, A Federal Reserve System Research Conference.

12. Berger, A. and G. F. Udell , 1995, Relationship Lending and Lines of Credit in Small Firm Finance, *Journal of Business*, 68, 351 – 381.

13. Bergstresser, D. and T. Philippon, 2006, CEO Incentives and Earnings Management, *Journal of Financial Economics* 80, 511 – 529.

14. Bolton, P. and D. Scharfstein, 1990, A Theory of Predation Based on Agency Problem in Financial Contracting, *American Economic Review* 80, 93 – 106.

15. Boot, A. , 2000, Relationship Banking: What Do We Know? *Journal of Financial Intermediation*, 9, 7 – 25.

16. Boot, A. W. A. and A. V. Thakor, 2000, Can relationship banking survive competition, *Journal of Finance* 55, 679 – 713.

17. Brickley, J. and C. James, 1987, The Takeover Market, Corporate Board Composition, and Ownership Structure: the Case of Banking, Journal of Law and Economics 30, 161 – 180.

18. Brealey, R. A. , S. C. Myers and F. Allen, 2006, Principles of Corporate Finance, McGraw – Hill, New York.

19. Burt, R. S. , 1983, Corporate Profits and Cooptation: Networks of Market Constraints and Directorate Ties in the American Economy, New York: Academic Press.

20. Chan, Y. , Greenbaum, S. I. and Thakor, A. V. , 1986, Information Reusability, Competition and Bank Asset Quality. *Journal of Banking Finance*, 10, 255 – 276.

21. Cheng, Q. and T. D. Warfield, 2005, Equity Incentives and Earnings Management, *Accounting Review* 80, 441 – 476.

22. Cheung, S. N. S. , 1983, The Contractual Nature of The Firm, *The Journal of Law and Economics*, 1 – 72.

23. Coase, R. H. , 1937, The Nature of the Firm, *Economica* N. S. 4, 386 – 405.

24. Cohen, D. A. , A. Dey and T. Z. Lys, 2005, Trends in Earnings Management and Informativeness of Earnings Announcements in the pre – and post – Sarbanes Oxley Periods, NYU Accounting Working Papers.

25. Cole, H. L. and P. J. Kehoe, 1996, Reputation Spillover across Relationships with Enduring and Transient Beliefs: Reviving Reputation Models of Debt, NBER Working Paper 5486.

26. Coles, J. L. N. D. Daniel and L. Naveen, 2006, Managerial Incen-

tives and Risk – taking, *Journal of Financial Economics* 79, 431 – 468.

27. Daily, C. M. and Dalton D. R. , 1993, Board of Directors Leadership and Structure: Control and Performance Implications. Entrepreneruship: Theory and Practice, 17 (3), 65 – 81.

28. Demirgufiç – Kunt A. and V. Maksimovic, 1998, Law, Finance, and Firm Growth, *Journal of Finance* 53, 2107 – 2137.

29. Diamond, D. W. , 1991, Monitoring and Reputation: The Choice Between Bank Loans and Directly Placed Debt, *Journal of Political Economy* 99, 689 – 721.

30. Dooley, P. C. , 1969, The Interlocking Directorate, *American Economic Review*, 59, 314 – 323.

31. Fama, E. F. , 1980, Agency Problems and the Theory of The Firm, *Journal of Political Economy* 88, 288 – 307.

32. Fama, E. F. and M. Jensen, 1983a, The Separation of Ownership and Control, *Journal of Law and Economics* 26, 301 – 325.

33. Fama, E. F. and M. Jensen, 1983b, Agency Problems and Residual Claims, *Journal of Law and Economics* 26, 327 – 349.

34. Fligstein, N. and P. Brantley, 1992, Bank Control, Owner Control, or Organizational Dynamics: Who Controls the Large Modern Corporation? *American Journal of Sociology*, 98, 280 – 307.

35. Franks, J. and C. Mayer, 1996, Hostile Takeovers and the Correction of Managerial Failure, *Journal of Financial Economics* 40, 163 – 81.

36. Gibbs, M. , 1991, An Economic Approach to Process in Pay and Performance Appraisals. Mimeo, Harvard Business School.

37. Gertner, R. , D. Scharfstein and J. Stein, 1994, Internal versus External Capital Markets, *Quarterly Journal of Economics*, 109, 1211 – 1230.

38. Green, J. R. and N. L Stokey, 1983, A Comparison of Tournaments and Contracts. *The Journal of Political Economy*, 91, 349 – 364.

39. Grossman, S. and O. Hart, 1986, Cost and Benefits of Ownership: A Theory of Vertical and Lateral Intergrations, *Journal of Political Economics* 94, pp. 691 – 719.

40. Hall, B. J. and K. J. Murphy, 2000, Optimal Exercise Prices for Ex-

ecutive Stock Options, *American Economic Review*, 90, 209 – 214.

41. Harris, M. and A. Raviv, 1988, Corporate Governance: Voting Rights and Majority Rules, *Journal of Financial Economics* 20, 203 – 235.

42. Hart, O. and J. Moore, 1989, Default and Renegotiation: A Dynamic Model of Debt, *Working Paper* 89 – 069, Harvard Business School.

43. Hermalin, B. E. , 1992, The Effects of Competition on Executive Behavior, *Rand Journal of Economics* 23, 350 – 365.

44. Hermalin, B. E. and M. S. Weisbach, 1998, Endogenously Chosen Boards of Directors and their Monitoring of the CEO. *American Economic Review* 88, 96 – 118.

45. Holmstrom, B. and P. Milgrom, 1994, The Firm as an Incentive System, *America Economic Review*, 84, 972 – 91.

46. Inderst, R. and H. Muller, 2003, Internal versus External Financing: an Optimal Contracting Approach, *Journal of Finance*, 58, 1033 – 1062.

47. Jensen, M. , 1986, Agency Cost for Free Cash Flow, Corporate Finance, and Takeovers, *American Economic Review* 76, 323 – 329.

48. Jensen, M. and K. J. Murphy, 1990, Performance Pay and Top – management Incentives, *Journal of Political Economy* 98, 225 – 64.

49. Jensen M. and W. Meckling, 1976, Theory of the Firm: Managerial Behavior, Agency Costs, and Ownership Structure, *Journal of Financial Economics* 3, 305 – 360.

50. Keister, L. A. , 1998, Engineering Growth: Business Group Structure and Firm Performance in China's Transition Economy. *American Journal of Sociology*, 104 (2): 404 – 440.

51. Knight, F. , 1921, Risk, Uncertainty, and Profit. Boston: Houghton Mifflin.

52. Koenig, T. , Gogel R. and Sonquist, 1979, Models of Significance of Interlocking Corporate Directorates, *American Journal of Economics and Sociology*, Vol. 38, 173 – 186.

53. Krakel M. , 2005, Helping and Sabotaging in Tournaments. International Game Theory Review, (2), 211 – 228.

54. Kreps, D. M. and W. Robert, 1982, Sequential Equilibria, *Econo-*

metrica, *Econometric Society*, 50 (4), 863 – 94.

55. Kreps, D. M. , P. Milgrom, J. Roberts and R. Wilson, 1982, Rational Cooperation in the Finitely Repeated Prisoners' Dilemma, *Journal of Economic Theory*, 27, 245 – 252.

56. Laeven, L. and R. Levine, 2007, Is Tthere a Diversi? cation Discount in FInancial conglomerates? *Journal of Financial Economics*, 85, 331 – 367.

57. Lamont, O. , 1997, Cash flow and investment: evidence from internal capital markets, *Journal of Finance*, 52, 83 – 109.

58. La Porta, R. , F. Lopez – de – Silanes, A. Shleifer, and R. Vishny, 1997, Legal Determinants of External Finance, *Journal of Finance* 52, 1131 – 1150.

59. La Porta, R. , F. Lopez – de – Silanes, A. Shleifer, and R. Vishny, 1998, Law and Finance, *Journal of Political Economy* 106, 1113 – 1155.

60. La Porta, R. , F. Lopez – de – Silanes, A. Shleifer, and R. Vishny, 1999, Corporate Ownership around the World, *Journal of Finance* 54, 471 – 517.

61. La Porta, R. , F. Lopez – de – Silanes, A. Shleifer and R. Vishny, 2002, Investor Protection and Corporate Valuation, *Journal of Finance* 57, 1147 – 1170.

62. Lang, L. H. P. and R. M. Stulz, 1994, Tobin's q, Corporate Diversification, and Firm Performance, *Journal of Political Economy*, 102, 1248 – 1280.

63. Lazear, E. P. and S. Rosen, 1981, Rank – order tournaments as Optimal Labor Contracts. *Journal of Political Economy*, 89, 841 – 864.

64. Levine, R. and S. Zervos, 1998, Stock Markets, Banks, and Economic Growth, *American Economic Review*, 88, 537 – 559.

65. Lewellen, W. , 1971, A Pure Financial Rationale for the Conglomerate Merge, *Journal of Finance*, 51, 691 – 709.

66. Lipton, M. and J. W. Lorsch, 1992, A Modest Proposal for Improved Corporate Governance, *Business Lawyer*, 48, 59 – 77.

67. Lorsch, J. W. and E. Maclever, 1989, Pawns or Potentates: The Reality of America's Corporate Boards, Boston: Harvard Business School Press.

68. Masulis, R. W., C. Wand, and F. Xie, 2007, Corporate Governance and Acquirer Returns, *Journal of Finance* 62, 1851 – 1889.

69. Matsusaka, J. and V. Nanda, 2002, Internal Capital Markets and Corporate Refocusing, *Journal of Financial Intermediation*, 11, 176 – 211.

70. Maslow, A. H., 1954, Motivation and Personality. New York: Harper and Row.

71. Meyer, M, P. Milgrom, and J. Roberts, 1992, Organizational Prospects, Influence Costs, and Ownership Changes, *Journal of Economics and Management Strategy*, 1, 9 – 35.

72. Milgrom, P. and J. Roberts, 1982. Predation, Reputation, and Entry Deterrence, *Journal of Economic Theory*, 27, 280 – 312.

73. Mizruchi, M. S., 1996, What do Interlocks Do? An Analysis, Critique and Assessment of Research on Interlocking Directorates, *Annual Review Sociology*, Vol. 22, 271 – 298.

74. Mizruchi, M. S. and L. B. Stearns, 1988, A Longitudinal Study of the Formation of Interlocking Directorates, *Administrative Science Quarterly*, 33, 194 – 210.

75. Motta, A., 2003, Managerial Incentives and Internal Capital Markets, *Journal of Finance*, 58, 1193 – 1220.

76. Murphy, K. J., 1999, Executive compensation, in Orley Ashenfelter and David Card (eds.), *Handbook of Labor Economics*, Vol. 3, North – Holland, 2485 – 2563.

77. Myers, S. C., 1984, The Capital Structure Puzzle, *Journal of Finance* 39, 575 – 592.

78. Myers, S. C. and N. S. Majluf, 1984, Corporate Financing and Investment Decisions when Firms have Information that Investors do not have, *Journal of Financial Economics* 13, 187 – 221.

79. Ongena, S. and D. C. Smith, 1998, Bank Relationships: A Review, Working Paper, University of Florida.

80. Pennings, J. M., 1980, Interlocking Directorates, San Francisc: Jossey – Bass.

81. Petersen, M. and R. Rajan, 1995, The Effect of Credit Market Compe-

tition on Lending Relationship, *Quarter Journal of Economics*, 110, 406 – 443.

82. Pfeffer, Jeffery and Gerald R. Salancik, 1978, The External Control of Organizations: A Resource Dependence Perspective, New York: Harper & Row.

83. Pfeffer J., 1987, A Resource Dependence Perspective on Intercorporate Relations, In M. S. Mizruchi and M. Schwartz (eds.), *Intercorporate Relations*: 25 – 55, Cambridge, MA: Cambridge University Press.

84. Prendergaset, 1993, The Role of Promotion in Inducing Specific Human Capital Acquisition. *Quarterly Journal of Economics*, 108 (2), 523 – 534.

85. Rajan, R. and A. Winton, 1995, Covenants and Collateral as Incentives to Monitor, *Journal of Finance* 50, 1113 – 1146.

86. Rajan, R. G. and L. Zingales, 1998, Power in a Theory of the Firm, *Quarterly Journal of Economics*, 2, 387 – 432.

87. Rajan, R. G. and L. Zingales, 2000, The Governance of the New Enterprise, NBER Working Paper.

88. Rajan, R. S. Henri and L. Zingales, 2000, The Cost of Diversity: the Diversification Discount and Inefficient Investment, *Journal of Finance*, 55, 35 – 80.

89. Richardson, J. A., 1960, the Control of Monopolies and Restrictive Business Practices in Australia, *Adelaide Law Review*, 1 – 239.

90. Richardson, R. J., 1987, Directorship Interlocks and Corporate Profitability, *Administrative Science Quarterly*, 32, 367 – 386.

91. Rosenstein, S. and J. G. Wyatt, 1990, Outside Directors, Board Independence, and Shareholder Wealth, *Journal of Financial Economics*, 26, 175 – 192.

92. Ross, S. A., 2004, Compensation, Incentives, and the Duality of Risk Aversion and Riskiness, *Journal of Finance*, 59, 207 – 225.

93. Savor, P., 2006, Do Stock Mergers Create Value for Acquirers?, Working Paper, Wharton School of Business.

94. Scharfstein, D. and J. Stein, 2000, The Dark Side of Internal Capital Markets: Divisional Rent – seeking and Inefficient Investment, *Journal of Finance*, 55, 2537 – 2564.

95. Scharfstein, D., 1988, Product Market Competition and Managerial

Slack, *RAND Journal of Economics*, 19, 147 – 155.

96. Schumpeter, J. A. , 1934, *The Theory of Economic Development*, Harvard University Press.

97. Schmidt, K. M. , 1997, Managerial Incentives and Product Market Competition, *Review of Economic Studies* 64, 191 – 213.

98. Shapre, S. , 1990, Asymmetric Information, Bank Lending and Implicit contracts: A Stylized Model of Customer Relationships, *Journal of Finance*, 45, 1069 – 1087.

99. Shleifer, A. and R. Vishny, 1997, A Survey of Corporate Governance, *Journal of Finance*, 52, 737 – 783.

100. Smith, C. W. and R. L. Watts, 1992, The Investment Opportunity Set and Corporate Financing, Dividend and Compensation Policies, *Journal of Financial Economic*, 32, 263 – 292.

101. Spence, A. M. , 1973, Job Marketing Signaling, *Quarterly Journal of Economics*, 87, 355 – 374.

102. Stein, J. , 1997, Internal Capital Markets and the Competition for Corporate Resource, *Journal of Finance*, 52, 111 – 133.

103. Stiglitz, J. E. and A. Weiss, 1981, Credit Rationing in Markets with Imperfect Information, *American Economic Review* 71.

104. Stulz, R. , 1990, Managerial Discretion and Optimal Financing Policies, *Journal of Financial Economics*, 26, 3 – 27.

105. Vafeas, N. , 1999, Board Meeting Frequency and Firm Performance. *Journal of Financial Economics* 53, 113 – 142.

106. Williamson, O. , 1969, Allocate Efficiency and the Limits Antitrust, *American Economic Review*, 59, 105 – 118.

107. Williamson, O. , 1975, Markets and Hierarchies: Analysis and Antitrust Implications, New York, Collier Macmillan Publishers.

108. Yermack, D. , 1995, Do Corporations Award CEO Stock Options Effectively? *Journal of Financial Economics*, 39, 237 – 269.

109. Zajac, E. J. , 1988, Interlocking Directorates as an Interorganizational Strategy: A Test of Critical Assumptions, *Academy of Management Journal*, 31 (2), 428 – 438.

后 记

本书是我主持的湖北省社会科学基金项目"日本企业第三配置机制研究"（项目批准号：2014079）的最终研究成果，也是武汉大学自主科研项目（人文社会科学）的成果，得到中央高校基本科研业务费专项资金和武汉大学国家"985"创新基地项目子课题的资助。

本书的选题最初源自我在武汉大学攻读经济思想史专业的博士学位论文。在攻读博士学位期间，导师严清华教授提出了"第三配置经济学理论"，并致力于构建第三配置经济学分析的理论体系。在严清华教授的指导下，结合自己长期从事日本经济和日本经济思想研究的积累，我的博士论文选择了以日本企业资源配置中的第三配置机制为研究对象，以日本企业的资源配置为例，对企业微观主体资源配置中的第三配置机制进行了系统的分析和研究。因此，本书也是对我的博士学位论文的深化和拓展。在本书即将付梓之际，对导师严清华教授长期以来给予的谆谆教诲、悉心指导和无私帮助致以诚挚的感谢！

本书的出版得到了中国社会科学出版社卢小生主任和戴玉龙编辑的大力支持，耗费了他们许多的时间和精力，在此谨向他们表示衷心的感谢！我还要向为此课题的研究和本书的出版给予关心、支持和帮助的武汉大学外国语言文学学院的各位领导和同仁致以诚挚的谢意！

曾丹

2015 年 1 月于武昌珞珈山